Conteúdo digital exclusivo!

Cadastre-se e transforme seus estudos em uma experiência única de aprendizado!

Acesse agora

Portal:

www.editoradobrasil.com.br/apoema

Código de aluno:

6358954A1599920

CB015072

Editora
do Brasil

LUCIA TEIXEIRA
- Doutora em Linguística pela Universidade de São Paulo (USP)
- Professora titular da Universidade Federal Fluminense (UFF)
- Professora do Programa de Pós-Graduação em Estudos de Linguagem da UFF
- Pesquisadora do Conselho Nacional de Desenvolvimento Científico e Tecnológico (CNPq)

SILVIA MARIA DE SOUSA
- Doutora em Letras pela Universidade Federal Fluminense (UFF)
- Professora da UFF
- Professora do Programa de Pós-Graduação em Estudos de Linguagem da UFF

KARLA FARIA
- Doutora em Estudos de Linguagem pela Universidade Federal Fluminense (UFF)
- Professora de Ensino Fundamental e Ensino Médio das redes pública e particular de ensino

NADJA PATTRESI
- Doutora em Estudos de Linguagem pela Universidade Federal Fluminense (UFF)
- Professora da UFF

APOEMA

POR TU GUÊS

9

1ª edição

São Paulo, 2018

Editora do Brasil

Dados Internacionais de Catalogação na Publicação (CIP)
(Câmara Brasileira do Livro, SP, Brasil)

Apoema: português 9 / Lucia Teixeira...[et al.]. – 1. ed. – São Paulo: Editora do Brasil, 2018. – (Coleção apoema)

Outros autores: Silvia Maria de Sousa, Karla Faria, Nadja Pattresi.

ISBN 978-85-10-07029-4 (aluno)
ISBN 978-85-10-07030-0 (professor)

1. Português (Ensino fundamental) I. Teixeira, Lucia. II. Sousa, Silvia Maria de. III. Faria, Karla. IV. Pattresi, Nadja. V. Série.

18-21596   CDD-372.6

Índices para catálogo sistemático:
1. Português: Ensino fundamental 372.6

Maria Alice Ferreira – Bibliotecária – CRB-8/7964

Direção-geral: Vicente Tortamano Avanso

Direção editorial: Felipe Ramos Poletti
Gerência editorial: Erika Caldin
Supervisão de arte e editoração: Cida Alves
Supervisão de revisão: Dora Helena Feres
Supervisão de iconografia: Léo Burgos
Supervisão de digital: Ethel Shuña Queiroz
Supervisão de controle de processos editoriais: Marta Dias Portero
Supervisão de direitos autorais: Marilisa Bertolone Mendes

Supervisão editorial: Selma Corrêa
Edição: Camila Gutierrez e Maria Cecília Fernandes Vannucchi
Assistência editorial: Gabriel Madeira, Laura Camanho e Olivia Yumi Duarte
Apoio editorial: Julia Codo e Patricia Ruiz
Apoio pedagógico: Carolina Chebel e Marcela Leite
Coordenação de revisão: Otacílio Palareti
Copidesque: Gisélia Costa, Ricardo Liberal e Sylmara Beletti
Revisão: Alexandra Resende e Elaine Silva
Pesquisa iconográfica: Daniel Andrade
Assistência de arte: Samira de Souza
Design gráfico: Patrícia Lino
Capa: Megalo Design
Imagem de capa: G. Evangelista/Opção Brasil Imagens
Pesquisa: Monica de Souza
Ilustrações: Christiane S. Messias, Cibele Queiroz, Isabela Santos, Jane Kelly/Shutterstock.com(ícones seções), KannaA/Shutterstock.com (textura seção ...em foco), Luis Moura, Simone Matias, Paula Haydee Radi, Weberson Santiago, Wilson Jorge Filho
Produção cartográfica: DAE (Departamento de Arte e Editoração), Sonia Vaz
Coordenação de editoração eletrônica: Abdonildo José de Lima Santos
Editoração eletrônica: Select Editoração
Licenciamentos de textos: Cinthya Utiyama, Jennifer Xavier, Paula Harue Tozaki e Renata Garbellini
Controle de processos editoriais: Bruna Alves, Carlos Nunes, Jefferson Galdino, Rafael Machado e Stephanie Paparella

1ª edição / 1ª impressão, 2018
Impresso na BMF Gráfica e Editora

Rua Conselheiro Nébias, 887
São Paulo, SP – CEP 01203-001
Fone: +55 11 3226-0211
www.editoradobrasil.com.br

APRESENTAÇÃO

Cara aluna, caro aluno,

A linguagem está em toda parte: em sua conversa diária com a família e os amigos, nos filmes e programas de televisão a que você assiste, nos textos literários que lê, nas músicas que busca na internet, nas mensagens trocadas por aplicativos, nos cartazes que vê espalhados pela cidade. Em todas essas situações, a linguagem possibilita que você interaja com o outro, aprenda, debata, manifeste opiniões, ideias e sentimentos.

A linguagem das palavras e as demais linguagens ganham vida e animação nas páginas deste livro. Nelas você encontrará histórias de aventura e de amor, notícias sobre a vida cotidiana e os problemas sociais, fotografias, histórias em quadrinhos, poemas, *blogs*, anúncios, peças de teatro e muitos outros textos, que levarão você a observar diferentes situações de comunicação e a refletir sobre elas.

Você encontrará autores que já conhece e será apresentado a outros. Aprenderá que as imagens, a música, os gestos e mesmo os silêncios podem produzir muitos significados. Verá que dominar recursos da língua é importante para participar da vida social e para trocar conhecimentos e afetos. Receberá dicas culturais e aprenderá a perceber a ligação entre os textos lidos e a experiência de vida das pessoas.

Esperamos que você goste do livro e que ele represente, para você, uma boa oportunidade de fazer descobertas, refletir, divertir-se e aprender.

As autoras

SUMÁRIO

UNIDADE 1

Linguagem e ação

Augusto Mory/Ag. BAPress/Folhapress

Antever

1 A fotografia do grupo de percussão Olodum destaca que elementos da cultura afro-brasileira?

2 Por que, em sua opinião, esses elementos estão em destaque e outros estão ausentes ou desfocados?

3 Na página oficial do grupo Olodum há o seguinte trecho:

> As canções de protestos do Olodum combatem a discriminação racial, estimulam a elevação da autoestima afrodescendente e defendem a luta para assegurar os direitos civis e humanos. A música percussiva e a responsabilidade social são marcas do Grupo [...]

Olodum Social. Disponível em: <http://olodum.com.br/olodum-social/>. Acesso em: 3 set. 2018.

- Em sua opinião, que importância social tem esse grupo? Como a linguagem da música ajuda a definir as ações do grupo?

Nesta unidade, você conhecerá projetos e ações que envolvem diferentes linguagens. Esses projetos promovem o desenvolvimento de habilidades e maior integração entre as pessoas.

atividade oral

Antes da leitura

Observe a imagem a seguir e leia a legenda.

© MUNIZ, Vik/Licenciado por AUTVIS, Brasil, 2018

Vik Muniz.
Autorretrato (frente),
2003. Colagem.
232,33 cm × 182,8 cm.

Vik Muniz

Açúcar, calda de chocolate, lixo, cabelo, arames, terra. Esses materiais têm algo em comum: são usados nas obras de Vicente José de Oliveira Muniz, conhecido como Vik Muniz. Paulista, ele concluiu no Brasil um curso de Publicidade e Propaganda. Contudo, foi com a arte que realmente se identificou. Na década de 1980, mudou-se para os Estados Unidos e abriu um ateliê em Nova York. A partir daí, suas obras ficaram cada vez mais conhecidas e bem conceituadas.

O uso do lixo, recorrente nas obras de Muniz, foi retratado em 2010 pelo documentário *Lixo extraordinário*, que mostra seu trabalho em parceria com catadores de lixo no Rio de Janeiro. Um fato curioso é que, como os materiais das obras são perecíveis, elas precisam ser fotografadas para que fiquem registradas.

Marcus Leoni/Folhapress

1 Quem produziu a obra? O que o título sugere sobre ela? Quem está retratado?

2 Você costuma fazer autorretratos? Qual meio tecnológico é muito usado hoje para fazer e enviar autorretratos?

3 O que diferencia esse autorretrato de uma fotografia?

4 O artista Vik Muniz tem um estilo próprio de criação. Ele fotografa o que deseja retratar e amplia a fotografia. Sobre ela, cola materiais diversos. Então, fotografa o resultado da colagem e o reproduz. O que essa maneira de trabalhar a imagem revela sobre o artista e seu estilo? Você acha que a obra dele é clássica e tradicional ou inovadora?

5 Se você fosse fazer um autorretrato com colagens, o que imaginaria fazer? Que tipo de material escolheria? Que efeito criaria? Mais sério ou mais descontraído?

6 Você analisará a seguir uma obra de Vik Muniz em que ele aproveitou materiais jogados no lixo. Como você acha que ele fez essa obra? Por que você acha que ele trata desse tema?

Será que se podem tirar do lixo elementos para uma obra de arte? O lixo pode virar arte? É o que você verá a seguir na obra de Vik Muniz.

Vik Muniz. *Atlas (Carlão)*, 2008. Montagem feita com ampliação de fotografia e materiais descartados (lixo). Painel, 231,2 cm × 180,4 cm.

 **Estudo do texto** ◼◼◻

1 Ao olhar para essa obra, o que chamou sua atenção primeiro? O que você viu imediatamente?

2 Observe a parte superior da cabeça do homem.

a) Ao olhar pela primeira vez para o que está sobre a cabeça do homem, você conseguiu identificar os elementos ou viu uma massa compacta? Explique.

b) Para observar melhor o que há sobre a cabeça do homem, o que você deverá fazer?

c) Quais elementos você consegue identificar sobre a cabeça do homem?

d) Esses objetos são novos ou usados? De onde você acha que eles vieram?

e) O tamanho do conjunto de objetos chama a atenção. Por que o artista pode tê-lo representado dessa maneira? Será leve ou pesado?

3 Observe o homem.

a) Como ele está vestido? Quantas peças de roupa estão representadas na imagem? O que há preso em sua roupa?

b) Há letras estampadas em uma das peças de roupa do homem. Identifique as letras. Por que não é possível ler a palavra inteira? Que palavra essas letras podem formar? O que a peça de roupa com a estampa representa?

c) Estabeleça uma relação entre a origem dos objetos, a inscrição da roupa e a profissão do homem.

d) Explique como o homem estabelece uma ligação com o observador da obra.

4 Observe as cores da obra.

a) Qual tom predomina na obra: claro ou escuro?

b) Em qual parte há uma diversidade de cores?

c) Qual cor contrasta com o tom da cor da pele do homem e de uma parte de sua vestimenta? Qual efeito de sentido ela provoca?

Lixão

Lixão é o nome que se costuma dar ao local onde se despeja o lixo sem nenhum sistema de tratamento, contaminando, dessa forma, o solo. Como está a céu aberto, animais são atraídos para lá. O que também é grave é que muitas pessoas, sem nenhum tipo de proteção, catam comida e materiais recicláveis para vender, convivem com os animais que lá estão e ficam expostas a doenças. Os lixões estão proibidos no Brasil desde 1981, mas ainda existem vários deles. Trata-se de uma questão ambiental e social que o país precisa resolver.

💡 Ampliar

Lixo extraordinário
Brasil/Reino Unido, 2010. Direção: Lucy Walken e João Jardim, 94 min.

Esse filme foi indicado ao Oscar de melhor documentário de 2011 e ganhou diversos prêmios nacionais e internacionais. Toda a renda da venda das obras mostradas nele foi destinada aos trabalhadores do Lixão de Jardim Gramacho, no Rio de Janeiro.

5 Leia o boxe ao lado, sobre o projeto *Lixo extraordinário*, e responda às questões.

a) Como são vistas, socialmente, as pessoas que trabalham com o lixo?

b) Qual é a importância desse profissional para o meio ambiente?

c) Você acha que as pessoas, de modo geral, estão preocupadas com o destino do lixo que produzem?

d) É possível avaliar os valores de uma sociedade observando o lixo que ela produz?

6 Relacione a obra *Atlas* ao depoimento de Vik Muniz.

a) Observe a referência logo abaixo da obra. Qual é o nome do homem retratado? De onde ele é e qual é sua profissão?

b) Esse trabalhador, ao ser retratado em uma obra de arte, no contexto em que foi produzida, representa outras pessoas? Quais? Por quê?

c) Em sua opinião, como se sentiu o profissional retratado ao ver a obra pronta?

7 Como a arte mudou a vida dos catadores de Gramacho?

8 Leia a seguir a história do jogador N'Golo Kanté, da seleção francesa campeã da Copa do Mundo de 2018.

Lixo extraordinário

A obra *Atlas* e outras do mesmo estilo foram produzidas com os objetos retirados do Lixão de Gramacho (Duque de Caxias, Rio de Janeiro). O projeto *Lixo extraordinário* mudou a perspectiva do artista e transformou muito a vida das pessoas que trabalhavam ali. Em seu depoimento sobre o trabalho realizado, o artista afirmou:

Nesse projeto, o que mais me sensibilizou foi o tamanho do nosso preconceito. É muito fácil e conveniente definir uma sociedade baseada em funções, na qual se imagina que o morador de Duque de Caxias da área de Gramacho não quer dizer absolutamente nada. [...] O que eu queria provar para mim mesmo — e que resultou em uma experiência satisfatória, no fim das contas — é que a arte muda as pessoas, não só pelo convívio e pela experiência, mas também pelo engajamento, pela produção.

Vik Muniz. *Lixo extraordinário*. Rio de Janeiro: G. Ermakoff Casa Editorial, 2010. p. 166.

O ano de 1998 ficou marcado na história futebolística da França. Foi a Copa das Copas para os franceses, que levantaram seu único caneco do mundial em todos os tempos. No entanto, para um dos jogadores do atual elenco da seleção europeia, aquele ano proporcionou muito trabalho. Um trabalho digno, cujo objetivo era limpar a festa dos outros. Em 1998, Kanté colheu lixo das ruas de Paris após a festa do título.

[...] a tarefa de recolher lixo das ruas e enviar a uma empresa de reciclagem era sua contribuição mensal à sua família de origem humilde. E o trabalho exigia longas caminhadas. Mas se antes Kanté andava muito para limpar a capital francesa, hoje o francês percorre grandes distâncias dentro de campo. Ele já andou 62,6 quilômetros e é o quarto jogador com o maior trajeto percorrido na Copa do Mundo.

[...]

Disponível em: <https://esportes.yahoo.com/noticias/heroi-sem-luxo-da-franca-kante-colheu-lixo-das-ruas-de-paris-no-titulo-de-98-142041936.html>. Acesso em: 14 jul. 2018.

Michael Regan - FIFA/FIFA via Getty Images

O jogador N'Golo Kanté, na Rússia, em 2018.

a) O que o jogador francês tem em comum com as personagens do documentário?

b) O que mudou na vida de Kanté?

c) Será que o menino Kanté de 1998 se imaginou como campeão em 2018? Opine.

Museu Mozzi Bardini, Florença, Itália.

Guercino (Giovanni Francesco Barbieri). *Atlas carregando o globo celestial*, 1645-1646. Óleo sobre tela, 1,27 m × 1,01 m.

1 Identifique o título da pintura e seu autor.

2 Atlas é um dos titãs, figuras que, segundo a mitologia grega, representavam as forças do caos e da desordem. Os titãs desafiaram Zeus, o deus supremo, e foram punidos. O castigo de Atlas foi sustentar nos ombros, para sempre, os céus. Com base nessa informação, faça o que se pede a seguir.

a) Indique como foi representado o céu na obra de Guercino.

b) Descreva a figura que representa Atlas na obra.

c) A palavra **atlas** também pode ter outro sentido quando escrita em letra minúscula. Você sabe o que significa? Troque ideias com os colegas ou pesquise-a no dicionário.

d) Analise o contraste de cores da tela. Qual parte é mais iluminada? Que ideia é reforçada com esse destaque?

e) Observe a parte menos iluminada e descreva o que vê.

3 Compare a tela de Guercino (A) com a colagem de Vik Muniz (B) e analise a postura corporal das figuras.

Museu Mozzi Bardini, Florença, Itália.

© MUNIZ, Vik/Licenciado por AUTVIS, Brasil, 2018

a) Em qual das obras a figura que representa Atlas está mais ereta e em qual está mais curvada?

b) Observe os músculos dos braços e da barriga da primeira obra. Relacione-os com a posição corporal de Atlas. O que essa relação confirma?

c) Diferencie a posição do rosto de cada um dos retratados. Que efeito essa posição cria nas obras?

d) O que a postura corporal e a representação do olhar dos homens indicam sobre como cada figura suporta o peso?

4 As obras foram produzidas em momentos diferentes.

a) Em que século cada uma foi produzida? Qual material foi usado em cada obra?

b) Qual obra foi feita com base na outra? Você acha que um artista copiou o outro ou fez uma releitura? Explique.

c) Observe os títulos. Como Vik Muniz particularizou o retratado? O que isso significa, na comparação com a tela de Guercino?

> Quando um texto dialoga com outro, citando-o, transformando-o, recriando-o, ocorre a **intertextualidade**. Vik Muniz traz a pintura de Guercino para a atualidade, recriando-a em novo contexto e com nova técnica de produção da imagem. Ao fazer isso, atribui novo sentido à figura mitológica de Atlas, porque lhe confere uma dimensão humana, comum. Ao mesmo tempo, traz para essa nova figura o valor da figura mitológica, de força, de vigor.
>
> Na intertextualidade, a obra de origem ganha outros valores e significados, de acordo com o novo contexto de produção em que é recriada.

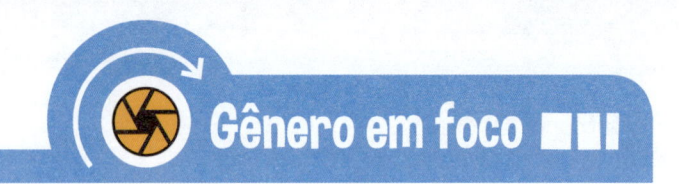 
Colagem

1 Observe as etapas de criação do painel *Atlas (Carlão)*, de Vik Muniz.

Imagens: © Muniz, Vik/Licenciado por AUTVIS, Brasil, 2018

a) Anote no caderno a ordem das etapas de criação.

- Materiais são selecionados do lixo para compor a imagem.
- A figura foi preenchida com os materiais retirados do lixo.
- Um modelo foi fotografado e a fotografia foi ampliada e sobreposta em tecido.

b) Observe a primeira imagem, que traz a fotografia do catador e, acima dela, pessoas que acompanham o processo de construção da obra. O que se pode concluir sobre o tamanho dela?

c) Na segunda etapa, que objetos podem ser identificados na colagem? Por que eles estão ali?

d) Na composição finalizada, é possível visualizar detalhes do material colado? O que se vê?

2 Analise o *Autorretrato* de Vik Muniz, que você viu na seção **Antes da leitura.**

© MUNIZ, Vik/Licenciado por AUTVIS, Brasil, 2018

a) Como a totalidade da obra é construída? Você consegue identificar o material usado no autor-retrato do artista?

b) Observe as cores usadas na formação do fundo do autorretrato. Que cores são essas? São cores vibrantes ou mais neutras? Qual efeito é criado com a utilização dessas cores no retrato?

3 Compare as duas obras de Vik Muniz apresentadas, *Autorretrato* e *Atlas (Carlão)*.

a) Os elementos usados para formar a totalidade das duas obras são os mesmos? De onde foram retirados?

b) Observe a expressão facial dos retratados. Para onde olham? De que modo? Relacione, em sua resposta, a expressão facial de cada retratado ao contexto em que as obras foram produzidas.

4 Responda:

a) Ao olhar uma garrafa PET já sem líquido, um jornal que já foi lido, sobras de tecido, você imagina que esses elementos possam virar arte? Explique sua resposta.

b) Você acha que essa seleção foi aleatória ou o artista escolheu o material que usaria?

5 Volte a observar as obras de Vik Muniz e retome as questões do **Estudo do texto**. Em seguida, explique o que é a técnica da colagem.

6 Vik Muniz usa em suas obras objetos descartáveis e outros do cotidiano.

a) Você já viu uma obra de arte que utilizasse esses objetos? Onde?

b) Costuma-se considerar a obra de Vik Muniz inovadora. Em sua opinião, por que isso ocorre?

> **Colagem** é a técnica em que se utilizam materiais diferentes, sobrepostos ou colocados lado a lado, numa mesma superfície, para criar uma imagem. Composição é a palavra-chave de uma colagem: juntam-se papel recortado, linha, flores secas ou qualquer outro material da escolha do artista e faz-se uma composição, em que aparecerá uma nova figura, uma nova unidade de sentido.

7 Na seção **Antes da leitura**, você formulou hipóteses sobre como seria um autorretrato usando a técnica da colagem. Que tal você fazer um autorretrato com essa técnica?

- Separe papel branco, tesoura, cola, revistas antigas, decalques, lápis e canetas coloridas. Recorte as revistas da maneira que preferir. Você pode preservar algumas figuras e desfazer outras. Faça com elas uma montagem que tenha unidade de sentido.

- Primeiro, planeje sua obra, faça um esboço a lápis ou tire uma foto e imprima. Sobreponha as figuras no esboço ou na impressão. Organize o material de maneira planejada; observe as cores ao misturar os materiais.

- Apresente a colagem aos colegas e ao professor, explique como a fez e comente o resultado.

💡 Ampliar

O que é arte contemporânea?, de Jacky Klein e Susy Klein (Claro Enigma).

Nesse livro, você poderá descobrir que casca de ovo, peças de carro quebradas, chocolate e muitos outros materiais inesperados são usados em obras de arte contemporâneas.

 atividade **oral**

 **Antes da leitura**

1 O texto que você lerá neste capítulo foi publicado no *site* <https://mundosustentavel.com.br>. Pelo endereço do *site*, que tipos de assunto devem ser abordados nele?

2 Observe o cabeçalho da página do jornal *on-line* de onde o texto foi retirado.

André Trigueiro – Disponível em: <https://mundosustentavel.com.br/folha-de-sao-paulo/>. acesso em: 9 nov. 2018

a) Em que jornal o texto foi publicado?

b) Em qual coluna?

c) Identifique os elementos que aparecem na fotografia. A que temática se relacionam?

d) Que relações podemos estabelecer entre o nome do *site*, o nome da coluna do jornal e os elementos visuais que aparecem no cabeçalho?

e) Pelas informações dadas na parte escrita do cabeçalho, quem é o autor do texto? Você o conhece? Leia o boxe a seguir com as informações sobre ele.

André Trigueiro

Carlos Ivan/Agência O Globo

André Trigueiro é carioca, nascido em 1966. A questão-chave de seu trabalho jornalístico é o meio ambiente. Ele mantém o *site* Mundo Sustentável e escreveu diversos livros sobre sustentabilidade, como *Cidades e soluções – Como construir uma sociedade sustentável* e *Mundo sustentável – Abrindo espaço na mídia para um planeta em transformação*. Trigueiro apresentou jornais em rádio e televisão e escreve para o jornal *Folha de S.Paulo*. Participa ainda do meio acadêmico, como professor de Gestão Ambiental em um centro de pesquisa da UFRJ.

Você lerá a seguir uma carta aberta. De acordo com as informações sobre o *site*, o autor e a coluna do jornal onde o texto foi publicado, é possível supor o que será discutido nela? Antes de iniciar a leitura, forme dupla com um colega e, juntos, pensem nos possíveis assuntos tratados nessa carta. Anotem no caderno, em tópicos, as ideias que surgirem.

https://mundosustentavel.com.br/folha-de-sao-paulo/carta-aberta-aos-prefeitos

Carta aberta aos prefeitos

8 de janeiro de 2017

Por pior que sejam os problemas de caixa, as dívidas acumuladas pelo município e as surpresas ruins que todos vocês tiveram nesta primeira semana de governo, lembrem-se de que a paciência do eleitor é curta para quem só sabe reclamar da vida ou do destino. Aliás, todos vocês já sabiam desde a época de campanha – antes até – que a situação era difícil. Agora é arregaçar as mangas e fazer as coisas acontecerem.

Se escolherem o caminho da sustentabilidade, a chance de dar certo é maior.

Dê destino correto para os resíduos (a maioria das cidades ainda tem lixões) e, se não houver recursos para ins-

Vista da cidade de São Paulo (SP), em fotografia de 2017.

talar um aterro sanitário no curto prazo, promova a coleta seletiva (de lixo seco) e a compostagem (de matéria orgânica) para reduzir os danos ambientais que a sua cidade causa. Pode ser que isso gere uma economia de recursos.

Segundo a Organização Mundial da Saúde (OMS), as cidades precisam ter 12 metros quadrados de área verde por habitante. Faça a conta e veja se o seu município tem cobertura vegetal suficiente para garantir umidade, temperatura e bem-estar mínimos para os moradores. A relação custo-benefício de um projeto de arborização urbana é das mais vantajosas que existem.

Seja amigo da bicicleta, das hortas urbanas, da reciclagem, do reúso de água e do IPTU Verde (que beneficia quem realiza intervenções sustentáveis no imóvel).

Persiga os poluidores que desrespeitam a lei, tenha rédea curta com a especulação imobiliária, tolerância zero com as ocupações irregulares. Seja um bom xerife da qualidade de vida de todos, sem privilégios. Nomeie um secretário de Meio Ambiente que saiba contrariar interesses e não tenha medo de dizer não quando necessário. Se o secretário em questão não for da área ambiental (mas for um bom gestor), nomeie como subsecretário alguém que saiba o que é "DBO" ou "licenciamento ambiental" para ser o anjo da guarda sustentável do chefe. Puna exemplarmente os casos de corrupção e cerque-se de quadros técnicos confiáveis e honestos.

Muita atenção com os empresários de ônibus, com os construtores e com aqueles que recorrem a influência e dinheiro para privilegiar os interesses pessoais em detrimento do coletivo.

Privilegie os mais pobres e faça um pacto com a sua consciência: em nenhuma hipótese entregar uma cidade mais degradada para seu sucessor.

André Trigueiro

Disponível em: <https://mundosustentavel.com.br/folha-de-sao-paulo/carta-aberta-aos-prefeitos>. Acesso em: 10 jul. 2018.

Estudo do texto ▪▪▪ no caderno

1 Observe o cabeçalho da carta.

   a) Quem é o destinatário? Explique se é um indivíduo ou um destinatário coletivo.

   b) Em que data foi escrita?

   c) Dia 1º de janeiro é a data escolhida para empossar alguns cargos políticos no Brasil. Em 1º de janeiro de 2017, tomaram posse os prefeitos e vereadores eleitos em outubro de 2016. Com base nessa informação contextual, explique a escolha da data para publicação da carta.

2 Releia o primeiro parágrafo da carta.

   a) Segundo o autor, que atitude dos prefeitos no início do mandato irrita os eleitores?

   b) Por que, segundo a carta, os prefeitos não têm justificativa para tomar essa atitude?

3 Releia: "Agora é **arregaçar as mangas** e fazer as coisas acontecerem".

   a) Que ação é sugerida aos prefeitos?

   b) Que sentido a expressão em destaque tem na frase? Ela marca que registro linguístico?

   c) Observe o uso dessa expressão no exemplo a seguir, que consta no dicionário, numa das acepções do verbete **arregaçar**.

   > Enrolar, dobrar sobre si mesma ou puxar para cima (parte de uma veste). [td.: **Arregaçou as mangas**.]
   >
   > Disponível em: <www.aulete.com.br/arregaçar>. Acesso em: 14 jul. 2018.

   - Na carta, a expressão foi usada no mesmo sentido que aparece no dicionário? Explique.
   - Relacione os diferentes empregos da expressão "arregaçar as mangas" com a distinção entre sentido conotativo e denotativo das palavras, justificando sua resposta.

4 De acordo com o segundo parágrafo da carta, o que os prefeitos devem fazer? Por quê?

5 No quarto parágrafo, os conselhos aos prefeitos se voltam para a questão do lixo.

   a) Indique as três formas de tratar adequadamente dos resíduos citadas.

   b) De acordo com o texto, a matéria orgânica deve ser tratada por um processo específico. Observe uma explicação sobre isso.

www.mma.gov.br/informma/item/7594-compostagem

A compostagem é a "Reciclagem dos resíduos orgânicos": é uma técnica que permite a transformação de restos orgânicos (sobras de frutas e legumes e alimentos em geral, podas de jardim, trapos de tecido, serragem, etc.) em adubo. É um processo biológico que acelera a decomposição do material orgânico, tendo como produto final o composto orgânico.

Marina Lohrbach/Shutterstock.com

Disponível em: <www.mma.gov.br/informma/item/7594-compostagem>. Acesso em: 15 jul. 2018.

- De acordo com as ideias desenvolvidas na explicação, o que é matéria orgânica?
- Como ela pode ser reaproveitada?

c) Acione seus conhecimentos para explicar como é possível reaproveitar o lixo seco.

6 O texto fala em "projeto de arborização".

a) Qual é a importância de garantir áreas verdes nas cidades? Justifique sua resposta.

b) Segundo o texto, "A relação custo-benefício de um projeto de arborização urbana é das mais vantajosas que existem". Em sua opinião, a preservação de áreas verdes teria algum impacto na redução de gastos públicos? Por quê?

c) Por que o plantio de árvores na área urbana precisa ser projetado?

7 Releia o quinto parágrafo.

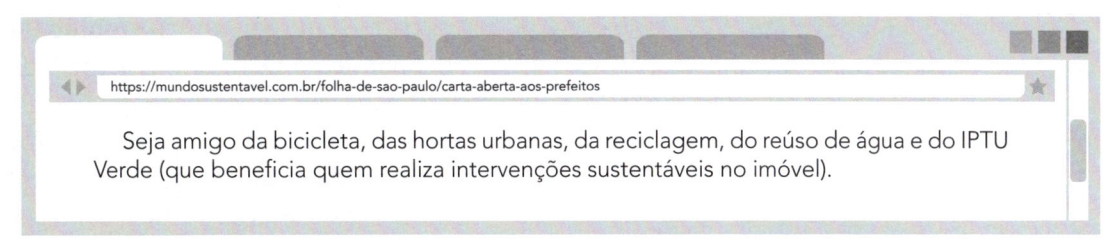

https://mundosustentavel.com.br/folha-de-sao-paulo/carta-aberta-aos-prefeitos

Seja amigo da bicicleta, das hortas urbanas, da reciclagem, do reúso de água e do IPTU Verde (que beneficia quem realiza intervenções sustentáveis no imóvel).

a) A que temática todas as sugestões se relacionam? Explique sua resposta.

b) **IPTU** é uma sigla que significa Imposto Predial e Territorial Urbano. O IPTU é um imposto municipal cobrado de todos os imóveis e terrenos urbanos. O imposto é calculado de acordo com o valor da propriedade. Com base nessas informações contextuais e no que diz o texto, transcreva no caderno a explicação correta para "IPTU Verde".

- É um imposto a ser cobrado de quem usa bicicleta e faz hortas.
- É um IPTU referente apenas às áreas arborizadas e florestas.
- São descontos e vantagens dados no IPTU a quem adota práticas sustentáveis.
- São as taxas referentes à coleta de lixo e à distribuição de água cobradas no IPTU.

c) Na localidade onde mora, você costuma encontrar intervenções sustentáveis? Caso sua resposta seja afirmativa, faça um relato aos colegas.

8 Do sexto parágrafo em diante, o texto adota um tom mais direto e enfático. Releia um trecho.

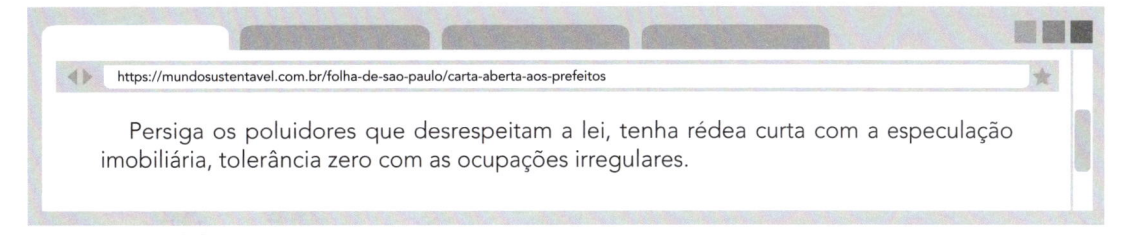

https://mundosustentavel.com.br/folha-de-sao-paulo/carta-aberta-aos-prefeitos

Persiga os poluidores que desrespeitam a lei, tenha rédea curta com a especulação imobiliária, tolerância zero com as ocupações irregulares.

a) Palavras e expressões como "persiga", "rédea curta", "tolerância zero" indicam quais atitudes esperadas dos prefeitos?

b) De acordo com o ponto de vista defendido no texto e com as informações do boxe, que ações exigiriam dos prefeitos tais atitudes?

Especulação imobiliária

A especulação imobiliária está relacionada à valorização de determinadas áreas para obtenção de lucro. O crescimento urbano acelerado e a invasão de áreas de proteção ambiental são alguns dos impactos ambientais resultantes da especulação imobiliária.

9 Releia.

> Seja um bom xerife da qualidade de vida de todos, sem privilégios.

a) Você já assistiu a filmes em que existe um xerife? O que ele faz? Por que a carta sugere ao prefeito que seja "o xerife" de determinadas ações?

b) De acordo com o trecho, cabe ao prefeito defender a qualidade de vida de quem? Justifique.

c) Com base no lugar onde você vive, em notícias de jornais que lê, debates de associações a que assiste, você acha que a qualidade de vida de todos é garantida em nosso país? Por quê?

10 Observe duas sequências injuntivas do sexto parágrafo e leia o boxe sobre sustentabilidade para responder às questões a seguir.

> Puna exemplarmente os casos de corrupção e cerque-se de quadros técnicos confiáveis e honestos.

a) A que se referem essas sequências? De que modo as questões apontadas se relacionam à sustentabilidade? Justifique sua resposta.

b) As sequências deixam subentendidas informações compartilhadas por quem conhece o contexto político brasileiro. Quais são?

11 Leia o último parágrafo da carta.

> Privilegie os mais pobres e faça um pacto com a sua consciência: em nenhuma hipótese entregar uma cidade mais degradada para seu sucessor.

a) Que compromisso político dos prefeitos a carta defende?

b) Você concorda com as sugestões e cobranças feitas na carta? Justifique sua resposta.

Sustentabilidade

A **sustentabilidade** é um modo de compreender e promover o desenvolvimento da sociedade, buscando adotar atitudes que sejam corretas do ponto de vista ecológico, econômico e social. A **sustentabilidade ecológica** busca manter o equilíbrio do meio ambiente, promovendo a consciência sobre o uso e tratamento da água, dos resíduos, da energia e sobre a preservação dos recursos naturais. A **sustentabilidade econômica** é praticada por meio da difusão do consumo consciente e de práticas de produção responsáveis. A **sustentabilidade social** busca harmonizar os diversos setores da sociedade, incentivando práticas e atitudes que atenuem as desigualdades sociais. Ao pensar no bem-estar coletivo e na preservação do planeta para as gerações futuras, o poder público e os cidadãos estarão promovendo a sustentabilidade.

PopTika/Shutterstock.com

Reciclar

O texto mostra a reciclagem como um dos passos em direção a uma vida sustentável. Juntando a palavra **ciclo** com o prefixo **re-**, que indica repetição, temos "reciclo". Reciclar, portanto, é fazer um material que já foi utilizado passar por um novo ciclo: reaproveitá-lo. Materiais como vidro, papel, metal e plástico são passíveis do processo de reciclagem. Como consequência desse processo, reduzimos o consumo de matérias-primas, utilizamos menos energia e poluímos menos o planeta. No Brasil, lixeiras com cores específicas servem para coletar materiais específicos: a verde para vidro e a vermelha para plástico, por exemplo.

BigMouse/Shutterstock.com

Linguagem, texto e sentidos  no caderno

1 O segundo parágrafo do texto apresenta uma tese, uma hipótese que é defendida: "Se escolherem o caminho da sustentabilidade, a chance de dar certo é maior".

a) Qual é a hipótese?

b) O que significa, no contexto, a expressão "dar certo"?

2 Releia:

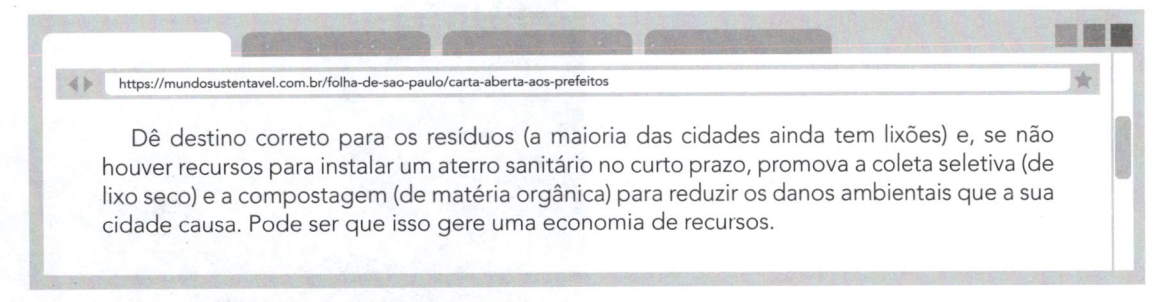

https://mundosustentavel.com.br/folha-de-sao-paulo/carta-aberta-aos-prefeitos

Dê destino correto para os resíduos (a maioria das cidades ainda tem lixões) e, se não houver recursos para instalar um aterro sanitário no curto prazo, promova a coleta seletiva (de lixo seco) e a compostagem (de matéria orgânica) para reduzir os danos ambientais que a sua cidade causa. Pode ser que isso gere uma economia de recursos.

a) Quais são os dois destinos corretos para o lixo na falta de aterro sanitário?

b) De que modo o texto apresenta as explicações sobre coleta seletiva e compostagem?

3 De acordo com o texto, o administrador da área ambiental precisa ter alguns conhecimentos.

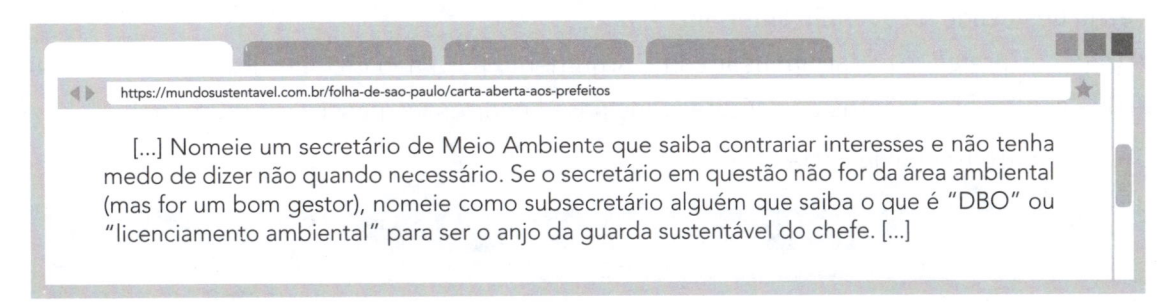

https://mundosustentavel.com.br/folha-de-sao-paulo/carta-aberta-aos-prefeitos

[...] Nomeie um secretário de Meio Ambiente que saiba contrariar interesses e não tenha medo de dizer não quando necessário. Se o secretário em questão não for da área ambiental (mas for um bom gestor), nomeie como subsecretário alguém que saiba o que é "DBO" ou "licenciamento ambiental" para ser o anjo da guarda sustentável do chefe. [...]

a) O texto defende que um secretário de Meio Ambiente saiba usar que competências principais?

b) Leia o boxe abaixo e explique por que o autor da carta não considerou necessário explicar termos como **DBO** e **licenciamento ambiental**.

c) Ao usar siglas e termos técnicos, que imagem o autor constrói sobre ele mesmo? Por quê?

d) A imagem do autor, construída na carta, contribui para comprovar que ele tem autoridade para falar sobre o tema? Que efeito isso causa sobre o leitor?

Sobre os recursos ambientais

DBO significa Demanda Bioquímica de Oxigênio e indica a quantidade de oxigênio exigida para oxidar a matéria orgânica. Como grandes quantidades de matéria orgânica em decomposição precisam de mais oxigênio, quanto maior a poluição, mais elevada é a DBO. Por exemplo, uma água muito poluída requer mais quantidade de oxigênio numa estação de tratamento. A Demanda Bioquímica de Oxigênio é um parâmetro usado para medir a poluição.

O **licenciamento ambiental** é um procedimento administrativo regido por leis que regulam atividades que envolvem recursos ambientais, como solo, água, ar, árvores. Um empresário, antes de usar esses recursos, precisa solicitar, no órgão competente, um licenciamento ambiental.

4 Releia novamente este trecho.

> Dê destino correto para os resíduos (a maioria das cidades ainda tem lixões) e, se não houver recursos para instalar um aterro sanitário no curto prazo, promova a coleta seletiva (de lixo seco) e a compostagem (de matéria orgânica) para reduzir os danos ambientais que a sua cidade causa. [...]

a) Que formas de tratar os resíduos são avaliadas positivamente no texto?

b) Que palavra ou expressão indica essa avaliação?

c) As formas consideradas corretas se opõem a quê? Que advérbio comprova essa oposição?

Aterro sanitário Sítio das Neves, na Baixada Santista, em Santos (SP), que utiliza tecnologia avançada também empregada na Alemanha. Fotografia de 2018.

Tales Azzi/Pulsar Imagens

5 Como você viu, a carta se endereça aos prefeitos. A fim de se antecipar a possíveis argumentos que eles tenham para não tratar bem dos resíduos, o autor usa contra-argumentos. Releia o trecho destacado na questão anterior.

a) O que os prefeitos poderiam usar como argumento para não instalar um aterro sanitário?

b) Que contra-argumentos são empregados para negar esses possíveis argumentos?

6 Observe outro trecho da carta.

> https://mundosustentavel.com.br/folha-de-sao-paulo/carta-aberta-aos-prefeitos
>
> Segundo a Organização Mundial da Saúde (OMS), as cidades precisam ter 12 metros quadrados de área verde por habitante. [...]

a) Que opinião é defendida no trecho?

b) Que autoridade foi usada para garantir a verdade dos dados que embasam a opinião?

7 Que efeito o uso de dados, a linguagem técnica e a citação de fontes confiáveis constroem na carta?

> A **carta aberta** usa a linguagem para defender explicitamente um ponto de vista, para expressar julgamentos e fazer avaliações. A fim de defender opiniões e convencer o leitor, o texto utiliza a **argumentação**. O uso de linguagem técnica e a citação de dados e de fontes constroem o **argumento de autoridade**.

8 E você? Concorda com a tese defendida no texto?

• Escreva um parágrafo argumentativo em que defenda explicitamente seu ponto de vista.

• Faça uma pesquisa e use o argumento de autoridade, citando um especialista, uma instituição, um órgão competente para comprovar sua opinião.

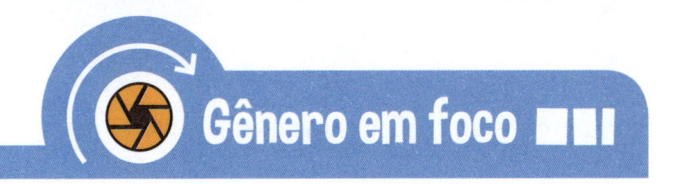

Carta aberta

A escritora Lygia Fagundes Telles (1998).

1 Compare o início da carta lida no Capítulo 2 com o de uma carta da escritora Lygia Fagundes Telles para o também escritor Erico Verissimo.

  I. "Carta aberta aos prefeitos
  8 de janeiro de 2017"
  II. "São Paulo, 9 de setembro de 1941
  Erico Verissimo, bons dias!"

Disponível em: <www.correioims.com.br/carta/vou-lhe-contar-um-segredo>. Acesso em: 16 jul. 2018.

a) Em que parte de ambas as cartas o destinatário é identificado?

b) De que modo essa identificação é feita em cada uma?

c) Em qual delas o remetente da carta demonstra conhecer o destinatário e ter uma relação próxima com ele? Por quê?

d) Caracterize o tipo de destinatário da carta aberta e de relação que o remetente mantém com ele.

2 Compare o final da carta aberta com o de uma carta de Erico Verissimo para Lygia Fagundes Telles.

I. "André Trigueiro"
II. "Para você um abracíssimo deste seu velho amigo
  Erico"

Disponível em: <https://correioims.com.br/carta/um-comico-pugilato>. Acesso em: 17 jul. 2018.

• Que diferença você nota entre as duas? Por que há essa diferença?

3 Releia o primeiro parágrafo da carta de André Trigueiro aos prefeitos.

a) Que situação impulsiona o autor a escrever a carta?

b) O autor da carta demonstra que sentimento diante da situação? Que alternativa ele busca?

4 Escreva no caderno a alternativa que analisa corretamente a função do segundo parágrafo da carta.

   Se escolherem o caminho da sustentabilidade, a chance de dar certo é maior.

a) Apresentar o problema a ser resolvido.

b) Defender uma proposta de solução do problema.

c) Atacar os órgãos responsáveis em resolver o problema.

d) Descrever as causas dos problemas.

5 Releia o sexto parágrafo.

a) O que todas as propostas apresentadas têm em comum? O que elas buscam?

b) Que diferenças há entre o primeiro parágrafo e esse que acabou de reler?

6 Releia o parágrafo que encerra o texto, retomando dois princípios básicos da sustentabilidade.

a) O que é sugerido aos prefeitos para promover a sustentabilidade social? Explique sua resposta.

b) Que apelo final e mais geral é feito? Que conceito central da sustentabilidade ele contém?

7 A carta aberta lida tem uma forma de composição, uma organização. Escreva no caderno a ordem em que cada item aparece para a organização da carta.

- Hipótese com defesa de uma proposta.
- Retomada dos princípios gerais da sustentabilidade e conclusão.
- Introdução, apresentação do problema.
- Reivindicações e propostas para a garantia da sustentabilidade social.
- Sugestões e propostas para promoção da sustentabilidade ecológica.
- Título da carta com identificação do destinatário e data.

> A **carta aberta** é um gênero textual em que um emissor toma a palavra e se dirige publicamente a um destinatário, que pode ser individual ou coletivo. Ela costuma iniciar com um cabeçalho e um título que deixa claro a quem se dirige, seguido da data. O primeiro parágrafo introduz o assunto a ser discutido e é seguido pelo desenvolvimento das ideias e argumentos. No final da carta, há a conclusão. A carta aberta pode ser assinada por uma pessoa ou um grupo de pessoas.

8 Observe um trecho de carta em que Lygia Fagundes Telles, na época uma escritora em início de carreira, faz uma brincadeira com seu amigo, escritor já consagrado, Erico Verissimo.

> [...] Seria muito trabalho perguntar a esses [editores] se não pensaram nunca em publicar livro de gente desconhecida? Se não pensarem, de jeito algum, nesse horror, então o senhor diz que são contos seus, só pra eles se interessarem e pedirem pra ler o original. Depois que tiverem lido, daí o senhor diz que estava brincando, que o original é de uma amiga principiante. [...]

Disponível em: <https://correioims.com.br/carta/vou-lhe-contar-um-segredo>. Acesso em: 25 ago. 2018.

a) Assim como na carta aberta, a autora faz uma proposta ao destinatário. Qual?

b) Uma proposta desse tipo poderia ser feita em uma carta aberta? Por quê?

9 A carta de André Trigueiro foi publicada em um jornal de grande circulação e no *site* do jornalista.

a) O texto apresenta ideias e defende opiniões sobre o quê?

b) A carta aberta defende interesses particulares ou coletivos? Justifique sua resposta.

> A carta aberta é, geralmente, publicada na imprensa e leva ao conhecimento do público questões de interesse coletivo.

10 Reflita sobre o uso da linguagem na carta aberta respondendo às questões.

a) Que forma de tratamento o autor usa ao dirigir-se aos prefeitos?

b) Essa forma de tratamento é própria do registro formal ou do informal?

c) Existem termos afetivos ou demonstrações de intimidade na carta?

d) Caracterize a linguagem da carta como cuidada ou coloquial.

e) As respostas às questões **c** e **d** caracterizam que registro da linguagem?

f) Associe o registro de linguagem predominante na carta aberta a seus objetivos de comunicação e ao tipo de destinatário envolvido.

> Numa carta aberta predomina o registro formal da linguagem, e o estilo pode ser direto e vigoroso para mostrar que se faz uma reivindicação em favor de uma causa de interesse coletivo.

Esquema

O objetivo da estratégia de elaboração de um esquema é registrar itens importantes de um texto de **forma visual**. Você fará uma retextualização – ou seja, você produzirá um novo texto com base em outro (o texto-base) –, com um novo objetivo. Quando uma pessoa relata a outra o resumo de um artigo lido, ela faz a retextualização desse artigo.

Para a atividade a seguir, o texto-base é a "Carta aberta aos prefeitos", estudada no Capítulo 2, que pertence ao gênero textual carta aberta. O texto novo pertence a outro gênero: o esquema. No esquema são apresentados, com linguagem objetiva e concisa, os pontos principais do texto-base. No caderno, monte o esquema a seguir, escreva o texto com cores coloridas ou use marca-texto, completando corretamente os itens.

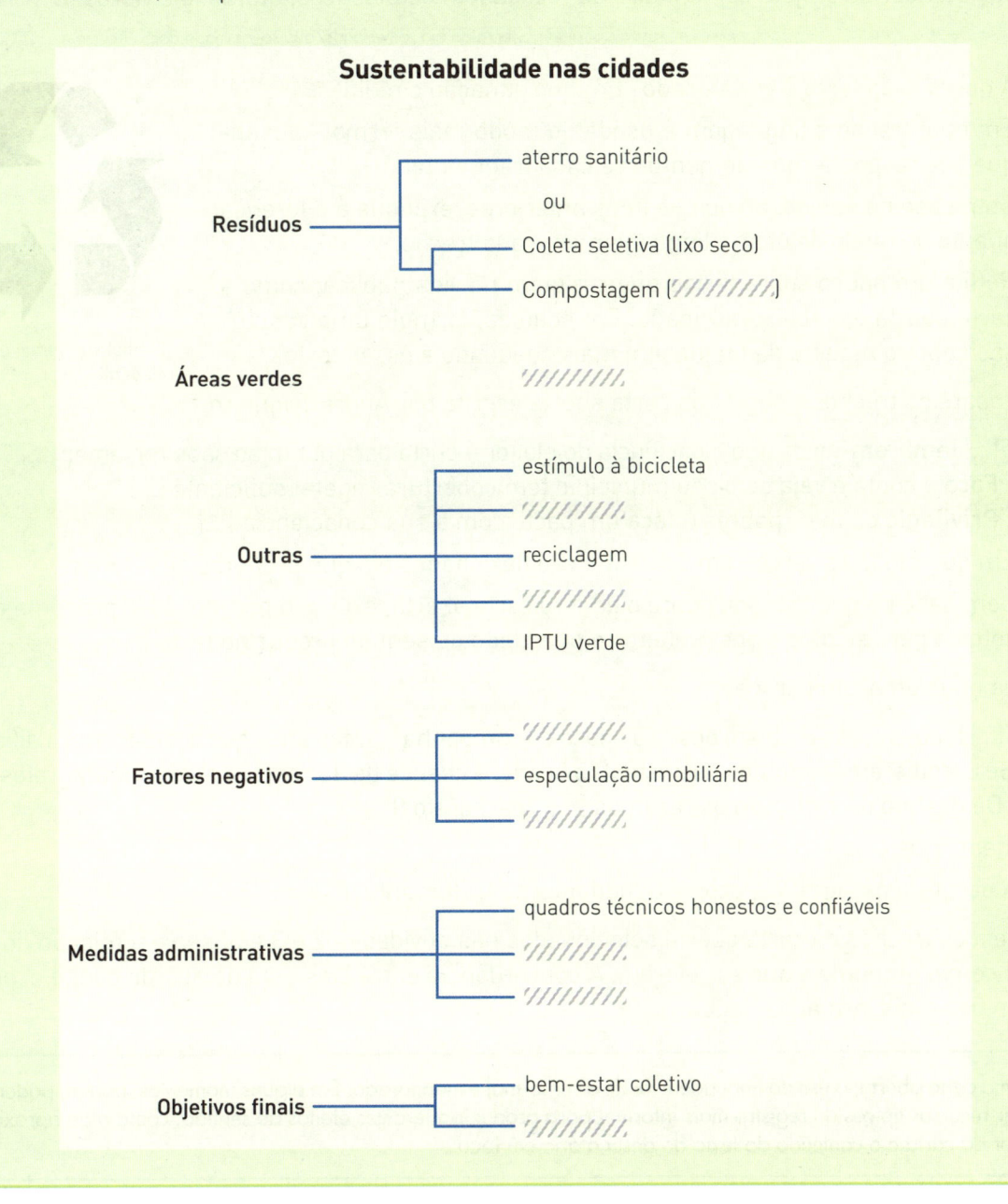

Sustentabilidade nas cidades

- Resíduos
  - aterro sanitário
    - ou
  - Coleta seletiva (lixo seco)
  - Compostagem (///////////)
- Áreas verdes
  - ///////////.
- Outras
  - estímulo à bicicleta
  - ///////////.
  - reciclagem
  - ///////////.
  - IPTU verde
- Fatores negativos
  - ///////////.
  - especulação imobiliária
  - ///////////.
- Medidas administrativas
  - quadros técnicos honestos e confiáveis
  - ///////////.
  - ///////////.
- Objetivos finais
  - bem-estar coletivo
  - ///////////.

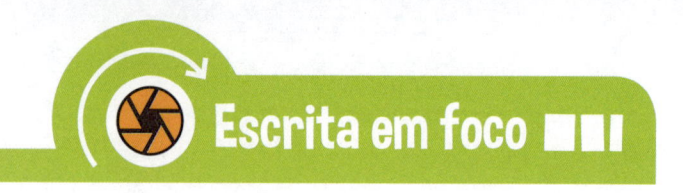

Variação linguística: registros formal e informal na modalidade escrita

1 Releia um trecho da carta aberta de André Trigueiro (I) e compare-o ao de um modelo de abaixo-assinado disponibilizado por um órgão que administra a Zona Franca de Manaus (II).

I. "Carta aberta aos prefeitos
Aliás, todos vocês já sabiam desde a época de campanha – antes até – que a situação era difícil. Agora é arregaçar as mangas e fazer as coisas acontecerem."

II. "Ao Excelentíssimo Senhor Prefeito de Manaus
Os abaixo-assinados, brasileiros, residentes e domiciliados na rua das Flores, bairro da Paz, nesta cidade de Manaus, solicitam de V. Ex.ª a instalação de coletores seletivos de lixo, a fim de atender ao projeto comunitário de reciclagem de plásticos, alumínio e vidros. [...]"

Disponível em: <www.suframa.gov.br/cidadao/downloads/abaixo_assinado.doc>. Acesso em: 20 jul. 2018.

a) A quem cada texto é endereçado? Em que situação circula?

b) Em qual trecho a linguagem é usada de modo mais formal? Justifique sua resposta com elementos de cada fragmento.

c) Com base no que observou nos itens anteriores, explique a diferença quanto ao modo de usar a linguagem em cada trecho.

d) Reflita um pouco sobre textos que circulam na vida pública, como a carta aberta e o abaixo-assinado. Em seguida, formule uma conclusão sobre o registro da linguagem mais adequado a esses textos.

Símbolo universal da reciclagem.

2 Compare os trechos a seguir da carta aberta escrita por André Trigueiro.

I. "[...] **lembrem-se** de que a paciência do eleitor é curta para quem só sabe reclamar [...]."
II. "**Faça** a conta e **veja** se o seu município tem cobertura vegetal suficiente [...]."
III. "**Privilegie** os mais pobres e **faça** um pacto com a sua consciência [...]."

a) Em que modo os verbos em destaque são flexionados e a que pronome se referem?

b) Com base no que estudou sobre o gênero carta aberta, explique por que esse pronome foi escolhido para se dirigir aos prefeitos e que efeito de sentido produz no texto.

3 Faça mais uma comparação.

I. "[...] todos vocês já sabiam desde a época de campanha – antes até – que a situação era difícil. [...] Se escolherem o caminho da sustentabilidade, a chance de dar certo é maior." (parágrafos 1 e 2)
II. "Dê destino correto para os resíduos [...]" (parágrafo 3)

a) Identifique o sujeito em I e II.

b) A partir do parágrafo 3, ocorre a mudança de tratamento. Por quê?

4 Releia os trechos da carta aberta selecionados nas atividades 2 e 3 e observe a relação dos verbos com o pronome a que se referem. A concordância entre eles está de acordo com o esperado num uso mais formal da língua?

> Numa carta aberta, o uso da linguagem tende a ser formal e monitorado. Em alguns momentos, porém, podem-se utilizar recursos típicos do registro mais informal para produzir diferentes efeitos de sentido, como o de aproximar o autor da carta e o conteúdo do texto do destinatário em foco.

Predicado nominal e verbos de ligação

1 Releia estes períodos retirados da carta aberta do Capítulo 2.

I. "[...] promova a coleta seletiva (de lixo seco) e a compostagem [...]."

II. "Faça a conta e veja se o seu município tem cobertura vegetal suficiente [...]."

III. "A relação custo-benefício de um projeto de arborização urbana é das mais vantajosas [...]."

a) Destaque os verbos em cada um dos trechos.

b) No caderno, separe os verbos identificados em três grupos:

1. verbos que indicam ação ou atividade, ou seja, aqueles que indicam que alguém faz algo;

2. verbos que indicam processo, mostram o que acontece;

3. verbos que indicam um estado.

c) Em qual dos grupos os verbos apenas estabelecem uma relação direta entre o sujeito e uma característica dele?

d) No período destacado em III, identifique o sujeito e o predicado.

e) Observe o predicado. Quanto à informação que cada elemento apresenta, que palavra ou expressão é mais importante, ou seja, é o núcleo?

O verbo **ser** funciona como um **verbo de ligação** quando indica um estado e apenas relaciona o sujeito a uma característica ou propriedade. Em "A relação custo-benefício de um projeto de arborização urbana **é** das mais vantajosas [...]", o verbo (**é**) liga o sujeito ("a relação custo-benefício de um projeto de arborização urbana") à sua característica ("das mais vantajosas"). Como o núcleo do predicado não é o verbo de ligação, e sim uma expressão que tem valor adjetivo, o predicado é chamado **nominal**.

sujeito	predicado nominal

[A relação custo-benefício de um projeto de arborização] [**é** das mais vantajosas.]
                                                            |
                                                  verbo de ligação

---

2 Releia estes trechos da carta aberta.

I. "[...] todos vocês já sabiam desde a época de campanha – antes até – que <u>a situação era difícil</u>."

II. "<u>Se escolherem o caminho da sustentabilidade</u>, <u>a chance de dar certo é maior</u>."

a) Transcreva no caderno as orações destacadas. Identifique e circule os verbos usados.

b) Em cada oração, indique o sujeito e o predicado.

c) Observe os verbos usados nos predicados. Quais deles indicam uma ação, um acontecimento e quais indicam um estado, ou seja, ligam o sujeito a uma característica sua?

d) Em cada predicado, que parte constitui o núcleo?

e) Com base nos itens anteriores, classifique cada predicado em nominal ou verbal.

f) No caso dos predicados nominais, destaque a palavra ou expressão que concentra a informação mais importante e indica uma característica relacionada com o sujeito.

> No predicado nominal, o núcleo exerce a função de predicativo do sujeito, termo que caracteriza o sujeito e se relaciona com ele por um verbo de ligação. Veja o exemplo:
>
> [A situação]   [era   difícil]
> sujeito   verbo de ligação   predicativo
>   predicado nominal

3 Leia este fragmento de reportagem, sobre uma exposição de Vik Muniz no Rio de Janeiro, em 2010.

RIO – Com luz baixa sobre as paredes vinho e verde musgo, a Galeria Laura Alvim se transformou num gabinete de curiosidades [...]. A estranheza ao se entrar no espaço é reforçada quando se sabe que o artista plástico Vik Muniz **é** o criador daquelas peças, totalmente diferentes de sua famosa obra em fotografia. [...]

– Um assistente meu entrou aqui e perguntou qual era a minha obra – conta Vik, rindo. – Não **parece** uma exposição de um artista só.

De perto, percebe-se que, apesar de esteticamente distintos não só entre si, mas também das fotografias que tornaram Vik um fenômeno mundial, os objetos carregam o mesmo princípio que elas: a ilusão do olhar. A bola **está** murcha, mas **é** de bronze. O aparente fóssil **é** um antigo motor de motocicleta. Os fetos guardados em formol **são** bonecos em vidros. A flor que perde suas pétalas **é** de tecido.

Disponível em: <https://oglobo.globo.com/cultura/vik-muniz-expoe-obras-projetos-dos-anos-80-90-em-exposicao-que-laura-alvim-inaugura-2940508#ixzz5LPNwUflE>. Acesso em: 14 jul. 2018. (Grifo nosso).

a) Compare os dois trechos e responda às questões.

> I. "Vik Muniz é o criador daquelas peças."   II. "Não parece uma exposição de um artista só."

- Os verbos indicam ação, processo ou estado? Justifique sua resposta.
- Em qual trecho se expressa uma opinião sobre a aparência de algo?
- Em qual trecho o verbo indica um estado permanente relacionado ao sujeito da oração?

b) Observe: "A bola está murcha, mas é de bronze".

- Identifique o sujeito e o predicado de cada oração.
- Que verbo indica como o sujeito se apresenta momentaneamente e que verbo indica uma característica permanente?
- Com base no que observou, explique como os verbos ajudam a reforçar o contraste produzido.

c) Nos demais casos destacados em que o verbo **ser** é usado, que estado o verbo de ligação indica?

4 Leia, a seguir, a linha fina de uma notícia sobre a coleta de lixo realizada em Curitiba (PR).

Na outrora capital ecológica, coleta e transporte de resíduos seguem a mesma modelagem há décadas. Licitação para modernizar sistema será lançada neste ano, diz prefeitura, enquanto concorrência para coleta permanece suspensa

Disponível em: <www.gazetadopovo.com.br/politica/parana/capital-ecologica-curitiba-coleta-e-transporta-seu-lixo-como-nos-anos-80-c8z10l8tjx3m7q00azuee2f91>. Acesso em: 14 jul. 2018. (Grifo nosso)

a) A coleta de lixo na cidade é descrita de forma positiva? Explique sua resposta.

b) Com base no verbo em destaque, o que se pode concluir sobre a concorrência entre empresas para a coleta de lixo na cidade?

> Verbos como **estar, ficar, parecer, permanecer** e **continuar** também podem funcionar como **verbos de ligação**. Cada um deles produz diferentes efeitos de sentido nas orações e nos textos, indicando estados transitórios, permanentes, aparentes, durativos etc.

5 Reescreva a oração "A bola **está** murcha [...]" a fim de expressar diferentes efeitos de sentido: estado permanente; estado durativo; estado aparente.

6 Leia o trecho de uma notícia e responda às questões.

https://g1.globo.com/natureza/noticia/uso-desenfreado-de-plastico-ameaca-oceanos-e-saude-humana.ghtml

Uso desenfreado de plástico ameaça oceanos e saúde humana

[...]

Uma vez nos mares, o plástico **permanece** ali por anos, já que não é biodegradável ou digerível. Normalmente, ele se fragmenta em pedaços cada vez menores. [...]

Grupo de catadores procura plásticos e garrafas para reciclagem em Bali, Indonésia, 2010.

Sonny Tumbelaka/AFP Photo

Disponível em: <https://g1.globo.com/natureza/noticia/uso-desenfreado-de-plastico-ameaca-oceanos-e-saude-humana.ghtml>.
Acesso em: 14 jul. 2018.

a) Se, no início do trecho, houvesse apenas "O plástico permanece por anos, já que não é biodegradável ou digerível", o fragmento seria plenamente compreendido? Por quê?

b) Compare:

I. "A concorrência para coleta de lixo **permanece** suspensa em Curitiba."
II. "O plástico **permanece** nos mares por anos."

- Em qual frase o verbo é de ligação? Em qual é o núcleo do predicado?

7 Leia este trecho de uma reportagem sobre o artista que produziu a colagem *Atlas*.

RIO – Ele **está** em casa. No dia em questão, na casa dos pais, dona Celeste e seu Vicente. Em frente a um prato de feijão com arroz, salada e filé de frango, Vik Muniz é Vicentinho, nascido Vicente José de Oliveira Muniz.

Disponível em: <https://oglobo.globo.com/cultura/vik-muniz-onipresente-polemico-artista-plastico-quer-ser-ainda-mais-pop-2962501>.
Acesso em: 14 jul. 2018. (Grifo nosso).

a) Em "Ele está em casa", o termo "em casa" completa a ideia expressa pelo verbo? Explique.

b) Compare:

I. "Ele **está** em casa."
II. "A estrutura da arte contemporânea **está** engessada [...]."

Disponível em: <https://oglobo.globo.com/cultura/vik-muniz-onipresente-polemico-artista-plastico-quer-ser-ainda-mais-pop-2962501>.
Acesso em 15 jul. 2018.

- Em que trecho o verbo forma um predicado nominal? Por quê?
- Em que trecho o verbo indica um processo e é o núcleo do predicado?
- Com base no que observou, formule uma conclusão sobre o uso do verbo **estar** em diferentes contextos.

> Em "Ele está em casa", o verbo **estar** não funciona como um verbo de ligação, pois a expressão "em casa" não caracteriza o sujeito, mas indica uma circunstância de lugar. Isso também acontece em "O plástico permanece ali", em que **ali**, que retoma "nos mares", indica uma circunstância de lugar que se relaciona com o sentido do verbo **permanecer**. Quando o verbo funcionar desse modo, ligado a uma circunstância de lugar, por exemplo, será considerado intransitivo e formará um **predicado verbal**.

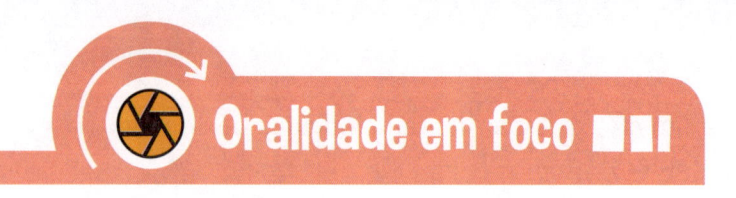

Exposição oral

Nesta unidade, você leu a carta aberta aos prefeitos escrita por André Trigueiro. Agora a turma será organizada em cinco grupos para refletir sobre a questão da sustentabilidade nos espaços urbanos e para cada grupo preparar uma exposição oral sobre o tema.

A exposição oral é um gênero utilizado em situação de comunicação pública, na qual o orador ou expositor apresenta aos ouvintes informações relevantes sobre determinado tema. As apresentações serão feitas em sala de aula, diante dos convidados que a turma e o professor decidirem chamar.

Preparação

1. Cada grupo poderá escolher um dos seguintes temas para fazer o trabalho.
   - **Aproveitamento de resíduos**: consiste no reaproveitamento de material já utilizado, com o objetivo de combater o desperdício e reduzir o impacto de lixo nos aterros.

   Você pode pesquisar mais informações sobre esse tema em *sites* como o da Empresa Brasileira de Pesquisa Agropecuária – Ministério da Agricultura, Pecuária e Abastecimento: <www.embrapa.br> (acesso em: 4 set. 2018).
   - **Arborização urbana**: consiste no plantio de árvores no meio urbano com a finalidade de gerar conforto ambiental, diminuindo a poluição e reduzindo a temperatura.

   Você pode pesquisar esse tema em *sites* como o da Prefeitura do Rio de Janeiro: <www.rio.rj.gov.br/web/fpj> (acesso em: 4 set. 2018).
   - **Hortas urbanas**: consistem no plantio de hortas na cidade para facilitar o acesso a alimentos frescos e saudáveis. Contribuem também para aumentar a área verde no espaço urbano.

   Você pode pesquisar esse tema em *sites* como: <www.sebrae.com.br> (acesso em: 4 set. 2018).
   - **Ciclovias**: consistem em espaços destinados à circulação exclusiva de pessoas em bicicletas, com a finalidade de diminuir o impacto do trânsito de veículos na cidade.

   Você pode pesquisar esse tema em *sites* de prefeituras que implantaram ciclovias.
   - **Reúso da água**: consiste no reaproveitamento de água já utilizada em alguma atividade humana, com a finalidade de diminuir o desperdício dos recursos hídricos.

   Você pode pesquisar esse tema em *sites* como o Portal Tratamento de Água: <www.tratamentodeagua.com.br> (acesso em: 4 set. 2018).

2. Feita a escolha do tema, o grupo deve começar o trabalho de pesquisa, que é a base para uma boa exposição oral. Peçam ajuda aos professores de Ciências e Geografia, que podem indicar fontes bibliográficas e *sites* confiáveis. *Sites* de universidades e instituições de pesquisa são em geral confiáveis em relação às informações que oferecem.

3. Tomem nota dos pontos que considerarem mais relevantes a respeito do tema abordado. Guardem todo o material de pesquisa produzido, porque ele será utilizado na **Oficina de produção**, para a redação de uma carta aberta.

4. Com o material de pesquisa registrado, o grupo deve se reunir e começar a fazer uma seleção das principais informações, de modo a elaborar um roteiro da apresentação, da qual todos participarão. Escolham itens que apresentem o problema e indiquem soluções. Se considerarem interessante, anotem exemplos que comprovem as propostas de solução do problema pesquisado.

5. O roteiro deve prever uma apresentação geral do tema, seu papel na sustentabilidade das cidades e sugestões de utilização do recurso apresentado. A exposição de cada grupo deve durar cerca de 10 minutos. Planejar o tempo de fala é importante para a seleção das informações.

6. O roteiro servirá para auxiliar a apresentação. Ele será feito com base nos textos pesquisados. Os expositores devem ter pleno conhecimento do tema de que falarão.

7. Preparem o material auxiliar: *slides*, cartazes, fotografias, gráficos, esquemas etc. Os recursos visuais ajudam a mostrar dados e informações objetivas para o público e colaboram para prender a atenção dele.

Realização

8. A exposição oral visa à informação, motivo pelo qual deve ser feita de modo objetivo, claro e seguro.

9. Trata-se de situação pública, em ambiente escolar. Por isso, o registro formal é mais adequado, o que não impede que se use uma ou outra expressão mais informal, para estabelecer maior proximidade com o auditório.

10. Cada aluno deve ficar atento ao tempo de que dispõe, para que todos tenham a mesma oportunidade de expor. É importante que todo o grupo domine o tema inteiramente e que todos estejam atentos ao desenvolvimento da exposição. Durante a exposição, podem ser usadas fórmulas como: Hoje estamos aqui para falar sobre... (na introdução); Um dos aspectos mais importantes sobre o assunto "tal" é... (no desenvolvimento); Como conclusão, gostaria de dizer que... (na conclusão). Vocês podem citar dados e fontes de pesquisa, para garantir a credibilidade do auditório em sua exposição.

11. Ouvir a apresentação dos colegas com atenção e em silêncio é fundamental, demonstra respeito pelo trabalho do outro e solidariedade diante da situação pública em que se encontra.

12. Ao final de cada apresentação, é importante que haja um tempo aberto ao público, destinado a perguntas e dúvidas. O grupo expositor deve estar preparado para responder às questões que surgirem, e vocês devem dispor-se a dirigir comentários aos colegas dos outros grupos como forma de demonstrar seu interesse no que expuseram. Para isso, vocês podem tomar notas de aspectos abordados nas apresentações dos colegas.

13. Para que as exposições fiquem mais interessantes, o grupo deve ter preparado material audiovisual, por exemplo, usando programas de edição e exibição de apresentações gráficas.

Avaliação

Após a apresentação de todos os grupos, a turma fará uma avaliação da atividade.

14. Os grupos respeitaram o tempo de fala a eles destinado?

15. Cada grupo foi capaz de expor seu tema, de modo que o público pudesse conhecê-lo melhor e saber mais informações sobre ele? Os integrantes do grupo tinham domínio do tema e foram capazes de falar sobre ele de maneira consistente e fundamentada? As dúvidas do público foram respondidas de modo satisfatório?

16. O grupo respeitou as regras do gênero exposição oral e falou de acordo com um roteiro? Citou as fontes de pesquisa?

17. O material audiovisual preparado ajudou a conduzir a exposição? Estava adequado, interessante e informativo?

18. Que dificuldades foram encontradas em cada fase da atividade? Como foram solucionadas?

19. Os grupos ficaram atentos à exposição oral dos colegas, ouvindo a apresentação com interesse e respeito?

Carta aberta

Agora chegou sua vez de redigir uma carta aberta: você se dirigirá a um destinatário capaz de resolver um problema, que pode ser uma questão ambiental, um problema relativo ao trânsito, à segurança ou, ainda, um problema relacionado à escola ou a seu bairro. A carta será dirigida a quem você considere capaz de resolver o problema: uma autoridade, a comunidade escolar, a associação de moradores etc. Além de apresentar o problema, você deve propor soluções para ele.

Inicialmente, vamos relembrar as características da carta aberta e os elementos de sua composição. Em seguida, apresentamos um roteiro para você pôr mãos à obra e redigir a sua. Bom trabalho!

Tom Grill/Blend Images/Getty Images

A carta aberta é um gênero textual escrito cujo objetivo principal é reivindicar, protestar, informar ou argumentar sobre determinado assunto de caráter público e não pessoal. Normalmente, é destinada a órgãos, autoridades, associações ou responsáveis diretos por alguma ocorrência.

É composta de algumas partes fundamentais, descritas a seguir.

Título: geralmente indica o destinatário da carta. Exemplo:

Carta aberta aos vereadores da cidade de...

Introdução: parágrafo em que se apresenta o motivo da carta e as ideias centrais que serão nela abordadas. Exemplo:

Escrevo essa carta aos senhores para sugerir medidas que possam resolver o problema...

Desenvolvimento: parágrafos em que são apontados os principais argumentos e opiniões em relação ao assunto abordado. Exemplo:

Uma primeira medida importante será... Outra solução fundamental deverá ser... Desse modo,...

Conclusão: apresenta um resumo das finalidades da carta e das medidas propostas. Exemplo:

As sugestões apresentadas destinam-se, portanto, a...

Despedida: apresentam-se as saudações cordiais de despedida aos interlocutores e a assinatura, que muitas vezes aparece em nome de um grupo ou comunidade. Exemplo:

Marcos da Silva, morador do bairro... (ou) *Michele de Oliveira, representando os alunos da escola...* (ou) *Alunos da escola...* (com as assinaturas)

Preparação

1. Releia a carta de André Trigueiro, buscando identificar como o autor dá forma aos elementos do gênero. Note como ele constrói a introdução, apresentando o tema a ser tratado, e como aborda o problema, citando informações e desenvolvendo argumentos. Observe o modo pelo qual se dirige ao destinatário, o registro de linguagem que utiliza e a conclusão com a qual finaliza a carta. Use a pesquisa feita e pense em seu destinatário e na forma de circulação de sua carta, para escrevê-la adequadamente.

2. Se escolher um tema relacionado à questão ambiental, aproveite o material de pesquisa reunido durante a preparação para a exposição oral. Caso escolha outro tema, pesquise informações sobre ele seguindo os mesmos passos sugeridos na seção **Oralidade em foco**.

3. Prepare um roteiro de sua carta, de acordo com as características do gênero carta aberta.

4. Selecione os argumentos que utilizará. Cite dados, mostre que conhece bem o problema e a solução encaminhada. Planeje a ordem de seus argumentos e o encadeamento que dará a eles para que sua carta fique coerente.

5. Para a redação da carta, é importante pensar em que meio será divulgada e onde circulará. Você pode publicá-la no jornal da escola ou no *blog* da turma. Se julga que tem um interesse social mais amplo, procure publicá-la em algum *site* de petições públicas e também enviá-la aos jornais de sua cidade.

Realização

Para a redação da carta aberta, observe os pontos a seguir.

6. O interlocutor: a carta aberta se dirige a um órgão, a uma autoridade ou associação. Assim, o tratamento dirigido a esse interlocutor deve condizer com o cargo que ele ocupa e ser marcado pela polidez, isto é, ser respeitoso e educado.

7. O registro de linguagem: você está se dirigindo a uma autoridade e por isso a linguagem utilizada deve ser formal, clara e objetiva, estando de acordo com as normas de polidez.

8. O conteúdo da carta: exponha com clareza o problema e as soluções que está encaminhando. Use argumentos sólidos e tenha cuidado com os recursos de coesão, para que todas as partes da carta estejam interligadas.

9. A construção de sua imagem: demonstre conhecimento sobre o assunto. Cite dados e fontes. Você deve demonstrar que tem autoridade para sugerir o que propõe.

Revisão

10. Ao terminar o texto, releia-o e verifique se ele está coerente, se tudo faz sentido e se as partes da carta estão interligadas, coesas.

11. Reveja a ortografia das palavras, a pontuação e a organização das ideias nos parágrafos. Verifique se a linguagem utilizada está adequada e marcada pela polidez.

12. Confira os argumentos apresentados, verificando se estão consistentes e convincentes.

13. Releia seu texto e reescreva os pontos que precisarem ser ajustados.

14. Verifique o cabeçalho e a saudação final, observando se estão adequadas ao gênero textual.

15. Solicite ao professor que faça uma última revisão e faça os acertos necessários.

Carta aberta pela defesa dos Corais da Amazônia

Os Corais da Amazônia são um **ecossistema** único e precioso que se estende por mais de 9 500 km² pela costa norte do Brasil. Onde o rio Amazonas encontra o oceano, as águas são inicialmente escuras e barrentas – um ambiente muito incomum para a existência de um ecossistema coralíneo. *Habitat* de corais-rosa, algas calcárias (rodolitos), mais de 70 espécies

© Greenpeace

Corais da Amazônia, foz do Rio Amazonas, no Amapá, 2018.

de peixes de recife e mais de 60 espécies de esponja, os Corais da Amazônia são um ecossistema próspero e dinâmico pouco conhecido, mas que já está sob ameaça.

Ainda que apenas uma pequena fração dos corais tenha sido estudada, já existe a grande probabilidade de descoberta de novas espécies **endêmicas**. As primeiras imagens subaquáticas dos Corais da Amazônia foram capturadas no início de 2017. A Ciência está só começando a compreender a **biodiversidade** do recife e a interação desse ecossistema com a **pluma** do rio Amazonas e o oceano.

Os planos de extração de petróleo próximo aos Corais da Amazônia representam pressão e riscos expressivos a este ecossistema, seja pela própria perfuração, seja pela ameaça de derramamentos de petróleo significativos. Até mesmo a **modelagem** das empresas aponta que, em caso de um vazamento, há possibilidade de até 30% do óleo atingir o recife. Seria um desastre que impactaria negativamente o ecossistema e a bacia da foz do rio Amazonas; uma área que abriga espécies vulneráveis, incluindo o peixe-boi-da-Amazônia (*Trichechus inunguis*) e a tartaruga-de-couro (*Dermochelys coriacea*), entre muitas outras.

A prioridade agora deve ser proteger o recife e as águas circundantes para que possam ser realizadas novas pesquisas sobre o bioma que propiciem uma maior visão sobre sua diversidade, estrutura e função, bem como as interconexões que possui com outros ecossistemas, antes de tomar decisões sobre mais explorações humanas na área.

Assinam:

Abigail Fallis, artista plástica e ambientalista do Reino Unido

Abilio Soares Gomes, biólogo marinho da UFF

Anthony W. D. Larkum, especialista em recifes da Universidade de Sidney

E mais 37 cientistas e ambientalista de vários países e centros de pesquisa.

Glossário

Biodiversidade: conjunto de todas as espécies de plantas e animais existentes em determinada região ou época.

Ecossistema: sistema formado por um meio ambiente e os organismos animais e vegetais que ali vivem, bem como pelas relações entre eles.

Endêmico: espécie, organismo ou população nativo de determinada região.

Habitat: lugar em que vive um organismo e que oferece condições físicas e geográficas favoráveis à sua sobrevivência.

Modelagem: planejamento.

Pluma: resultado da mistura de massas de água de diferentes densidades.

1. No primeiro parágrafo da carta, apresentam-se informações sobre os corais da Amazônia. Consulte o glossário, observe a fotografia e depois explique com suas palavras o que são os corais.

2. Que ameaças os corais estão sofrendo?

3. A carta aberta foi dirigida às empresas que exploram petróleo na região. Qual é o objetivo principal da carta?

4. Escreva no caderno, em ordem, a sequência em que as informações aparecem no texto.
   - Riscos que afetam os corais; explicação das ameaças que os atingem.
   - Explanação do que deve ser feito para evitar danos aos corais.
   - Caracterização dos corais, mostrando sua importância para a biosfera.
   - Informação que relaciona a importância dos corais a descobertas científicas.

5. Considere as seguintes informações:

   I. A carta aberta foi publicada no *site* do Greenpeace, organização internacional que se ocupa de causas ambientais e tem representação em muitos países do mundo.

   II. A carta foi assinada por 40 cientistas dedicados às causas ambientais.

   a) O que essas informações revelam sobre a validade dos argumentos apresentados?

   b) A linguagem usada na carta está de acordo com o conhecimento dos que a assinam?

6. Releia um trecho da carta.

   > [...] Seria um desastre que impactaria negativamente o ecossistema e a bacia da foz do rio Amazonas; uma área que abriga espécies vulneráveis, incluindo o peixe-boi-da-Amazônia (*Trichechus inunguis*) e a tartaruga-de-couro (*Dermochelys coriacea*), entre muitas outras.

   a) Que elementos, nessa passagem, demonstram o conhecimento científico dos que a assinaram?

   b) Qual é a importância do uso desse tipo de linguagem, considerando-se a função dessa carta aberta?

7. Releia a carta e observe o registro de linguagem usado. Verifique as concordâncias, a seleção do vocabulário e o modo de ligar orações e períodos. Trata-se do registro formal ou informal? Justifique sua resposta, levando em conta a finalidade da carta.

8. Observe estes trechos retirados do primeiro parágrafo para responder às questões.

   I. "Os Corais da Amazônia são um ecossistema único e precioso..."
   II. "As águas são inicialmente escuras e barrentas"
   III. "Os corais da Amazônia são um ecossistema próspero e dinâmico"

   a) Transcreva as palavras e expressões que caracterizam os corais e as águas.

   b) Transcreva o sujeito de cada oração.

   c) Nas três orações, qual verbo liga o sujeito às suas características?

   d) Considerando sua função na caracterização do predicado, como se classifica esse verbo?

   e) Quais são os núcleos dos predicados integrados por esse verbo?

   f) De que tipo de predicado se trata?

UNIDADE 2

TRÂNSITO BRASILEIRO ESTÁ ENTRE OS MAIS VIOLENTOS DO MUNDO, DIZ ESTUDO

Linguagem e compromisso

Arionauro

Antever 👓

1 Converse com os colegas.

a) Que contrastes podem ser observados entre a imagem e a fala do motorista?

b) Por meio desse contraste, é possível saber a opinião do chargista sobre o trânsito no Brasil?

2 Embora o tema seja preocupante, ele é explorado pelo chargista por meio do humor. Que elementos da charge contribuem para a construção do humor?

3 Alguns gêneros textuais, além de expressar opinião, têm o objetivo de influenciar o leitor, levá-lo a mudar de atitude, a adotar certos comportamentos. Em sua opinião, a charge tem esse papel? Por quê?

4 Que outros gêneros argumentativos serviriam para discutir o problema da violência do trânsito brasileiro?

Você já parou para pensar em como o ser humano é frágil diante de uma máquina como o automóvel? Por isso é preciso cuidado ao dirigir e usufruir do bem-estar que um veículo pode proporcionar.

Nesta unidade, você conhecerá campanhas que alertam sobre esses cuidados, analisará um meme e estudará os gêneros folheto e editorial.

Esta charge ironiza um sério problema nacional: o desrespeito às leis de trânsito. Arionauro Cartuns, 1º abr. 2016. Disponível em: <www.arionaurocartuns.com.br/2016/04/charge-transito-violento.html>. Acesso em: 24 set. 2018.

 atividade oral

 **Antes da leitura**

1 Observe este meme que circula na internet.

droopy76/Shutterstock.com

Disponível em: <https://www.gerarmemes.com.br>. Acesso em: 26 nov. 2018.

Você sabe o que é um meme? Já enviou ou recebeu algum?

2 O que se vê no meme acima?

3 Você conhece a fotografia na qual essa imagem se baseia? Sabe a quem as quatro figuras representadas remetem? Conte aos colegas.

4 Você considera esse meme divertido? Por quê?

5 No contexto desse meme, a palavra **faixa** pode ser entendida de duas formas. Quais são elas? Explique.

6 Você enviaria o meme acima a alguém? A quem? Por qual meio e com que intenção?

Memes

O termo **meme** foi usado pela primeira vez no livro *O gene egoísta*, do escritor britânico Richard Dawkins. Gene é a unidade mínima da genética e, nesse livro, significa a menor unidade de informação que se poderia multiplicar de cérebro em cérebro.

O uso do termo se disseminou na internet e hoje se associa a imagens estáticas (fotografias, ilustrações etc.) ou animadas (GIFs, vídeos etc.), acompanhadas ou não de frases ou pequenos textos, que podem viralizar e se espalhar rapidamente na rede.

1

PEDESTRE
SEGURO

Se
liga
NO TRÂNSITO

DETRAN PR
DEPARTAMENTO DE TRÂNSITO DO PARANÁ

PARANÁ
GOVERNO DO ESTADO

www.detran.pr.gov.br

DETRAN PR
DEPARTAMENTO DE TRÂNSITO DO PARANÁ

DETRAN-PR/Governo do Estado do Paraná

2

O CUIDADO NO TRÂNSITO NÃO PODE VIR SÓ DE QUEM ESTÁ NO VOLANTE, NÉ? POR ISSO, O DETRAN PREPAROU ALGUMAS DICAS PARA VOCÊ SER UM PEDESTRE AINDA MELHOR. OLHA SÓ:

É LEI!

Que tem que atravessar sempre na faixa você já sabe. O que talvez seja novidade é que isso é lei. Está escrito lá no Artigo 69 do Código de Trânsito Brasileiro. Se você estiver a 50 metros da faixa ou menos, atravessar nela é obrigatório.

ATRAVESSE COM SEGURANÇA

Quer atravessar com segurança? Então olhe com cuidado para os dois lados da rua, cruze em linha reta e não circule entre os carros.

SEM PRESSA

Ao atravessar a rua, espere o semáforo ficar vermelho para o carro. Se a rua tiver sinal de pedestre, espere ele ficar verde para você.

SÓ A FAIXA NÃO BASTA

Confiar só na faixa de pedestre é muito perigoso. Antes de atravessar, é preciso ter certeza de que o motorista está vendo você.

RUA SEM FAIXA

Se a rua não tiver faixa, atravesse em um lugar em que você consiga ver muito bem todos os carros e eles consigam ver você.

É MAIS SEGURO NA CALÇADA

Antes de atravessar, é importante esperar na calçada e manter uma boa distância do meio-fio.
E se você estiver junto com uma criança, deixe ela sempre atrás de você.

DETRAN-PR/Governo do Estado do Paraná

Departamento de Trânsito do Paraná. Educação para o trânsito. Disponível em: <www.educacaotransito.pr.gov.br/pagina-276.html>. Acesso em: 12 nov. 2018.

Estudo do texto

1. Observe as duas imagens da página anterior.

   a) Que assunto elas abordam?

   b) Há diferenças e semelhanças entre as imagens? Explique sua resposta.

   c) Como o leitor pode reagir diante das imagens 1 e 2? Há diferenças quanto ao modo de lê-las?

   d) Para você, que relação existe entre essas duas imagens? Por quê?

2. As duas imagens representam a frente e o verso de um folheto que fez parte de uma campanha de educação no trânsito. Converse com os colegas e levantem hipóteses:

   a) O que é uma campanha publicitária?

   b) Quais são as diferenças entre um folheto publicitário e uma campanha publicitária?

   > Campanha publicitária é a veiculação, em diferentes mídias, de peças publicitárias variadas, como anúncio, cartaz, folheto, *outdoor* etc., todas elas com um mesmo tema, sendo essa veiculação promovida pela(s) mesma(s) instituição(ções). Assim, podem fazer parte de uma campanha um anúncio veiculado na televisão, folhetos distribuídos na rua e uma propaganda transmitida pelo rádio.

3. Observe novamente a imagem 1, que é a parte da frente do folheto.

   a) O que a placa de trânsito reproduzida indica?

   b) Qual é a relação entre os textos "Pedestre seguro" e "Se liga no trânsito" e a imagem da placa?

4. Compare o endereço eletrônico do qual foi tirado o folheto (www.educacaotransito.pr.gov.br) com o de um *site* sobre a segurança no trânsito: www.criancasegura.org.br.

   a) Com base em seus conhecimentos, aponte o que significam as terminações **.org** e **.gov**.

   b) Que outras terminações de endereço eletrônico você conhece? Sabe o que significam?

   c) Em sua opinião, durante uma pesquisa na rede ou ao visitar *sites* disponíveis em anúncios e em textos de outros gêneros, é importante prestar atenção ao endereço eletrônico? Por quê?

5. Textos publicitários usam a argumentação para convencer o leitor a adquirir um produto, aderir a uma ideia ou comportamento. Observe a imagem 2 e responda às questões.

   a) Que comportamentos são defendidos no texto? Com que objetivo eles são defendidos pelo órgão promotor da campanha?

   b) Que argumento é usado para convencer o leitor a usar a faixa?

   c) Você, como pedestre, costuma atravessar a rua na faixa? Essa campanha teve algum efeito sobre seu comportamento de pedestre? Por quê?

Linguagem, texto e sentidos

1. Compare os sentidos da palavra **faixa** no meme que você leu na seção **Antes da leitura** ao sentido dela no folheto da página 41. No folheto ela pode ser compreendida em mais de um sentido?

   > **Polissemia** é a multiplicidade de sentidos de uma palavra, que pode ser explorada para produzir diferentes sentidos nos textos. No meme do início do capítulo, por exemplo, a polissemia foi o principal recurso semântico adotado.

2 Leia algumas acepções do verbo **ligar** registradas no dicionário.

ligar v. (sXIII). 1 *t.d.bit.* unir, prender, atar (algo ou alguém com liame, laço etc.) 2 pôr em contato (o que está separado); reunir, juntar [...] 7. *t.d.bit.int.* e pron. unir(-se), formando um todo; misturar(-se), soldar(-se); combinar(-se) [...] 12. *t.i.* dar importância a; interessar-se [...]

Dicionário Houaiss da língua portuguesa. Rio de Janeiro: Instituto Antonio Houaiss, 2009.

a) Ao ler o verbete, o que você observa sobre os sentidos de **ligar**?

b) Qual das acepções se aproxima daquela em que o verbo **ligar** foi empregado no folheto?

c) Se você pudesse acrescentar a esse verbete uma acepção de **ligar** que correspondesse exatamente ao sentido que esse verbo tem no folheto, como ela seria?

3 Releia o folheto e identifique todas as formas verbais no modo imperativo.

a) A quem essas formas verbais se dirigem? Justifique sua resposta com base no texto.

b) Explique por que esse modo verbal predomina no folheto.

> As sequências injuntivas são frequentes em textos publicitários. As marcas linguísticas típicas desse modo de organizar o texto são os verbos no modo imperativo e as formas pronominais usadas para se referir diretamente ao leitor. Isso provoca uma aproximação entre o texto e seu público-alvo, reforçando a função do texto publicitário.

4 Releia: "O cuidado no trânsito não pode vir só de quem está no volante, né? Por isso, o Detran preparou algumas dicas para você ser um pedestre ainda melhor. Olha só [...]".

a) A quem o trecho "quem está no volante" se refere?

b) Com que objetivo a oração "Olha só" foi usada e a quem ela se dirige?

5 Observe o quadro a seguir.

2ª pessoa do singular do modo imperativo	3ª pessoa do singular do modo imperativo
Olha só	Olhe só.
Se liga no trânsito	

a) Os criadores do folheto fizeram usos diferentes do modo imperativo. Em "Olha só" e "Se liga", os verbos foram empregados na 2ª pessoa do singular; nos demais casos, os verbos aparecem na 3ª pessoa do singular. Reescreva a frase "Se liga no trânsito" usando a forma do imperativo na 3ª pessoa do singular.

b) Em seu dia a dia, como você usaria as frases do quadro no imperativo?

c) A troca da forma **se liga** pela 3ª pessoa do singular tornaria o texto mais formal ou informal?

6 Releia estes trechos.

I. "E se estiver com uma criança, deixe **ela** sempre atrás de você."

II. "Antes de atravessar, é preciso ter certeza de que **o motorista** está vendo você."

a) Em II, qual é a função do sintagma nominal destacado?

b) Nessa oração, que pronome poderia substituir o termo destacado?

c) Observe o pronome destacado em I. Que termo anterior ele substitui e que função exerce em relação ao verbo **deixar**?

d) Compare as seguintes orações: "Deixe ela sempre atrás de você" e "Deixe-a atrás de você". Qual delas você usaria em sua comunicação diária? Qual delas está de acordo com a norma-padrão e mais formal da língua?

7 Considere a função do folheto do Detran, o público a que se dirige e o que você observou nas atividades anteriores. Por que a campanha adota formas como "se liga" e "deixe ela", por exemplo?

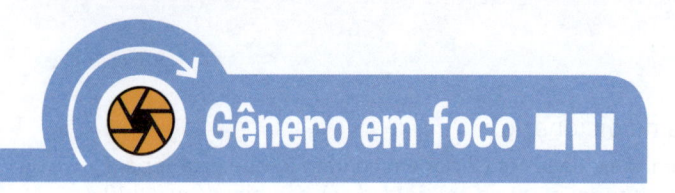

Folheto

1 Observe novamente a frente do folheto do Departamento de Trânsito do Paraná.

DETRAN-PR/Governo do Estado do Paraná

a) Que função esse folheto tem?

b) Que tipos de linguagem foram usados na composição do folheto?

c) Na faixa horizontal central, à esquerda, há a frase "Se liga no trânsito". Como ela aparece visualmente? Que efeito isso cria?

d) Em sua opinião, em que os autores de um folheto devem basear-se para haver uma interação eficiente com os leitores?

2 Como você viu, esse folheto é um impresso que tem frente e verso e integra uma campanha de conscientização.

a) Com base em seus conhecimentos, onde, em geral, circulam os folhetos? A quem costumam ser distribuídos? Justifique sua resposta.

b) Por que no folheto as informações estão organizadas dos dois lados da folha?

c) O folheto é um impresso móvel, que o leitor pode levar consigo. Há peças publicitárias que são fixas e são expostas ao ar livre, em muros, paredes ou painéis luminosos, como o *outdoor*. Se você fosse transformar esse folheto em um *outdoor*, usaria o conteúdo da frente ou do verso? Por quê?

> *Slogans* são frases marcantes e curtas, facilmente memorizáveis, usadas na publicidade para atrair o público.

3 O folheto lido é dirigido aos pedestres.

a) Que conselho é dado a eles, por meio da frase imperativa que compõe o *slogan* da campanha?

b) Que característica do comportamento do público-alvo do folheto fica pressuposta no *slogan*? Por que o panfleto não explicita essa informação?

c) No verso do folheto está o texto: "É lei! Que tem que atravessar sempre na faixa você já sabe". O *slogan* e esse trecho revelam o uso de determinado registro da linguagem. Com que objetivo ele foi empregado na campanha?

d) Considerando o público-alvo da campanha, em sua opinião, trata-se de uma campanha eficiente, com possibilidade de diminuir o número de acidentes de trânsito no estado do Paraná? Justifique sua resposta.

4 Observe a parte do folheto em destaque a seguir.

a) Que função têm esses elementos verbovisuais no folheto? Que informações eles dão ao leitor?

b) Que endereço eletrônico aparece no folheto? Por que ele foi divulgado?

5 A campanha publicitária analisada contou com outros folhetos. Observe.

a) O que esse folheto tem em comum com o folheto "Pedestre seguro"?

b) O que há de diferente?

c) A quem se destina o folheto acima?

d) Por que os órgãos responsáveis pela campanha produziram folhetos semelhantes para diferentes públicos?

e) Além dos folhetos, que outras ideias e propostas de material publicitário você acrescentaria à campanha "Trânsito seguro"? Com que finalidade?

> As diversas peças de uma campanha publicitária – anúncio de rádio e TV, cartaz, folheto, *outdoor* etc. – propagam uma ideia, um produto ou um serviço. As peças são coordenadas por meio de uma estratégia publicitária para que possam atingir e convencer o maior número possível de pessoas dentro do público-alvo definido pelos responsáveis pela campanha.

6 Leia o folheto a seguir, parte da campanha por um trânsito seguro do Sindicato dos Agentes de Trânsito de Goiânia, de 2017.

SINATRAN-GO. Arte: Andréa Gonçalves

Sindicato dos Agentes de Trânsito de Goiânia. Disponível em: <http://sinatran.org.br/?p=3246>.
Acesso em: 5 set. 2018.

a) O que há em comum entre os folhetos publicitários "Se liga no trânsito" e "Sinal de vida"?

b) O sinalizador com as cores vermelha, amarela e verde é designado por nomes diferentes, conforme a região do país. Quais são eles? Consulte o dicionário se necessário.

c) No folheto "Sinal de vida", há relação entre a imagem do semáforo e uma das palavras do texto, que foi empregada em sentido polissêmico. Explique essa relação.

d) A imagem usada no folheto "Sinal de vida" sugere o outro sentido da palavra "sinal"? Explique sua resposta.

7 Com base nos folhetos lidos, em sua opinião, qual das duas campanhas trata a questão da segurança no trânsito de forma mais abrangente? Por quê?

> O **folheto**, também chamado de panfleto ou prospecto, é um gênero publicitário impresso que emprega linguagem verbal e visual.
>
> Costuma fazer uso de projetos gráficos atraentes, em que cores, ilustrações, fotografias, diferentes tipos e cores de letras e outros recursos contribuem para a construção do sentido desejado e para o convencimento do leitor. Pode ser impresso em apenas uma face da folha ou ter frente e verso.
>
> O texto verbal, geralmente curto e direto, emprega frases imperativas para aconselhar o leitor a consumir um produto ou serviço ou a aderir a uma ideia.

 atividade oral

 **Antes da leitura** ▪▪▪

Em 1º de junho de 2018, a Confederação Nacional dos Transportes (CNT) publicou um estudo intitulado "Acidentes rodoviários e a infraestrutura". O propósito do estudo era relacionar o perfil dos acidentes e das características do pavimento, da sinalização e da geometria da via com a frequência e a intensidade dos acidentes. A publicação desse estudo gerou notícias e editoriais em diferentes jornais impressos ou digitais brasileiros.

Estudo aponta os 10 trechos de rodovia mais perigosos do Brasil

Pesquisa da Companhia Nacional de Transporte revelou que a infraestrutura de uma via pode ser tão fatal quanto a imprudência dos motoristas.

Quatro rodovias federais foram apontadas como as mais violentas, concentrando 37,2% das mortes, pelo estudo "Acidentes Rodoviários e a Infraestrutura", da CNT (Companhia Nacional de Transporte).

[...]

Ugo Sartori. *R7*, 11 jun. 2018. Disponível em: <https://noticias.r7.com/cidades/estudo-aponta-os-10-trechos-de-rodovia-mais-perigosos-do-brasil-11062018>. Acesso em: 5 set. 2018.

Deixar de agir é crime

Pesquisadores deixam bem claro que a relação entre acidentes e infraestrutura rodoviária, embora de grande e evidente importância, é apenas uma das que devem ser consideradas.

O Brasil continua a deter o triste título de um dos países com maior número de mortos em acidentes de trânsito – mais de 40 mil por ano –, o que torna esse problema uma verdadeira tragédia nacional. Um estudo da Confederação Nacional do Transporte (CNT), que acaba de ser divulgado, traz novos e importantes dados sobre algumas das principais causas desses acidentes, que podem orientar a adoção de medidas capazes de pelo menos minorar a gravidade do problema num prazo relativamente curto, dependendo do empenho das autoridades das quais elas dependem.

[...]

O Estado de S. Paulo, 8 jun. 2018. Disponível em: <https://opiniao.estadao.com.br/noticias/geral,deixar-de-agir-e-um-crime,70002342341>. Acesso em: 5 set. 2018.

1 Qual dos dois fragmentos contém apenas fatos sem emissão de opinião sobre eles?

2 Qual dos fragmentos, além de conter o fato, apresenta uma tese baseada nos dados da pesquisa?

3 Compare a seleção de palavras com as ideias expressas nos fragmentos apresentados.

a) Que informações apresentadas no segundo fragmento não são citadas no primeiro?

b) O primeiro fragmento é uma notícia. A que gênero, provavelmente, pertence o segundo fragmento?

https://opiniao.estadao.com.br/noticias/geral,deixar-de-agir-e-um-crime,70002342341

OPINIÃO

Deixar de agir é um crime

Pesquisadores deixam bem claro que a relação entre acidentes e infraestrutura rodoviária, embora de grande e evidente importância, é apenas uma das que devem ser consideradas

Rodovia Mogi-Bertioga (SP). Fotografia de 2018.

> **Glossário**
>
> **Minorar:** tornar(-se) menor, diminuir; atenuar(-se).

O Brasil continua a deter o triste título de um dos países com maior número de mortos em acidentes de trânsito – mais de 40 mil por ano –, o que torna esse problema uma verdadeira tragédia nacional. Um estudo da Confederação Nacional do Transporte (CNT), que acaba de ser divulgado, traz novos e importantes dados sobre algumas das principais causas desses acidentes, que podem orientar a adoção de medidas capazes de pelo menos **minorar** a gravidade do problema num prazo relativamente curto, dependendo do empenho das autoridades das quais elas dependem.

O estudo – Transporte Rodoviário: acidentes rodoviários e a infraestrutura – abrange o período de 2007 a 2017 e considera apenas as rodovias federais policiadas, mas essas limitações não impedem que o objeto do estudo constitua uma amostra altamente representativa do conjunto da questão. Os pesquisadores deixam bem claro que a relação entre acidentes e infraestrutura rodoviária, embora de grande e evidente importância, é apenas uma das que devem ser consideradas entre as várias causas responsáveis pela tragédia do trânsito.

Os números levantados são impressionantes. Somente naquelas rodovias e no período escolhido, foi registrado 1,65 milhão de acidentes, o que dá uma média de 411,3 por dia, com 83 481 mortos (média de 20,8 por dia). Em termos comparativos, o atual índice de mortos em acidentes de trânsito, de cerca de 19 por 100 mil habitantes, equivale aos índices do ano de 1982 dos países desenvolvidos, o que significa que nosso atraso em relação a eles é de 35 anos. Nessas mais de três décadas, muito pouco foi feito para melhorar a segurança do transporte rodoviário, embora ele seja o mais utilizado no Brasil para o deslocamento de pessoas e de cargas.

Esse descaso fica claro em alguns outros dados. Nos últimos 10 anos, a frota de veículos cresceu rapidamente, com aumento de 95,6%, enquanto o crescimento da malha rodoviária federal não passou de minguados 11,3%. Sem contar que a manutenção da malha existente é notoriamente de má qualidade. Calcula-se que, em 2017, os custos decorrentes dos acidentes, com mortos e feridos, foram de R$ 10,7 bilhões. E os investimentos federais em rodovias foram, no mesmo ano, de apenas R$ 7,9 bilhões.

O levantamento das informações referentes à ligação entre acidentes e a infraestrutura, ponto central do trabalho, é por isso mesmo um dos que mais chamam a atenção. Ao contrário do que se poderia imaginar, é nos trechos com pavimento considerado bom ou ótimo que ocorre o maior número de acidentes graves – 11,2 mortes para cada 100 acidentes, número que cai para 7,7 nas rodovias com pistas em péssimo estado.

Isso ocorre por duas razões principais. As boas pistas possibilitam aos motoristas desenvolver maior velocidade, mas esse fato isolado não explica o elevado número de acidentes. Isso não acontece nas rodovias dos países desenvolvidos, porque nelas tanto o pavimento como a sinalização são de alta qualidade. Aqui, a sinalização é péssima e, por isso, é responsável pelo maior número de mortes em acidentes. Nos trechos em que a sinalização é péssima, o índice é de 13 mortes por 100 acidentes, número que cai para 8,5 nos trechos em que ela é ótima.

O que choca nesse caso é que, como assinala o estudo da CNT, medidas simples e baratas de melhoria da sinalização – em todas as rodovias, as boas e as ruins – poderiam "reduzir em grande escala o número e a gravidade de acidentes com óbitos".

Esses e vários outros dados do estudo – como a indicação dos 100 trechos de rodovias nos quais se registra o maior número de acidentes com mortes – são elementos simples, precisos e objetivos, capazes de orientar a ação das autoridades para a redução de acidentes, se elas estiverem dispostas a isso. Um trabalho como esse deveria ter sido feito pelo próprio governo federal, que se omitiu irresponsavelmente nas últimas administrações. Como se vê pelo número de mortos, deixar de agir para aumentar a segurança nas estradas é um crime.

O Estado de S. Paulo, 8 jun. 2018. Disponível em: <https://opiniao.estadao.com.br/noticias/geral,deixar-de-agir-e-um-crime,70002342341>. Acesso em: 5 set. 2018.

O *Estadão*

O jornal *O Estado de S. Paulo*, ou *Estadão*, como também é conhecido, é um dos mais antigos jornais da cidade de São Paulo (SP) em circulação. Foi fundado em 1875 e chamou-se, a princípio, *A Província de S. Paulo*.

O *Estadão* faz parte de um grupo de jornais brasileiros antigos e tradicionais, como o *Correio Braziliense* (fundado em 1801), o *Diário de Pernambuco* (fundado em 1825), a *Gazeta de Minas* (fundada em 1887) e o *Jornal do Brasil* (criado em 1891 e que durante alguns anos deixou de ser impresso e circulou apenas em versão digital).

Primeira edição do jornal *A Província de S. Paulo*, de 4 jan. 1875.

Estudo do texto ▰▰▰ no caderno

1 Segundo o editorial, o que representa para o Brasil o fato de estar entre os países com maior número de mortos em acidentes de trânsito? E para você, o que isso representa?

2 De que forma o estudo da Confederação Nacional de Transporte, "Acidentes rodoviários e a infraestrutura", citado no editorial, pode contribuir para a redução do problema?

3 O estudo tinha o objetivo de reconhecer a relação entre acidentes nas rodovias e a infraestrutura. A que conclusão chegaram os pesquisadores, com base no estudo, segundo o editorial?

4 Considere o trecho:

> [...] Um estudo da Confederação Nacional do Transporte (CNT), que acaba de ser divulgado, traz novos e importantes dados sobre algumas das principais causas desses acidentes, que podem orientar a adoção de medidas capazes de pelo menos minorar a gravidade do problema num prazo relativamente curto, dependendo do empenho das autoridades das quais elas dependem.

Ao afirmar que o estudo pode orientar a adoção de medidas capazes de pelo menos minorar a gravidade do problema", o editorial mostra acreditar na solução do problema? Por quê?

5 Apesar de a malha rodoviária ser a mais utilizada no país, tanto para o transporte de pessoas quanto de carga, houve poucas ações para melhorá-la. Que dados do editorial evidenciam isso?

6 Releia o parágrafo a seguir.

> Esse descaso fica claro em alguns outros dados. Nos últimos 10 anos, a frota de veículos cresceu rapidamente, com aumento de 95,6%, enquanto o crescimento da malha rodoviária federal não passou de minguados 11,3%. Sem contar que a manutenção da malha existente é notoriamente de má qualidade. Calcula-se que, em 2017, os custos decorrentes dos acidentes, com mortos e feridos, foi de R$ 10,7 bilhões. E os investimentos federais em rodovias foram, no mesmo ano, de apenas R$ 7,9 bilhões.

a) Ao comparar os investimentos em infraestrutura e os custos resultantes dos acidentes com mortos e feridos, o que o editorial procura evidenciar?

b) Que palavras e expressões o editorial utiliza para mostrar desaprovação do que ocorre?

7 Compare a hipótese inicial sobre os acidentes e os resultados da pesquisa. O resultado apresentado confirmou a hipótese inicial? Por quê?

8 Por que só o aumento da velocidade não justifica o maior número de acidentes, segundo o editorial?

9 Segundo o estudo da CNT, as medidas para diminuir o problema são de difícil execução?

10 Por que, segundo o editorial, "deixar de agir é um crime"?

Linguagem, texto e sentidos

1 Releia o terceiro parágrafo do texto.

> Os números levantados são impressionantes. Somente naquelas rodovias e no período escolhido, foi registrado 1,65 milhão de acidentes, o que dá uma média de 411,3 por dia, com 83 481 mortos (média de 20,8 por dia). Em termos comparativos, o atual índice de mortos em acidentes de trânsito, de cerca de 19 por 100 mil habitantes, equivale aos índices do ano de 1982 dos países desenvolvidos, o que significa que nosso atraso em relação a eles é de 35 anos.

a) O que os dados apresentados nesse trecho representam?

b) Qual é a relevância desses dados para a argumentação do editorialista?

c) Por que comentários avaliativos do editorial foram inseridos? Que contribuição trazem para o texto?

2 Releia o trecho a seguir.

> O Brasil continua a deter o triste título de um dos países com maior número de mortos em acidentes de trânsito – mais de 40 mil por ano – , o que torna esse problema uma verdadeira tragédia nacional. [...]

a) Que palavra comprova que o problema apresentado não é novo no país?

b) Qual palavra desse trecho revela a opinião do autor do editorial? Por quê?

3 Como você deve ter notado com base nas questões anteriores, um texto argumentativo apresenta dados e/ou fatos para a defesa de um ponto de vista, fazendo uso de sequências narrativas e opinativas. Que ideia o editorial defende sobre o tema?

4 Releia o trecho a seguir.

> [...] os dados trazidos pelo estudo da CNT podem orientar a adoção de medidas capazes de pelo menos minorar a gravidade do problema num prazo relativamente curto, dependendo do empenho das autoridades das quais elas dependem.

É possível dizer que o texto expressa certeza de que esse estudo trará mudanças positivas para a condição do trânsito nas estradas? Justifique sua resposta.

5 Observe os trechos a seguir e analise a função argumentativa das expressões assinaladas.

I. "O levantamento das informações referentes à ligação entre acidentes e a infraestrutura [...] é por isso mesmo que **mais chama a atenção** [...]."

II. "O que **choca** nesse caso é que, como assinala o estudo da CNT [...]."

a) Qual é a diferença entre **chamar a atenção** e **chocar**?

b) A ordem dessas expressões poderia ser alterada?

c) Por que motivo foram colocadas nessa ordem?

6 Releia o parágrafo a seguir e observe alguns operadores argumentivos destacados.

> Isso ocorre por duas razões principais. As boas pistas possibilitam aos motoristas desenvolver maior velocidade, **mas** esse fato isolado não explica o elevado número de acidentes. Isso não acontece nas rodovias dos países desenvolvidos, **porque** nelas tanto o pavimento como a sinalização são de alta qualidade. **Aqui**, a sinalização é péssima e, **por isso**, é responsável pelo maior número de mortes em acidentes.

a) Qual é a função do pronome **isso** no início dos períodos?

b) Qual relação a conjunção **mas** estabelece entre as orações?

c) A alta velocidade isoladamente não é culpada pelos acidentes, segundo o editorial do jornal. Como se constrói essa conclusão? Que palavra a introduz?

Operadores argumentativos são elementos linguísticos que orientam os enunciados para determinadas conclusões. Veja alguns exemplos:

> Aqui a sinalização é péssima e, por isso, é a responsável pelo maior número de mortes em acidentes.

Observe que o termo **por isso** induz o leitor a concluir que o maior número de acidentes ocorre em função da péssima sinalização.

> Isso não acontece nas rodovias dos países desenvolvidos, porque nelas tanto o pavimento como a sinalização são de alta qualidade.

Observe que o termo **porque** indica a causa de não haver tantos acidentes em rodovias de países desenvolvidos.

---

7 Observe as expressões a seguir:

- problema;
- conjunto da questão;
- tragédia nacional;
- tragédia do trânsito.

a) Considerando o conteúdo do editorial, indique qual é a ideia comum reiterada por essas expressões.

b) Entre essas palavras e expressões, quais podem ser consideradas mais genéricas e quais podem ser consideradas mais específicas em relação ao tema? Justifique sua resposta.

8 Volte ao texto e destaque expressões utilizadas para mostrar o pouco interesse na solução dessa questão.

Os caminhos fundamentais para a argumentação são a **continuidade** (progressão) e a **repetição** (retroação). Ao selecionar um tema a ser desenvolvido, o autor utiliza esses dois recursos para a defesa de sua ideia – apresenta novas informações e retoma a ideia inicial para lembrar ao leitor qual é o tema discutido.

---

9 Examine o último parágrafo do texto e aponte as palavras e expressões que retomam o que foi dito anteriormente e ajudam a formular a conclusão do texto.

Dicas para pedestres

Você sabia que no dia 8 de agosto é celebrado o Dia do Pedestre? Como parte das celebrações desse dia, o governo de Mato Grosso do Sul divulgou algumas dicas para os pedestres evitarem acidentes de trânsito, afinal o trânsito não é composto apenas de motociclistas, motoristas, caminhoneiros etc. Os pedestres também devem ajudar a construir uma relação mais harmoniosa e segura para todos os envolvidos no trânsito. Veja a seguir algumas dicas.

- Preste atenção em todo o ambiente que o cerca.
- Esteja certo que foi visto antes de atravessar.
- Evite fazer a travessia em esquinas e curvas.
- Use sempre a faixa de pedestres.
- Não atravesse vias (ou mesmo caminhe pelas calçadas) olhando para o celular.
- Não use fone de ouvido.
- Ao descer de um coletivo, nunca atravesse pela frente do veículo.
- Cuidado ao cruzar áreas com garagens.
- Caminhe sempre pela calçada.

No Dia do Pedestre Detran dá dicas para evitar acidentes. Detran MS, 8 ago. 2018. Disponível em: <www.detran.ms.gov.br/no-dia-do-pedestre-detran-da-dicas-para-evitar-acidentes>. Acesso em: 5 out. 2018.

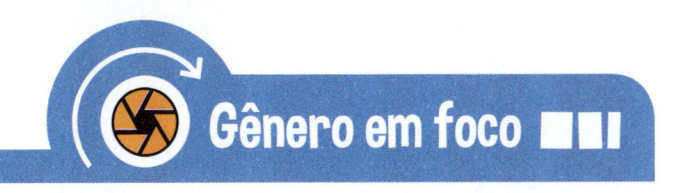

Editorial

1 Para contextualizar o leitor a respeito do tema, o editorial apresenta o estudo da CNT no início do texto. Por que isso é importante?

2 Considere os trechos a seguir.

I. "[...] Nos últimos 10 anos, a frota de veículos cresceu rapidamente, com aumento de 95,6%, enquanto o crescimento da malha rodoviária federal não passou de minguados 11,3%. [...]. Calcula-se que, em 2017, os custos decorrentes dos acidentes, com mortos e feridos, foi de R$ 10,7 bilhões. E os investimentos federais em rodovias foram, no mesmo ano, de apenas R$ 7,9 bilhões."

II. "[...] Os pesquisadores deixam bem claro que a relação entre acidentes e infraestrutura rodoviária, embora de grande e evidente importância, é apenas uma das que devem ser consideradas entre as várias causas responsáveis pela tragédia do trânsito."

a) Destaque no trecho I todos os fatos que comprovam o problema de morte no trânsito.

b) Qual é a força argumentativa da citação desses dados?

c) Em II, apresenta-se uma conclusão a respeito da relação entre acidentes e infraestrutura rodoviária. Qual é a conclusão? Quem a elabora?

d) Qual é a força argumentativa do trecho II?

e) Ao comparar os trechos I e II, que diferenças são encontradas quanto ao tipo de argumento usado?

f) Como o editorial articula (relaciona) os dois tipos de argumento para sustentar seu ponto de vista?

> Nos gêneros argumentativos – como o editorial –, para se defender um ponto de vista podem ser usados vários tipos de argumento. **Argumento baseado em fatos** é aquele em que se fornecem dados estatísticos, informações históricas e outras informações objetivas, concretas. **Argumento de autoridade** é o que traz citação de especialistas ou autoridades em uma determinada área do saber. É utilizado para corroborar a opinião do autor ou para refutar o argumento de um adversário, como um contra-argumento. **Argumento de consenso** é a formulação de uma verdade universal, isto é, aceita por todos. No editorial lido, os dados e a citação do estudo de especialistas criam a possibilidade de construir um consenso, uma opinião compartilhada por todos, de que o trânsito brasileiro é uma "tragédia". A opinião do jornal transforma-se em opinião geral.

3 Observe este trecho.

> Sem contar que a manutenção da malha existente é notoriamente de má qualidade.

a) O editorial inclui esse período para acrescentar um argumento aos dados do estudo. Que palavra indica uma proposição de consenso sobre má qualidade da malha rodoviária?

b) Essas marcas argumentativas, comuns em editorias, são também comuns em notícias?

c) Explique sua resposta do item **b** diferenciando notícia de editorial. Consulte jornais e *sites* de jornais *on-line* para confirmar sua resposta.

4 Considere o último parágrafo e responda: Que conclusão é apresentada pelo editorial? Ela retoma a tese?

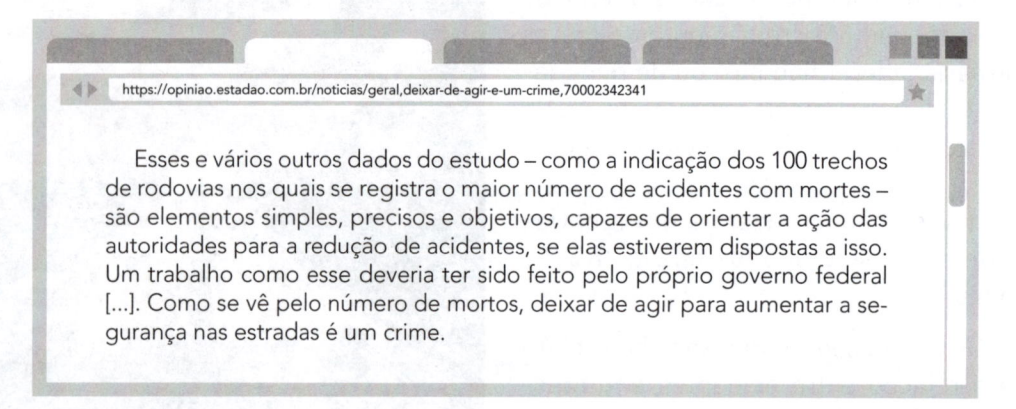

https://opiniao.estadao.com.br/noticias/geral,deixar-de-agir-e-um-crime,70002342341

> Esses e vários outros dados do estudo – como a indicação dos 100 trechos de rodovias nos quais se registra o maior número de acidentes com mortes – são elementos simples, precisos e objetivos, capazes de orientar a ação das autoridades para a redução de acidentes, se elas estiverem dispostas a isso. Um trabalho como esse deveria ter sido feito pelo próprio governo federal [...]. Como se vê pelo número de mortos, deixar de agir para aumentar a segurança nas estradas é um crime.

5 Organize um esquema apresentando o tema do texto e os tópicos desenvolvidos para chegar à conclusão desejada pelo editorial. Explique a progressão de ideias desenvolvida no texto.

6 Retorne ao texto e examine a linguagem usada. Além do cuidado na apresentação encadeada dos argumentos, a linguagem do texto, de modo geral:

a) corresponde a qual registro, formal ou informal? Justifique sua resposta.

b) é adequada ao gênero textual? Por quê?

7 Agora responda:

a) Quem escreve um editorial?

b) Em que tipo de veículo o editorial é publicado?

c) Quais são os temas que, em sua opinião, podem motivar a escrita de um editorial?

d) Que público um editorial alcança?

e) Em sua opinião, o público do editorial é o mesmo que o de um anúncio publicitário?

f) Por que o uso de estratégias argumentativas é fundamental na escrita de um editorial e não é tão importante na escrita de uma notícia?

> O editorial é um gênero argumentativo que pertence à esfera jornalística e tem como característica apresentar o posicionamento de um jornal ou revista sobre determinada questão. É um gênero escrito para o público leitor de jornal, que, interessado no tema, toma contato com o posicionamento dos editorialistas, que, por sua vez, representam o posicionamento do próprio veículo de informação. No editorial "Deixar de agir é crime", por exemplo, reconhece-se, pelas sequências argumentativas, o posicionamento do jornal diante de dados da pesquisa da CNT.

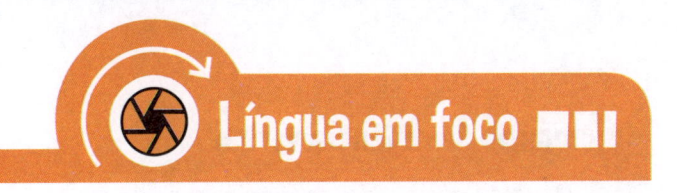

Regência verbal

1 Releia os trechos a seguir.

I. "Em termos comparativos, o atual índice de mortos em acidentes de trânsito, de cerca de 19 por 100 mil habitantes, **equivale** aos índices do ano de 1982 dos países desenvolvidos [...]."

II. "As boas pistas **possibilitam** aos motoristas desenvolver maior velocidade [...]."

III. "[...] o crescimento da malha rodoviária federal não **passou** de minguados 11,3%."

a) Quais são os complementos dos verbos destacados?

b) Destaque em cada complemento o termo que o liga ao verbo. A que classe gramatical esses termos pertencem?

c) Nestes outros trechos, observe como foi construído o complemento de cada verbo destacado.

IV. "O estudo **abrange** o período de 2007 a 2017."

V. "**Equivale** aos índices de 1982 dos países desenvolvidos."

- Em qual **frase** o complemento se liga ao verbo sem o emprego de preposição?

- Como são classificados os verbos que se ligam diretamente, sem preposição, a seu complemento?

- E como se classifica o verbo da outra frase quanto à transitividade? Explique.

> Alguns verbos da língua portuguesa exigem preposição (**a**, **de**, **para**, **por** etc.) para se ligar a seu complemento, outros não. À relação estabelecida entre um verbo (termo regente) e seu complemento (termo regido) dá-se o nome de **regência verbal**.

2 Releia este outro trecho prestando atenção às formas verbais destacadas.

[...] Um estudo da Confederação Nacional do Transporte (CNT), que acaba de ser divulgado, traz novos e importantes dados sobre algumas das principais causas desses acidentes, que podem orientar a adoção de medidas capazes de pelo menos minorar a gravidade do problema num prazo relativamente curto, **dependendo** do empenho das autoridades das quais elas **dependem**.

a) Qual é o complemento de **dependendo**? Como esse complemento se classifica?

b) Conclua: Ao reger um complemento, o verbo **depender** exige que preposição?

c) Analise a oração "das quais elas dependem".

- Qual é o sujeito dessa oração?

- Esse sujeito retoma qual termo que aparece antes nesse mesmo período?

- Qual termo da oração anterior é retomado pelo pronome relativo **(d)as quais**?

- Que preposição é usada com esse pronome?

- Por que a preposição foi usada?

d) O uso do pronome relativo **o(a) qual** com a preposição adequada à regência do verbo é mais comum em textos formais ou informais?

3 Reveja o *slogan* da campanha do Detran-PR.

Se liga no trânsito

a) A forma verbal [**se**] **liga**, que funciona como termo regente, está ligada à palavra **trânsito** (termo regido) por meio de qual preposição?

b) Leia este verbete retirado do *Dicionário prático de regência verbal*, de Celso Pedro Luft.

> ▶ **LIGAR** - transitivo direto e indireto - Prender(-se); fixar(-se); unir(-se): "Liguei-o ao outro / com o outro; || **transitivo indireto** - Atribuir importância; dar atenção: "Não ligo para isso"; || **transitivo direto** - Unir devidamente; juntar novamente; fazer aderir: "O cimento liga os tijolos"; pôr em funcionamento (a chave da luz, um rádio, a televisão, p. ex.); acionar (o motor).

Celso Pedro Luft. *Dicionário prático de regência verbal.* São Paulo: Ática, 2006.

De acordo com o dicionário, o verbo **ligar** exige ou não o uso de preposição?

c) Por que, na frase da campanha, não seria possível usar o verbo com outra preposição?

d) Em que situações de produção (escrita ou oral), em sua opinião, não se poderia deixar de empregar o verbo **ligar** como transitivo direto?

4 Leia os trechos a seguir.

Dicionário de regência verbal

Os dicionários de regência verbal indicam de que forma se dá a relação entre o verbo e seu complemento. Por exemplo: os verbos transitivos diretos ligam-se a seu complemento diretamente, sem nenhuma preposição; os verbos transitivos indiretos ligam-se a seu complemento por meio de uma preposição. Quando é necessário usar a língua de acordo com a norma-padrão e há dúvidas sobre a regência de um verbo ou sobre a preposição que deve acompanhar seu complemento, pode-se consultar um dicionário de regência verbal. Bons dicionários de português, em geral, também indicam se o verbo é intransitivo, transitivo direto, indireto ou bitransitivo.

I.

https://g1.globo.com/sp/santos-regiao/noticia/2018/10/17/homem-se-arrisca-e-pula-no-mar-para-salvar-cao-de-afogamento-em-sp-video.ghtml

Homem se arrisca e pula no mar para salvar cão de afogamento em SP [...]

Um cachorro foi resgatado de dentro do Canal do Porto de Santos [...]. Voltando do trabalho, o garçom Paulo Roberto, de 28 anos, viu uma movimentação estranha no mar. Ele estava na barca [...]. O cachorro estava a cerca de dez metros do atracadouro. Ao <u>chegar</u> no ferryboat, Roberto pulou no mar [...]

G1. Disponível em: <https://g1.globo.com/sp/santos-regiao/noticia/2018/10/17/homem-se-arrisca-e-pula-no-mar-para-salvar-cao-de-afogamento-em-sp-video.ghtml>. Acesso em: 17 out. 2018.

II.

https://economia.uol.com.br/noticias/bloomberg/2018/10/17/algodao-pode-chegar-em-breve-ao-seu-prato.htm?cmpid=copiaecola

Algodão pode <u>chegar</u> em breve ao seu prato

Os americanos poderão em breve começar a comer algodão – e não apenas vesti-lo – com a iminente chegada de uma nova variedade comestível ao mercado [...]

Seção de Economia do Portal UOL. Disponível em: <https://economia.uol.com.br/noticias/bloomberg/2018/10/17/algodao-pode-chegar-em-breve-ao-seu-prato.htm?cmpid=copiaecola>. Acesso em: 17 out. 2018.

III.

Art. 27. Antes de colocar o veículo em circulação nas vias públicas, o condutor deverá verificar a existência e as boas condições de funcionamento dos equipamentos de uso obrigatório, bem como assegurar-se da existência de combustível suficiente para <u>chegar</u> ao local de destino.

Brasil. Lei n. 9.503, de 23 de setembro de 1997. Código de Trânsito Brasileiro, Capítulo III, Artigo 27. Disponível em: <www.planalto.gov.br/ccivil_03/leis/L9503.htm>. Acesso em: 17 out. 2018

a) Observe o uso do verbo **chegar** em cada trecho e copie no caderno as expressões preposicionadas que o acompanham.

b) Que sentidos essas expressões acrescentam ao verbo?

c) Compare as expressões "no ferryboat", "ao seu prato" e "ao local de destino". Que diferenças há quanto à preposição que faz a ligação entre essas expressões e o verbo **chegar**?

d) No do dia a dia, nas situações informais, de que forma você usa o verbo **chegar**?

e) Pesquise o verbo **chegar** em um dicionário. Com base nas informações que encontrar, indique o(s) trecho(s) acima em que o uso do verbo está de acordo com a norma-padrão.

f) Pense na função de cada um dos trechos e no meio em que circulam e considere, também, o veículo em que foram publicados. Procure explicar a variação na regência do mesmo verbo.

> De acordo com o gênero, sua função e o meio em que circula, a regência dos verbos pode variar. Esse é o caso, por exemplo, do verbo **chegar** nos exemplos acima. Na norma-padrão, recomenda-se o uso de complemento iniciado pela preposição a, como em "chegar **ao** local de destino". No cotidiano e em textos menos formais, porém, o uso mais frequente é com a preposição **em**: "Ao chegar **no** *ferryboat*, Roberto pulou no mar".

Regência nominal

1 Releia o trecho do editorial lido na página 48.

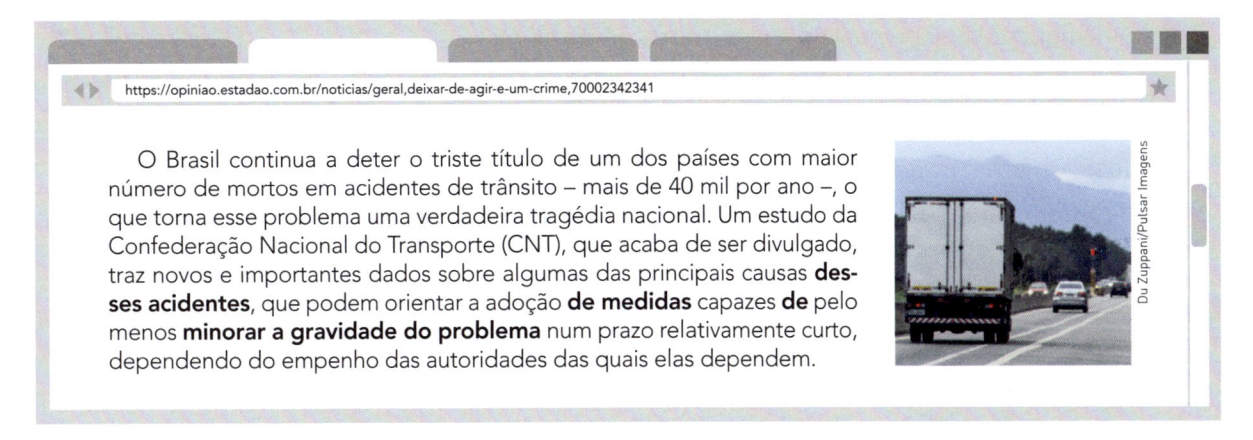

O Brasil continua a deter o triste título de um dos países com maior número de mortos em acidentes de trânsito – mais de 40 mil por ano –, o que torna esse problema uma verdadeira tragédia nacional. Um estudo da Confederação Nacional do Transporte (CNT), que acaba de ser divulgado, traz novos e importantes dados sobre algumas das principais causas **desses acidentes**, que podem orientar a adoção **de medidas** capazes **de** pelo menos **minorar a gravidade do problema** num prazo relativamente curto, dependendo do empenho das autoridades das quais elas dependem.

Du Zuppani/Pulsar Imagens

a) Observe as expressões destacadas. A que palavras se ligam?

b) No trecho, os itens que você identificou acima representam que classes de palavras?

c) O parágrafo poderia ser plenamente compreendido caso as expressões destacadas não fossem usadas? Explique sua resposta.

2 Releia estas frases retiradas do mesmo editorial.

I. "[...] é apenas uma das que devem ser consideradas entre as várias causas **responsáveis** pela tragédia do trânsito."

II. "[...] os custos **decorrentes** dos acidentes, com mortos e feridos, foi de R$ 10,7 bilhões."

III. "O **levantamento** das informações **referentes** à ligação entre acidentes e a infraestrutura, ponto central do trabalho, é por isso mesmo um dos que mais chamam a atenção."

IV. "[...] medidas simples e baratas de **melhoria** da sinalização [...]."

V. "Aqui, a sinalização é péssima e, por isso, é **responsável** pelo maior número de mortes em acidentes."

a) A que classe gramatical pertencem os termos destacados?

b) Transcreva o complemento de cada um desses termos. Depois sublinhe a preposição que faz a ligação entre o termo destacado e seu complemento.

c) A relação entre os termos destacados e seus complementos assemelha-se à relação de regência verbal? Explique sua resposta.

> **Regência nominal** é a relação que se estabelece entre um nome (termo regente) e uma palavra ou expressão que funciona como seu complemento (termo regido). Essa relação se dá por meio de uma preposição.
>
> Assim como na regência verbal, também a regência nominal pode variar conforme o registro (formal ou informal). Certos usos são mais comuns nas situações cotidianas e informais, outros são adequados às situações formais. Para esclarecer as dúvidas relativas a essas diferenças ou para conhecer os usos definidos pela norma-padrão, pode-se consultar um dicionário de regência nominal ou um dicionário completo de língua portuguesa.

3 Leia alguns trechos do Código Brasileiro de Trânsito.

I. "[...] abster-se de todo ato que possa constituir perigo ou obstáculo para o trânsito de veículos, de pessoas ou de animais, ou ainda causar danos a propriedades públicas ou privadas; [...]"

II. "Art. 28. O condutor deverá, a todo momento, ter domínio de seu veículo, dirigindo-o com atenção e cuidados indispensáveis à segurança do trânsito."

Brasil. Lei n. 9.503, de 23 de setembro de 1997. Código de Trânsito Brasileiro, Capítulo III, Artigo 27. Disponível em: <www.planalto.gov.br/ccivil_03/leis/L9503.htm>. Acesso em: 17 out. 2018.

a) Observe, em I, o verbo **causar** e copie seu complemento.

b) Identifique o(s) núcleo(s) desse complemento e as palavras que a ele(s) se ligam.

c) Em II, qual é a função do termo "à segurança do trânsito"?

4 Releia estes trechos do editorial "Deixar de agir é um crime". Substitua os verbos destacados por sintagmas nominais de sentido correspondente. Empregue a regência nominal adequada.

a) "Nessas mais de três décadas, muito pouco foi feito para **melhorar** a segurança do transporte rodoviário [...]"

b) "As boas pistas possibilitam aos motoristas **desenvolver** maior velocidade, mas esse fato isolado não explica o elevado número de acidentes."

5 Com base na atividade anterior, escreva um comentário sobre o fato de ser possível expressar de diferentes formas ideias semelhantes.

 **Estudo e pesquisa** ■■□  no caderno

Pesquisa linguística

Com a ajuda de dicionários e gramáticas, você fará uma pesquisa linguística com base na observação de exemplos selecionados para verificar variações na regência de alguns verbos. No final, apresentará uma conclusão sobre a relação entre regência, registro linguístico e gênero textual.

1 Observe o emprego do verbo **ligar** nos exemplos a seguir.

> Os usuários da Ponte Rio-Niterói têm à disposição, 24 horas por dia, um telefone gratuito para solucionar qualquer tipo de problema que possa acontecer durante a sua viagem. Em caso de panes no veículo ou acidentes, **ligue** para o 0800 77 76683.

Disponível em: <ww.ecoponte.com.br/servicos/telefones-emergencia>. Acesso em: 9 nov. 2018.

> A internet [...] é uma indagação: ela aproxima ou afasta as pessoas umas das outras? [...] ao mesmo tempo em que "a rede" **liga** as pessoas dos mais diferentes países, acaba afastando aquelas de países próximos e até do mesmo país, mesma cidade, mesma família, mesma casa.

Disponível em: <https://agazetadoacre.com/qual-o-poder-da-internet-na-vida-das-pessoas/>. Acesso em: 10 nov. 2018.

> **Direção sem distração. Desliga do celular e se liga na vida.**

Disponível em: <https://acontecendoaqui.com.br/propaganda/campanha-da-webmotors-alerta-sobre-os-perigos-do-uso-do-celular-ao-volante-e-esconde>. Acesso em: 10 nov. 2018.

Estabeleça a diferença entre a regência do verbo **ligar** nos três exemplos. Mostre se ela é adequada ao gênero textual e à situação comunicativa – que envolve o meio de circulação, os objetivos dos interlocutores e o público-alvo.

2 Observe o emprego do verbo **assistir** nos exemplos a seguir.

I.
> Crianças <u>assistem</u> ao jogo do Brasil contra a Costa Rica nas escolas

Isa Stacciarini. Disponível em: <www.correiobraziliense.com.br/app/noticia/cidades/2018/06/22/interna_cidadesdf,690263/criancas-assistem-ao-jogo-do-brasil-contra-a-costa-rica-nas-escolas.shtml>. Acesso em: 18 out. 2018.

II.
> É amanhã! Venha <u>assistir</u> à opera Viva la Mamma, no auditório Horta Barbosa, no CT! ;)

Disponível em: <https://twitter.com/ufrj/status/879408239993081857>. Acesso em: 18 out 2018.

III.
> Você piscou e o ano já está na metade! Conseguiu <u>assistir</u> muitos filmes até aqui? Para te ajudar a relembrar os melhores lançamentos do ano (até agora), o AdoroCinema traz uma seleção com os 14 filmes que receberam notas 4,5/5 ou 5/5 em nossas críticas.

Fernanda Pineda. Disponível em: <www.adorocinema.com/noticias/filmes/noticia-141241/>. Acesso em: 18 out 2018.

a) Qual é o significado do verbo **assistir** nos exemplos?

b) Qual é a regência desse verbo em cada exemplo? Em caso de uso de preposição, qual foi a preposição usada?

c) Quais dos exemplos são próprios do registro formal e seguem a norma-padrão da língua? Consulte o dicionário para responder.

d) Como se pode justificar a regência verbal em cada exemplo, considerando o gênero e a situação de comunicação?

3 Examine o emprego do verbo **conectar** nos exemplos.

I.

> Ao contrário da maioria das outras questões de política de transportes, a construção de ciclovias não é uma responsabilidade nacional, e sim municipal, o que significa que a maioria das ciclovias francesas opera por trechos curtos e raramente **se conecta** àquelas presentes em outras cidades.

O Globo. Disponível em: <https://oglobo.globo.com/sociedade/franca-investe-em-ciclovias-da-bonus-para-usuarios-de-bicicleta-23070247>. Acesso em: 18 out. 2018.

II.

> Se você está acostumado ao bom e "velho" cabo USB, vai conseguir passar todos os seus arquivos para o computador ou notebook de maneira rápida e fácil. (...) **Conecte** o cabo no celular e no computador.

Disponível em: <www.zoom.com.br/celular/deumzoom/como-transferir-arquivos-entre-seu-celular-e-o-computador>. Acesso em: 18 out. 2018.

III.

> **Circuito do Intercomunicador com telefones**
>
> A construção do intercomunicador é simples, primeiramente **conecte** um telefone ao outro através de um cabo comum de telefone.

Disponível em: <http://blog.novaeletronica.com.br/intercomunicador-usando-telefones-velhos/>. Acesso em: 18 out. 2018.

IV.

> É importante esclarecer aos eleitores que a urna eletrônica não **se conecta** à internet durante o seu funcionamento, excluindo a possibilidade de ataques de *hackers* no dia da eleição.

Disponível em: <www.tre-sp.jus.br/imprensa/noticias-tre-sp/2018/Setembro/faltam-7-dias-auditoria-verifica-funcionamento-de-urnas-no-dia-7>. Acesso em: 18 out. 2018.

a) Em que exemplos o verbo **conectar** é pronominal (isto é, acompanhado de pronome)? Qual é a regência dele nesses casos?

b) Explique a regência nos demais exemplos.

c) Resuma as possibilidades de regência do verbo **conectar** com base nos exemplos.

4 Nos trechos a seguir, o mesmo verbo é usado com sentidos diferentes. Observe.

I.

> O estudo [...] abrange o período de 2007 a 2017 e **considera** apenas as rodovias federais policiadas, mas essas limitações não impedem que o objeto do estudo constitua uma amostra altamente representativa do conjunto da questão.

O Estado de S. Paulo, 8 jun. 2018. Disponível em: <https://opiniao.estadao.com.br/noticias/geral,deixar-de-agir-e-um-crime,70002342341>. Acesso em: 5 set. 2018.

II.

> A Cia. Atores de Laura **considera** o ator como o elemento principal, o agregador e motivo maior da realização dos seus espetáculos.

Mapa de Cultura. Disponível em: <http://mapadecultura.rj.gov.br/manchete/companhia-atores-de-laura>. Acesso em: 18 out. 2018.

III.

> A notícia com certeza deve ter deixado os fãs nas nuvens, já que a grande maioria deles **considera** o ator perfeito para o papel.

Disponível em: <https://filmedequadrinhos.blogspot.com/2010/09/john-hamm-e-o-favorito-para-ser-o-novo.html>. Acesso em: 18 out. 2018.

a) Consulte o dicionário e transcreva no caderno o sentido do verbo destacado em cada exemplo.

b) Explique a regência do verbo e a construção das orações em cada caso.

5 Observe, nestes exemplos, que a regência do verbo **esquecer** varia. Explique a diferença entre os dois usos.

I.

> **Esqueça** a dieta e aposte em programas que não restringem alimentação

Disponível em: <https://delas.ig.com.br/alimentacao-e-bem-estar/2016-06-24/esqueca-dieta-aposte-programas-nao-restringem-alimentacao.html>. Acesso em: 18 out. 2018.

II.

> Se você for o último a deixar um ambiente, seja em sua casa ou no trabalho, não se **esqueça** de desligar todos os equipamentos eletroeletrônicos presentes no local.

Disponível em: <www.ecodesenvolvimento.org/voceecod/desligue-tudo-antes-de-sair>. Acesso em: 18 out. 2018.

6 Nas questões anteriores você realizou duas etapas importantes da pesquisa linguística. São elas:

* observação dos fatos com base em exemplos;

* descrição do que ocorreu em cada um deles.

Passe agora à etapa final da pesquisa e formule uma conclusão com base em sua observação. Para isso, você não citará os exemplos nem falará de casos particulares, mas explicará o fenômeno da regência de modo geral.

Fale da regência dos verbos em relação aos registros formal e informal e da possibilidade de mudança de sentido dos verbos de acordo com a regência.

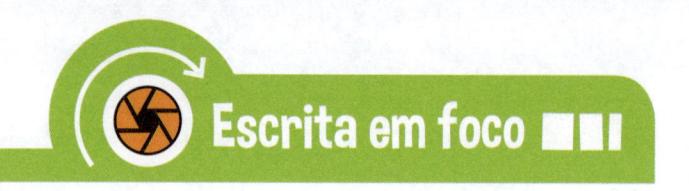

Escrita em foco ■■■

no caderno

Crase

1 Releia as frases a seguir.

I. "O levantamento das informações referentes à ligação entre acidentes e a infraestrutura, ponto central do trabalho, é por isso mesmo um dos que mais chamam a atenção."

II. "As boas pistas possibilitam aos motoristas desenvolver maior velocidade."

- Em relação à frase I:

  a) Qual é a preposição que liga o nome **referente** ao complemento?

  b) Qual é o artigo que pode anteceder a palavra **ligação**?

- Em relação à frase II:

  c) Qual é a proposição que liga a forma verbal **possibilitou** a seu complemento?

  d) Qual é o artigo que pode anteceder a palavra **motoristas**?

2 Considerando a resposta às questões anteriores, levante uma hipótese que explique a obrigatoriedade do uso da crase nos dois trechos em estudo.

> O nome **referentes** é o termo regente que precisa da preposição **a** para se ligar ao termo regido **ligação**. O termo regido **ligação**, por sua vez, é um substantivo feminino antecedido por artigo feminino **a**.
>
> A forma verbal **possibilitou** é o termo regente que precisa da preposição **a**. O substantivo **motoristas**, empregado no masculino e no plural, é o termo regido e vem determinado pelo artigo masculino plural **os**.
>
> A fusão entre uma preposição **a** e um artigo feminino **a** chama-se crase e vem marcada, na escrita, pelo sinal grave.

3 Leia este trecho de uma reportagem.

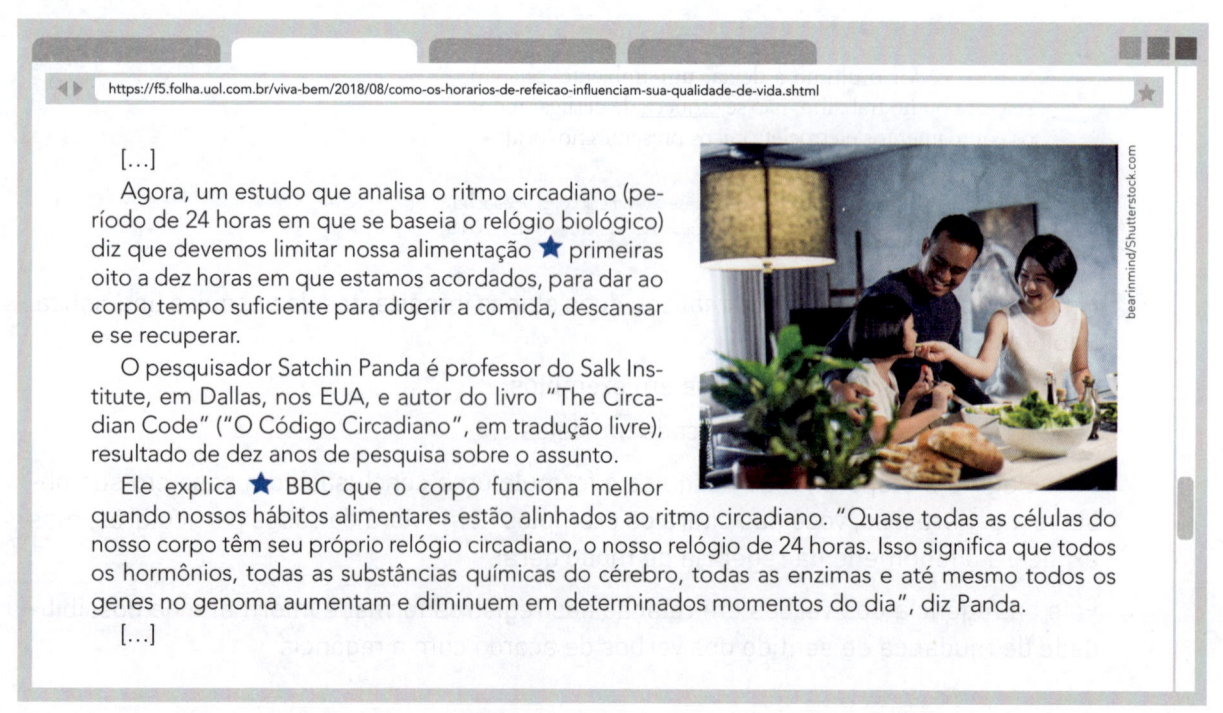

https://f5.folha.uol.com.br/viva-bem/2018/08/como-os-horarios-de-refeicao-influenciam-sua-qualidade-de-vida.shtml

[...]

Agora, um estudo que analisa o ritmo circadiano (período de 24 horas em que se baseia o relógio biológico) diz que devemos limitar nossa alimentação ★ primeiras oito a dez horas em que estamos acordados, para dar ao corpo tempo suficiente para digerir a comida, descansar e se recuperar.

O pesquisador Satchin Panda é professor do Salk Institute, em Dallas, nos EUA, e autor do livro "The Circadian Code" ("O Código Circadiano", em tradução livre), resultado de dez anos de pesquisa sobre o assunto.

Ele explica ★ BBC que o corpo funciona melhor quando nossos hábitos alimentares estão alinhados ao ritmo circadiano. "Quase todas as células do nosso corpo têm seu próprio relógio circadiano, o nosso relógio de 24 horas. Isso significa que todos os hormônios, todas as substâncias químicas do cérebro, todas as enzimas e até mesmo todos os genes no genoma aumentam e diminuem em determinados momentos do dia", diz Panda.

[...]

bearinmind/Shutterstock.com

F5, 29 ago. 2018. Disponível em: <https://f5.folha.uol.com.br/viva-bem/2018/08/como-os-horarios-de-refeicao-influenciam-sua-qualidade-de-vida.shtml>. Acesso em: 6 set. 2018.

a) Escreva no caderno a palavra que substitui adequadamente o símbolo ★.

b) Explique com suas palavras o processo que levou à crase em ambos os casos.

c) Uma das lacunas pode ser preenchida de outra maneira, usando-se outra preposição. Reescreva a frase com a nova preposição.

> **Crase** é a fusão do **a** preposição com o **a** artigo definido feminino. Esse processo de fusão ocorre quando um termo regente (nome ou verbo) exige uma preposição **a** para se ligar a seu complemento e esse complemento é um termo feminino que possa ser antecedido pelo artigo definido **a** ou **as**.

4 Junte-se a um colega, reproduzam a tabela a seguir no caderno e preencham-na corretamente.

Frase	Por que não ocorre crase?
Quando criança, meu avô andava todos os dias a cavalo.	
As atitudes do diretor estão corretas se ele visa a mudanças.	
Ela era favorável a incluir todos os estagiários no programa de formação contínua da empresa.	
Foi a primeira vez que Suzana ficou frente a frente com seu pai.	
João vai a São Paulo amanhã bem cedo.	

5 Compare estes dois pares de frases:

A **A noite** é breve.
À noite, seja breve.

B **A pressa** é inimiga da perfeição.
O bolo de chocolate não ficou bom, porque foi feito **às pressas**.

O que, em sua opinião, justifica as diferenças entre as duas expressões destacadas? Isto é, por que em uma há crase e na outra não?

> O uso de acento grave indicativo de crase é obrigatório em locuções femininas adverbiais. Exemplo: Ela estuda **à noite**.
> Deve ser acentuada também a crase que ocorre:
> • pela fusão da preposição **a** com a letra **a** inicial dos pronomes demonstrativos **aquele(s)**, **aquela(s)**, **aquilo**. Exemplo: Ele está preso **àquelas** ideias antigas;
> • pela fusão do pronome demonstrativo **a** com a preposição **a**. Exemplo: Essa palavra é equivalente **à** que usei.

Ambiguidade

Uma das utilidades da crase é evitar a ambiguidade em certas frases. Leia as frases a seguir e observe o sentido de cada uma.

Cheirar **a rosa**. (aspirar) × Cheirar **à rosa**. (ter cheiro de)
O menino **correu as cortinas**. (deslocou) × O menino correu **às cortinas**. (seguiu em direção a)
A menina **pintou a mão**. (coloriu a própria mão) × A menina **pintou à mão**. (usou a mão para pintar)
Referia-se **a outra pessoa**. (conversava com ela) × Referia-se **à outra pessoa**. (falava dela).

Wilson Jorge Filho

Anúncio radiofônico

Nesta seção, você produzirá um anúncio publicitário para ser veiculado na rádio da escola – ou, caso isso não seja possível, no *site* ou no *blog* da escola ou da turma. O objetivo será divulgar campanhas em prol da educação no trânsito, com base nos textos lidos até aqui.

É importante lembrar que, desde o início dos anos 1920, já se fazia propaganda de rádio, e os anúncios tinham algumas características que são mantidas no gênero até hoje: texto curto e criativo e duração média de 30 a 60 segundos.

Converse com os colegas sobre as questões a seguir.

1. Você costuma ouvir rádio?
2. Em caso positivo, já prestou atenção às propagandas transmitidas ao longo da programação? O que pensa sobre elas?
3. Aplicativos que oferecem música costumam trazer propagandas de alguns segundos entre uma música e outra, caso o usuário não seja assinante do serviço.

   • Você já ouviu esses anúncios?

   • Que produto eles divulgam?

Preparação

1. Nesta unidade, você analisou folhetos que fizeram parte de uma campanha pela segurança no trânsito. É comum as campanhas publicitárias – qualquer que seja seu objetivo – incluírem peças para serem divulgadas no rádio e na televisão. Nesse caso, elas costumam ter um *jingle*.

   • A respeito dos *jingles* e de outros recursos sonoros empregados em gêneros publicitários, leia as informações a seguir.

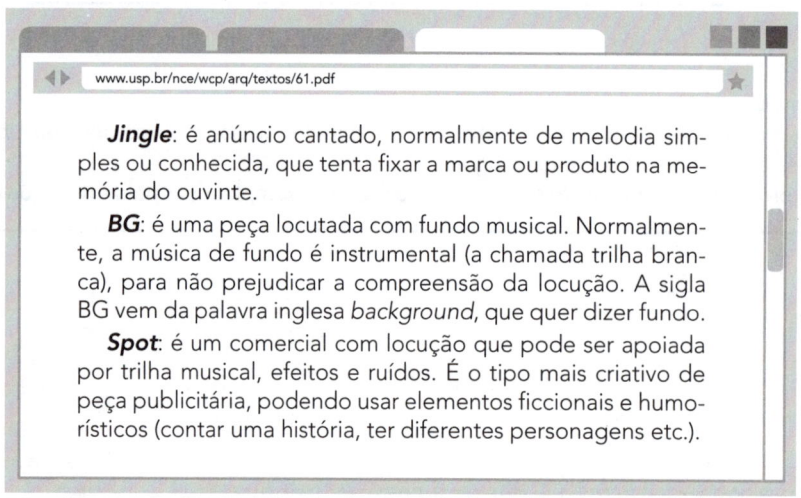

www.usp.br/nce/wcp/arq/textos/61.pdf

Jingle: é anúncio cantado, normalmente de melodia simples ou conhecida, que tenta fixar a marca ou produto na memória do ouvinte.

BG: é uma peça locutada com fundo musical. Normalmente, a música de fundo é instrumental (a chamada trilha branca), para não prejudicar a compreensão da locução. A sigla BG vem da palavra inglesa *background*, que quer dizer fundo.

Spot: é um comercial com locução que pode ser apoiada por trilha musical, efeitos e ruídos. É o tipo mais criativo de peça publicitária, podendo usar elementos ficcionais e humorísticos (contar uma história, ter diferentes personagens etc.).

Eduardo Vicente. Gêneros e formatos radiofônicos. NCE-ECA/USP.
Disponível em: <www.usp.br/nce/wcp/arq/textos/61.pdf>. Acesso em: 6 set. 2018

Os anúncios publicitários radiofônicos visam seduzir o ouvinte, convencê-lo a comprar um produto ou serviço, adotar um comportamento ou uma ideia, votar em certo candidato etc. Para isso, empregam recursos sonoros – como os *jingles*, mensagens publicitárias cantadas, curtas e simples, produzidas para serem facilmente lembradas pelos ouvintes.

Realização

Agora que você já conheceu esse tipo de anúncio criará, com o grupo, um anúncio publicitário com o objetivo de conscientizar os motoristas a terem mais cuidado no trânsito.

O anúncio estará vinculado à campanha "Nós somos o trânsito", criada em fevereiro de 2018 pelo governo federal, com o objetivo de envolver a todos nesse debate.

Veja tópicos que podem ser abordados nessa Campanha Nacional.

> I. Campanha de segurança nas estradas durante o período de férias
> II. Campanha de respeito ao pedestre
> III. Campanha contra o uso de celular ao volante
> VI. Campanha de conscientização de respeito ao ciclista

2. Discutam no grupo que tópico desejam desenvolver. Anotem itens que desenvolvam as ideias da campanha.
Exemplos:

> **Campanha de respeito ao pedestre** – Deve chamar a atenção para o respeito da faixa de pedestre, para o respeito à sinalização etc.
> **Campanha de conscientização de respeito ao ciclista** – Deve retomar a lei que garante a distância segura entre o veículo e o ciclista.

3. Definam os papéis de cada um para começar a organizar o roteiro.

Roteiristas (todos os alunos devem participar do levantamento de ideias, mas dois podem se responsabilizar pela escrita do roteiro)	Responsáveis pela escrita do roteiro com base nos itens anotados pelo grupo.
Locutor	Leitor expressivo do roteiro produzido, observando o objetivo do anúncio.
Captador do som	Responsável pela gravação e pelo material necessário para a boa captação do som.
Editor de áudio	Responsável pela organização da gravação, incluindo sonorização e efeitos sonoros.

Os alunos roteiristas devem organizar um texto curto, mas com frases de impacto para influenciar a mudança de comportamento dos motoristas. Se possível, consultem o *site* da Secretaria Municipal de Trânsito e Transportes – Semutran, de Piracicaba (SP), e observem os cartazes da campanha "Cinto de segurança e celular 2015", à qual pertence o cartaz da página seguinte (disponível em: <http://semuttran.piracicaba.sp.gov.br/galeria/campanha+cinto+de+seguranca+e+celular.aspx>, acesso em: 15 nov. 2018). Também vale a pena conhecer o material de campanhas do Pacto Nacional pela Redução de Acidentes – Parada (disponível em: <www.paradapelavida.com.br/campanhas/>, acesso em: 15 nov. 2018).

4. Os alunos responsáveis pela locução, captação e edição podem escutar anúncios em estações de rádio e canais da internet e analisar.
   - Havia *jingle*?
   - Foi incluída BG? Qual é o ritmo da fala?
   - Há jogo de palavras?
   - Repetição?
   - Música de fundo?
5. Com base nessas perguntas, leiam juntos o roteiro produzido pelos colegas e verifiquem se há alterações a fazer.
6. Pesquisem na internet ferramentas de gravação ou edição de áudio. Selecionem o aparelho de gravação mais apropriado que tiverem.
7. Com o roteiro aprovado pelo grupo, localizem um espaço silencioso para fazer a gravação. Garantam que o texto tenha sido bem ensaiado e atenda ao gênero em estudo: anúncio de rádio.
8. Encerrada a gravação, o responsável pela edição faz os ajustes necessários e inclui vinhetas ou mesmo trilha sonora, se necessário.
9. Agora é o momento de compartilhar as gravações com a turma toda. Apresentem sua produção aos colegas.

Avaliação

10. É uma campanha de conscientização relacionada ao trânsito?
11. Apresenta frases curtas, repetidas e simples?
12. A duração ficou entre 30 e 60 segundos?
13. Há expressividade na locução?
14. Os recursos sonoros utilizados foram eficientes em relação aos objetivos do anúncio?

Editorial

Você produzirá um editorial sobre a segurança no trânsito. Esse gênero apresenta o posicionamento de um veículo de imprensa em relação a um tema e, para sustentá-lo, são usados argumentos baseados em fatos, em citações de especialistas e na instalação de um consenso. Seu texto será veiculado no *blog* da turma, tendo como público-alvo colegas, professores e familiares.

Para produzir o editorial, será preciso:

- apresentar uma tese sobre o tema discutido;
- defender essa tese com argumentos;
- usar operadores argumentativos que estabeleçam relações entre as partes do texto a fim de mostrar uma progressão argumentativa;
- evidenciar, por meio de modalizadores, a opinião defendida sobre o tema;
- encerrar com uma conclusão que reafirme tal opinião.

Preparação

A seguir, você lerá uma notícia publicada em 2018, pela Agência Brasil, e organizará uma tabela com os dados (provas concretas) apresentados. Isso o auxiliará na produção do texto.

http://agenciabrasil.ebc.com.br/geral/noticia/2018-01/numero-de-acidentes-e-mortes-em-rodovias-federais-cai-75-no-ano-passado

Número de acidentes e mortes em rodovias federais cai em 2017

[...]

A falta de atenção dos motoristas brasileiros foi a principal causa dos acidentes de trânsito ocorridos ao longo do ano passado, segundo a Polícia Rodoviária Federal. Segundo balanço divulgado hoje (19) pelo órgão, só nas rodovias federais foram registrados 89 318 acidentes graves, resultando na morte de 6 244 pessoas e 83 978 feridos. Os números de mortos e feridos são menores que os de 2016, quando 6 419 pessoas morreram e 87 mil ficaram feridas em 96 590 acidentes nas rodovias federais – uma redução de 7,5% no total de acidentes; de 2,7% no número de óbitos e de 3,5% na quantidade de feridos.

[...]

De acordo com a PRF, a "presumível" falta de atenção dos motoristas causou 34 406 acidentes que resultaram na morte de 1 844 pessoas. A condução em velocidade acima do permitido foi a causa de 10 420 acidentes que mataram 1 007 pessoas e deixaram 9 658 feridos. Em seguida está a ingestão de álcool antes de dirigir, constatada em 6 441 acidentes que resultaram em 455 mortos e 6 023 feridos.

Lisa S./Shutterstock.com

O tipo de acidente mais frequente no ano passado foi a colisão traseira, responsável por 18% das ocorrências. Em seguida, está a saída de pista dos veículos (17,5%). Apesar disso, o tipo de acidente que mais resultou em mortes foi a colisão frontal, em que morreram 1 904 pessoas.

Com 12 702 acidentes, Minas Gerais lidera o ranking das unidades da federação com maior número de ocorrências. Em seguida, está o Paraná (10 645); Santa Catarina (10 643); Rio Grande do Sul (6 383) e Rio de Janeiro (5 945). Minas também encabeça a relação das unidades com mais mortes por acidentes de trânsito em rodovias federais, com 869 óbitos (35 a mais que em 2016). No Paraná houve 613 vítimas fatais. Na Bahia, 594; no Rio Grande do Sul, 391; em Santa Catarina, 380 e em Pernambuco, 343.

Autos de infração

Segundo a polícia rodoviária, a diminuição do número de acidentes, mortos e feridos em um ano em que a frota nacional aumentou em quase três milhões de veículos é resultado das campanhas de educação para tentar sensibilizar motoristas e passageiros quanto aos cuidados no trânsito e também do trabalho de fiscalização – intensificadas em feriados prolongados, períodos de férias e festas de final de ano.

Durante ações de fiscalização nas estradas federais foram emitidos 5 853 185 autos de infração, um número 4,8% superior ao de 2016. No total, foram fiscalizados 6 676 442 veículos e mais de sete milhões de pessoas.

A conduta que resultou no maior número de infrações nas rodovias federais foi o excesso de velocidade em até 20%, o que representa um total de 2 329 261 autos de infração. A PRF considera o resultado muito alto, mas destaca que ele representa uma redução de 12,5% em comparação aos atos de infração emitidos pela mesma causa durante o ano de 2016.

Na sequência de infrações mais comuns vem trafegar com o farol baixo desligado durante o dia (905 620 infrações); dirigir em velocidade de 20% a 50% acima do permitido (499 562); fazer ultrapassagens em locais com linha contínua (224 479) e motorista flagrado dirigindo sem o cinto de segurança (143 913). As ações de fiscalização da PRF nas rodovias federais também resultaram na apreensão de quase 400 toneladas de maconha; 1,5 toneladas de crack e 10 toneladas de cocaína, além de 9,5 milhões de pacotes de cigarros contrabandeados; 2 089 armas de fogo; 189 632 munições e 50 953 metros cúbicos de madeira irregular.

Alex Rodrigues. Agência Brasil, 19 jan. 2018. Disponível em: <http://agenciabrasil.ebc.com.br/geral/noticia/2018-01/numero-de-acidentes-e-mortes-em-rodovias-federais-cai-75-no-ano-passado>. Acesso em: 6 set. 2018.

1 Organize uma tabela com as seguintes informações retiradas do texto:

Causas dos acidentes	Números de acidentes	Tipo de acidentes com vítimas	Ocorrências/número de mortes

2 Os dados citados na notícia foram levantados pela Polícia Rodoviária Federal em 2018. Se compararmos esses dados com os da CNT, citados no editorial do jornal *O Estado de S. Paulo*, é possível perceber diferenças? Quais?

3 Segundo a Polícia Rodoviária Federal, quem é o principal culpado pelos acidentes nas rodovias?

4 E qual é a principal causa indicada no estudo da CNT?

5 E você, como vê esse problema? Converse com os colegas e registre em seu caderno sua opinião sobre o assunto.

Planejamento e produção

1. As leituras e análises que realizou ao longo da unidade dão a você a base de informações necessária para escrever seu editorial. Inicie com o planejamento do texto. Responda às questões a seguir e anote as respostas em forma de itens. Você terá feito um roteiro de sua escrita.

   - Que tema abordará? Que tese vai defender?
   - Que dados vai citar? Reúna estatísticas e dados numéricos que exponham de forma objetiva o problema a ser tratado.
   - Quais pesquisas ou estudos vai comentar? Que tipo de informação eles oferecem?
   - Como vai encadear os argumentos? Anote três tipos de argumentos possíveis (baseados em dados, de autoridade, de consenso) e planeje a ordem em que vai usá-los.
   - Que ponto de vista deve ficar claro ao longo de sua argumentação?
   - Como reforçará esse ponto de vista na conclusão?

2. O texto deve ser escrito de acordo com a norma-padrão da língua portuguesa e ter, no máximo, 30 linhas. Não se esqueça de escolher um título.

Revisão

3. Um bom texto exige uma revisão cuidadosa, siga os passos.

   - O primeiro parágrafo contextualiza o tema de discussão e fecha com a tese?
   - Os argumentos selecionados são variados (baseados em dados concretos, palavras de autoridade e consenso) e estão distribuídos ao longo dos parágrafos? Corroboram a tese?
   - A seleção lexical aponta e reforça um posicionamento sobre o tema?
   - Os argumentos estão organizados progressivamente?
   - Os parágrafos estão organizados a fim de levar à conclusão?
   - A conclusão retoma a tese e sintetiza o problema discutido?
   - Você seguiu a norma-padrão?

Autoavaliação

4. Meu editorial defende um ponto de vista?
5. Apresentei uma contextualização do problema para o leitor?
6. Usei bons argumentos, retirados dos textos indicados na unidade?
7. Estabeleci uma relação entre os parágrafos de forma progressiva, usando os operadores argumentativos adequados?
8. Apresentei uma conclusão em que retomei minha tese?
9. Usei a norma-padrão da língua portuguesa?
10. Preocupei-me em convencer meu leitor, envolvendo-o com dados e argumentos sólidos?

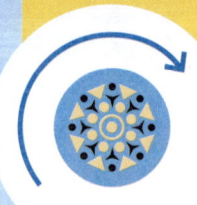

Christiane S. Messias

CIDADANIA NO TRÂNSITO

Seja como condutores de veículos, seja como pedestres, é fundamental que, quando circulam nos espaços públicos, as pessoas assumam uma postura cidadã, respeitando os demais e cumprindo as leis que regulam o trânsito.

TRÂNSITO NO BRASIL MATA 47 MIL POR ANO E DEIXA 400 MIL COM ALGUMA SEQUELA

Mariana Lajolo. *Folha de S.Paulo*, 31 maio 2017. Disponível em: <www1.folha.uol.com.br/ seminariosfolha/ 2017/05/1888812-transito-no-brasil-mata-47-mil-por-ano-e-deixa-400-mil-com-alguma-sequela.shtml>. Acesso em: 3 set. 2018.

Atitudes indispensáveis para promover a convivência respeitosa no trânsito e diminuir os acidentes

PEDESTRE

- Atravessar a rua na faixa.
- Respeitar a sinalização e só cruzar a via quando o sinal estiver vermelho para os veículos.

MOTORISTA DE AUTOMÓVEL OU CAMINHÃO

Usar cinto de segurança.

Respeitar o limite de velocidade indicado nas placas.

Sinalizar antes de fazer manobras.

Não falar ao telefone enquanto dirige.

Não beber se for dirigir.

Respeitar a sinalização.

MOTOCICLISTA

Usar o capacete.

Andar dentro da faixa da via sem ultrapassar pela direita os demais veículos.

Não beber se for dirigir.

Respeitar o limite de velocidade indicado nas placas.

Respeitar a sinalização.

CICLISTA

Usar o equipamento de segurança.

Trafegar pela ciclovia.

Respeitar a sinalização.

Vantagens da bicicleta em relação ao automóvel

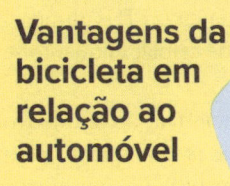

- Economia: não é preciso abastecê-la nem pagar imposto todo ano por seu uso.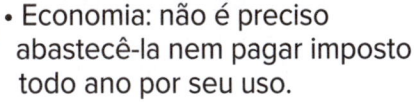
- Sustentabilidade e preservação do ambiente: não polui o ar.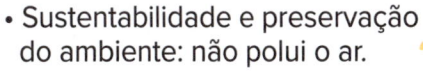
- Mobilidade: você não fica "preso" no trânsito.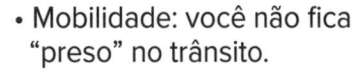
- Saúde: é uma atividade física.

Agora responda:

1. Como você se locomove de sua casa até a escola? Quanto tempo gasta nesse trajeto?

2. Quando você se desloca pela cidade, o que observa no comportamento de motoristas e pedestres?

3. A bicicleta seria uma boa alternativa de transporte em sua cidade? Há ciclovias? São feitas campanhas de estímulo ao uso da bicicleta como transporte alternativo?

4. Como pedestre, você segue as regras de trânsito? Por quê?

Retomar

Leia a seguir um editorial publicado no jornal *Diário de Pernambuco*, em 2 de fevereiro de 2017.

www.diariodepernambuco.com.br/app/noticia/politica/2017/02/02/interna_politica,687006/editorial-o-transito-nosso-de-cada-dia.shtml

O trânsito nosso de cada dia

Seria sensato neste início real do ano letivo voltar a pensar em como cada um tem sido como motorista, como atua enquanto peça importante de uma engrenagem que está em constante funcionamento

Estima-se que, com o retorno da rotina escolar ao longo desta semana, o fluxo de veículos nas ruas do Recife aumente em até 25% em comparação com o período de férias. Em números absolutos, quem mora na cidade terá de lidar com uma média de 250 mil carros extras em circulação. A previsão da Companhia de Trânsito e Transporte Urbano (CTTU) indica que a partir de então os recifenses terão de rever lições antigas de educação no volante, respeito às leis, paciência para com o motorista do lado. Parece obviedade, mas é oportuno lembrar que ignorar ou relativizar regras de convivência pode tornar o que já está ruim muito pior.

Sabe-se que há pontos mais críticos, a exemplo dos trajetos das avenidas Rui Barbosa e João de Barros, que ligam o Centro até a Zona Norte da cidade. A Avenida Agamenon Magalhães deve ser lembrada como outro ponto que costuma ficar conturbado e ocasionar trânsito com velocidade lenta. Mas é em portas de unidades de ensino, sobretudo as da rede particular, que o quadro costuma ser crítico. Nesses locais, vê-se o maior número de irregularidades. Filas de estacionamento duplas ou triplas, interrompendo o trânsito por completo; veículos em vias onde a parada é proibida e estacionamento sobre calçadas são algo corriqueiro e pouco questionado pelos pares. Geralmente apressados, pais e responsáveis colocam em prática a Lei do Gérson – aquela que não considera questões éticas desde que se consiga sair em vantagem.

A configuração só muda quando agentes de trânsito são vistos nas redondezas para coibir as práticas. Com temor de multas, a educação no trânsito volta a valer por alguns instantes e cada um busca uma solução aceitável para lidar com seu veículo. O mesmo acontece nas vias de grande circulação: na presença de um guarda da CTTU, ultrapassagens são evitadas, sinais amarelos são mais respeitados e o uso de celular enquanto se dirige é evitado.

São 250 mil veículos a mais no Recife. Seria sensato neste início real do ano letivo voltar a pensar em como cada um tem sido como motorista, como atua enquanto peça importante de uma engrenagem que está em constante funcionamento. Ela, que já vive por ranger todos os dias com a carga imposta em virtude de um planejamento urbano equivocado, voltado para o individualismo.

Diário de Pernambuco, 2 fev. 2017. Disponível em: <www.diariodepernambuco.com.br/app/noticia/politica/2017/02/02/interna_politica,687006/editorial-o-transito-nosso-de-cada-dia.shtml>. Acesso em: 15 nov. 2018.

1 Que mensagem esse editorial pretendeu transmitir aos leitores?

2 Qual foi a estratégia adotada pela equipe editorial do *Diário de Pernambuco* para ilustrar a opinião deles acerca do comportamento do motorista recifense?

3 Segundo o editorial, em que circunstância a situação de irregularidades no trânsito melhora?

4 Ainda segundo o texto, essa medida para organizar melhor o trânsito é eficiente? Destaque a expressão que justifica sua resposta.

5 Em sua opinião, que comportamentos poderiam melhorar o trânsito de maneira mais efetiva? Por que as medidas indicadas nas respostas às questões anteriores não têm sido eficientes?

6 Esse editorial foi, provavelmente, escrito em função de um acontecimento.

a) Qual?

b) Em sua opinião, a abordagem, nesse período do ano, do problema do trânsito pelos editorialistas se justifica? Explique sua resposta.

7 No último parágrafo, há mais um fator que, na opinião dos editorialistas, prejudica a fluidez do trânsito. Que fator é esse?

8 Releia o trecho a seguir.

> Seria sensato neste início real do ano letivo voltar a pensar em como cada um tem sido como motorista [...]

a) Que expressão revela que o editorialista está motivando os leitores a uma atitude?

b) Se precisasse substituir a expressão identificada no item **a**, que outra expressão poderia usar sem produzir uma grande alteração de sentido?

9 Releia este trecho.

Estima-se que, com o retorno da rotina escolar ao longo desta semana, o fluxo de veículos nas ruas do Recife aumente em até **25% em comparação** com o período de férias. Em números absolutos, quem mora na cidade terá de lidar com uma média **de 250 mil carros extras em circulação**. A previsão da **Companhia de Trânsito e Transporte Urbano (CTTU)** indica que a partir de então os recifenses terão de rever lições antigas de educação no volante, respeito às leis, paciência para com o motorista do lado. Parece obviedade, mas é oportuno lembrar que ignorar ou relativizar regras de convivência pode tornar o que já está ruim muito pior.

a) Os itens destacados funcionam como recursos argumentativos. Explique de que forma eles operam na argumentação.

b) Releia o período iniciado em "Parece obviedade". Qual é o sentido de **obviedade** no contexto?

c) O uso dessa expressão:

- caracteriza um argumento de autoridade, porque se refere à opinião de especialistas.
- sintetiza um argumento baseado em fatos, porque substitui os dados mencionados anteriormente.
- é um operador argumentativo, que encadeia fatos a conclusões.
- instala no texto um consenso, porque considera que todos acham óbvio o que se afirma.

10 Em algumas passagens do editorial, há verbos como "estima-se", "sabe-se", "vê-se". É possível determinar o sujeito desses verbos? Que efeito seu uso cria no texto?

11 No texto, foram usadas algumas estratégias de criação de efeitos de imparcialidade. Quais foram essas estratégias?

12 Qual é o posicionamento do jornal sobre o tema? Por que é importante esse posicionamento?

UNIDADE 3

Teatro e cinema

Lenise Pinheiro/Folhapress

Antever

1 O que parecem estar fazendo os atores no palco? Como se pode perceber isso?

2 Como estão vestidos os atores? O que isso parece indicar sobre a peça?

3 Você já ouviu a expressão "magia do teatro"? Por que você acha que podemos nos referir assim a essa arte?

4 Você costuma ir a teatro e cinema? Com que frequência? Converse com os colegas sobre isso e relatem uns aos outros suas experiências com as artes do espetáculo.

Nesta unidade, você vai conhecer um dos maiores escritores brasileiros de teatro: Ariano Suassuna. Vai também analisar cartazes de divulgação de filmes e, por meio deles, penetrar no mundo do cinema. Divirta-se!

Atores em cena da peça *Auto da Compadecida*, de Ariano Suassuna. Teatro Eva Herz, Rio de Janeiro (RJ), 2017.

Antes da leitura

1 Observe a fotografia e descreva o que ela retrata.

Sessão de cinema itinerante promovida pelo projeto Cinesolar. Ji-Paraná (RO), 2016.

2 Em que cidade a cena retratada ocorre? Qual é sua relação com a palavra **itinerante**?

3 Na imagem, as pessoas parecem estar interessadas na projeção? O que você acha que uma projeção desse tipo pode significar para uma comunidade?

4 Em uma cidade pequena em que ocorrerá uma sessão itinerante de cinema, como você acha que é feita a divulgação do espetáculo?

5 Você já assistiu a uma sessão de cinema desse tipo? Conte aos colegas detalhes de como foi sua experiência.

6 Você costuma frequentar salas de cinema convencionais? Que recursos para a divulgação de filmes são usados nesses espaços?

Projeto Cinesolar

Criado em 2013, é o primeiro cinema itinerante do Brasil movido a energia limpa e renovável: a energia solar. Ele circula em uma *van* equipada com placas que captam e armazenam a energia solar para convertê-la em energia elétrica. O projeto promove arte e sustentabilidade não só com a projeção de filmes mas também com oficinas artísticas e lúdicas. Para saber mais informações, acesse: <www.cinesolar.com.br>.

O texto a seguir é um cartaz do filme *O auto da Compadecida*. Você já viu esse filme? A narrativa se passa no interior da Paraíba, e os protagonistas são os amigos João Grilo e Chicó, uma dupla que faz de tudo para sobreviver e sempre se envolve em confusões. Em uma delas, João Grilo passa para o mundo dos mortos, onde será julgado, e lá pede ajuda a Nossa Senhora, a Compadecida.

Cartaz do filme *O auto da Compadecida*, dirigido por Guel Arraes, 1999.

Guel Arraes

Miguel Arraes de Alencar Filho (Guel Arraes) é produtor, diretor e escritor de filmes, novelas e séries de TV. Nascido em Recife em 1953, morou na Argélia, como exilado, na época da Ditadura Militar. Mais tarde estudou Antropologia em Paris e passou a trabalhar com cinema, como projecionista, arquivista e montador. Na década de 1980, dirigiu novelas e séries para a televisão. Em sua carreira de cineasta, *O auto da Compadecida* (2000) foi a obra mais famosa e premiada, mas também são dele *Caramuru – A invenção do Brasil* (2001) e *Lisbela e o prisioneiro* (2003).

Estudo do texto

1. Você já assistiu a esse filme? O que achou? Compartilhe o que sabe com os colegas.

2. Observe as informações do cartaz.

   a) Quem é o autor do texto que deu origem ao filme? Como o cartaz assinala isso?

   b) Quem dirigiu o filme? Como essa informação aparece no cartaz?

3. Leia o boxe ao lado, com informações sobre as adaptações da obra de Ariano Suassuna para a televisão e o cinema, e responda às questões.

   a) Você conhece outras obras publicadas em livros e HQs que foram adaptadas para a televisão ou para o cinema? Quais?

   b) A obra original de Ariano Suassuna é um texto dramático, organizado em diálogos entre personagens e instruções que orientam a encenação. Como a encenação teatral dá vida a esse texto?

   c) Na adaptação para o cinema, é usada outra linguagem. Escreva no caderno quais das opções a seguir caracterizam essa linguagem.

> ## Auto da Compadecida
>
> A obra *Auto da Compadecida*, de Ariano Suassuna foi transformada em minissérie de quatro capítulos exibida em 1999. A adaptação do texto original para uma nova linguagem foi feita por Guel Arraes, Adriana Falcão e João Falcão. A minissérie utilizou recursos inovadores para a televisão, sendo o mais importante o modo de filmar, porque foi gravada como se fosse um filme de cinema, o que exigiu técnicas diferentes das utilizadas em novelas ou outras minisséries. Em 2000, a obra foi lançada no cinema, depois de passar por nova adaptação. Dessa vez, os três adaptadores tiveram de reunir os capítulos em uma narrativa longa, própria da linguagem cinematográfica.

   - A linguagem do cinema é a mesma do teatro, com atores que representam uma história, cenários, luz e som.

   - Em um filme, diferentemente do que acontece em uma peça de teatro, a representação não ocorre em um palco, mas em uma tela em que as imagens são projetadas.

   - Na linguagem do cinema, a história se desenvolve em um filme que é montado pela sequência de cenas gravadas em cenários reais ou criados, em que atores representam personagens em ação, por meio de diálogos e interações.

   - Na adaptação de um livro para o cinema, recursos visuais e sonoros criam um ambiente que concretiza para o espectador as cenas que ele havia imaginado na leitura.

   - Tanto no teatro como no cinema, a linguagem combina recursos verbais, visuais e sonoros.

   - Na linguagem do cinema, os atores representam como se estivessem em um palco.

4. Leia o verbete a seguir.

   > **auto¹ (au.to)** sm.
   >
   > 1. Jur. Registro escrito detalhado de diligência judicial ou administrativa, autenticado, e que serve como prova ou evidência da ocorrência.
   > 2. Certo gênero dramático de cunho moral, místico ou satírico, com um só ato, originário da Idade Média: *Os autos de Gil Vicente*.
   > 3. Representação dramática do ciclo natalino, com canções e danças (<u>auto</u> de Natal).
   > 4. Solenidade ou ato público.
   > 5. Jur. Ato público por determinação legal ou ordem judicial. [F.: Do lat. *actum, i.* Cf.: *alto*.]
   > [...]

Disponível em: <www.aulete.com.br/auto>. Acesso em: 22 jul. 2018.

a) O termo **auto**, no cartaz do filme, está relacionado a qual acepção?

b) A qual gênero textual pertence a obra original? Para que ela foi escrita?

5 Os dicionários apresentam, muitas vezes, definições circulares, isto é, que levam a outras definições. Veja, por exemplo, o que diz o *Dicionário Houaiss* sobre a palavra **compadecido**.

> • adjetivo
> que se compadece ou compadeceu

Disponível em: <https://houaiss.uol.com.br/pub/apps/www/v3-3/html/index.php#1>. Acesso em: 23 jul. 2018.

a) Para esclarecer o sentido de **compadecido**, busque em um dicionário o significado de **compadecer(-se)** e explique o que quer dizer "aquele que se compadece".

b) No título do filme, a palavra **compadecida** foi empregada como adjetivo? Explique.

6 Por que, em sua opinião, a palavra **compadecida** figura no título do texto dramático e do filme?

7 Observe as imagens dos atores no cartaz.

a) A atriz que aparece centralizada na parte superior representa que personagem da peça? Como você chegou a essa conclusão?

b) Como está retratado o ator à direita? Que situação a personagem poderia estar experimentando?

c) Qual é o gesto feito pelo ator que está à esquerda? O que isso pode anunciar sobre a narrativa?

d) Na seção **Antes da leitura**, foram apresentadas algumas informações sobre as personagens do filme. Pelas relações estabelecidas no cartaz, você consegue identificar as personagens? Quem é Chicó? Quem é João Grilo?

Linguagem, texto e sentidos

1 A obra de Ariano Suassuna recupera elementos da cultura popular nordestina.

a) Examine as fotografias a seguir e identifique elementos que fazem parte dessa cultura.

Carol Teresa/Fotoarena

Marcos André/Opção Brasil Imagens

Marcos André/Opção Brasil Imagens

Ismar Ingber/Pulsar Imagens

João Prudente/Pulsar Imagens

b) Observe a fotografia a seguir. Que cores caracterizam a terra do interior nordestino?

Açude de Cocorobó durante a estiagem. Canudos (BA), 2013.

c) Volte ao cartaz do filme. Que relação entre as cores e detalhes dos elementos observados nas atividades anteriores você pode fazer com as cores aplicadas no cartaz?

d) Por que essas cores e detalhes foram usados no cartaz? Que efeito de sentido é criado?

2 Observe a combinação entre o fundo e as figuras no cartaz.

a) Além da cor identificada nas duas questões anteriores, que outro elemento compõe o fundo do cartaz? A que aspecto do enredo do filme isso pode se relacionar?

b) O espaço onde aparecem as personagens se assemelha a que elemento do cinema? Como isso é feito?

c) Os gestos e as expressões faciais dos dois atores indicam tratar-se de uma comédia ou de um drama? Por quê?

3 Observe as cores das fontes que foram usadas na parte verbal do cartaz.

a) Qual é a cor usada? Como ela se destaca?

b) Na parte superior, como foi possível fazer sobressair as informações verbais com o fundo mais claro?

c) Que informações são dadas por meio de palavras? Por que essas informações são importantes?

d) Uma das letras do título parece desenhar um objeto. Identifique-o e explique seu significado no contexto do filme.

4 Todas as questões anteriores indicam que a linguagem de um cartaz se constitui de que tipos de elementos?

5 De que forma os diversos elementos do cartaz criam uma unidade de sentido?

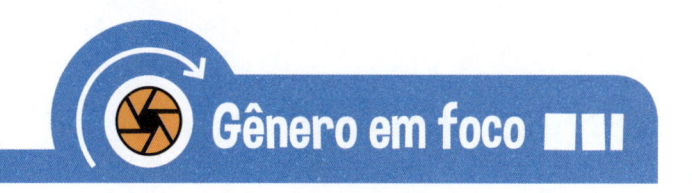

Gênero em foco ■■■

no caderno

Cartaz de cinema

1 Examine novamente as figuras do cartaz de *O auto da Compadecida*.

a) Você já identificou os nomes dos atores que representam personagens do filme. Por que é importante, em um cartaz de cinema, a identificação dos atores?

b) Você já decidiu assistir a um filme ao ver que um ator ou uma atriz participava dele? Relate.

c) O que a seleção dos atores em destaque no cartaz indica sobre sua importância na narrativa?

2 Há no cartaz os nomes de outros atores.

a) Localize-os no espaço do cartaz e compare-os com os nomes dos protagonistas e descreva-os quanto a tamanho e disposição.

b) Qual elemento da fonte do título foi repetido nos nomes dos atores? Por quê?

3 O cartaz de cinema é composto de elementos visuais e verbais.

a) Quais são os elementos visuais? Quais são os elementos verbais?

b) A linguagem verbal recebe cuidados visuais. Identifique-os.

c) Como os elementos verbais e visuais se relacionam?

4 Onde um cartaz de cinema costuma ser afixado e que função ele tem?

> O **cartaz de cinema** é um texto verbovisual, que faz parte do material de divulgação publicitária do filme. Ele utiliza elementos verbais e visuais, combinados de forma harmônica, econômica e apelativa, de modo a atrair o espectador para ir ao cinema. Os nomes dos atores principais e do diretor dão credibilidade ao filme, e a organização visual do cartaz remete, em geral, ao ambiente, ao clima do filme ou à ação principal.

5 Observe o cartaz ao lado, do filme *Harry Potter e as relíquias da morte – parte 2*, que foi produzido com bastante antecedência em relação à data de estreia. Analise-o e responda às questões.

a) Que informações normalmente encontradas em cartazes de cinema não foram apresentadas nesse cartaz?

b) Você acredita que o público a quem o cartaz é dirigido entenderá de que filme se trata? Por quê?

c) Você imagina por que as informações mais comuns no gênero cartaz de cinema foram omitidas?

Harry Potter e as relíquias da morte – parte 2, 2011.

Heyday Films

d) Leia a frase na parte inferior do cartaz. Qual é a importância dessa informação?

e) Descreva a imagem: Quem está em primeiro e em segundo plano? Como eles estão? O que se vê ao fundo?

f) Por que você acha que essas imagens foram escolhidas?

g) O que o estado das personagens e o ambiente indicam sobre os acontecimentos da narrativa?

h) Você conhece a palavra **spoiler**? Ela origina-se do verbo em inglês *spoil*, que significa "estragar". Converse com os colegas e apresente uma definição para o termo.

i) Você acha que há *spoiler* no cartaz em análise?

6 Você analisará, na próxima página, o cartaz do filme *Com amor, Van Gogh*. Antes disso, conheça um pouco o pintor. Vincent van Gogh nasceu na Holanda, em 1853, e morreu na França, em 1890, aos 37 anos. Em sua curta vida, produziu mais de 2 mil trabalhos, tornando-se, depois de morto, um dos pintores mais importantes da história da arte ocidental. Observe a seguir a reprodução de duas de suas obras.

Museu d'Orsay, Paris/Album/Fotoarena

Vincent van Gogh. *Autorretrato* (1889). Óleo sobre tela, 65 cm × 47 cm.

Museu de Arte Moderna, Nova York

Vincent van Gogh. *Noite estrelada* (1889). Óleo sobre tela, 73,66 cm × 92,08 cm.

a) Observe a imagem 1.

- Que cores mais se destacam?
- Repare nas pinceladas aplicadas pelo artista. Como elas são? Que efeito elas produzem?
- As pinceladas e a escolha das cores criam que tipo de relação entre a figura e o fundo? Justifique sua resposta.
- O retrato do pintor possibilita perceber algum sentimento, emoção ou tipo de personalidade?

b) Observe a imagem 2.

- Como está pintado o céu? Descreva as cores e as pinceladas e comente os efeitos produzidos por esses recursos.
- A árvore em primeiro plano é um cipreste. Você conhece essa árvore? Sabe que tipo de ambiente costuma caracterizar?
- No fundo da pintura, entre o cipreste e o céu, o que se vê? Há um contraste entre essa imagem, a árvore e o céu? Por quê?

c) Por meio da observação das duas reproduções, como você caracterizaria a pintura de Van Gogh? E o artista?

7 Analise o cartaz ao lado.

a) Sabendo que Van Gogh marcou a história da arte com seu modo único de pintar, relacione a composição visual do cartaz ao título e ao possível enredo do filme.

b) Descreva esse cartaz, comparando-o com os apresentados anteriormente.

c) Observe a parte superior do cartaz. Quais informações estão ali? Por que são importantes?

d) Há trechos de apreciações sobre o filme. De que modo isso pode influenciar o espectador?

8 Identifique a que gêneros se relaciona a temática dos filmes dos três cartazes analisados. Para isso, copie no caderno a relação entre as duas colunas.

a) *O auto da Compadecida*

b) *Harry Potter e as relíquias da morte – parte 2*

c) *Com amor, Van Gogh*

(1) aventura, suspense

(2) biografia

(3) comédia

9 De acordo com o que estudou até aqui, elenque as características do gênero cartaz de cinema.

> Geralmente, os cartazes de cinema são produzidos em formato vertical, e seu tamanho é padronizado para encaixar-se nas molduras das fachadas e entradas dos cinemas. Fazendo parte da esfera publicitária, os cartazes também podem circular em jornais, revistas, *blogs* e redes sociais. Para capturar a atenção do espectador e levá-lo a assistir ao filme, usam-se frases de efeito, nomes de atores conhecidos e lista de prêmios e críticas positivas. Um cartaz de cinema é econômico em sua linguagem, podendo apresentar elementos subentendidos.

10 Ao ver esses cartazes, você ficou com vontade de assistir aos filmes? Comente suas impressões com os colegas. Que tal fazer uma sessão de cinema?

A invenção do cinema

A sessão inaugural do cinematógrafo foi feita em 1895, em uma adega de Paris chamada Cave do Boulevard des Capucines. Lá, os irmãos Louis Lumière e Auguste Lumière projetaram um filme de 50 segundos. A filmagem mostrava um trem a vapor chegando a uma estação da cidade francesa La Ciotat. A imagem da locomotiva em movimento era tão nova e realista que alguns espectadores saíram correndo da sala, com medo de o trem avançar sobre eles. Estava inaugurada a maravilhosa ilusão do cinema.

Cena de *A chegada do trem na estação de Ciotat*, filme dos irmãos Lumière de 1895.

Leia os versos e veja a capa do cordel a seguir, publicado em 1948.

João Grilo foi um cristão
Que nasceu antes do dia
Criou-se sem formosura
Mas tinha sabedoria
E morreu depois da hora
Pelas artes que fazia.
[...]
Na noite que João nasceu
Houve um eclipse na lua
E detonou um vulcão
Que ainda continua
Naquela noite correu
Um lobisomem na rua.

João Ferreira de Lima. *Proezas de João Grilo*.
Disponível em: <http://cp2caxias.blogspot.com/2016/
07/dicas-de-leitura-proezas-de-joao-grilo.html>.
Acesso em: 16 jul. 2018.

1. Como João Grilo é retratado no desenho da capa? O que as cores e os desenhos sugerem sobre o ambiente onde ele está?

2. Retorne à análise do cartaz no Capítulo 1 e verifique que relações podem ser estabelecidas entre os recursos empregados no cartaz e os que são utilizados na capa do cordel.

3. Procure nos versos uma palavra que tenha o mesmo sentido de **proezas**. Explique o significado dela.

4. Os versos transcritos descrevem o nascimento e a morte de João Grilo. Por essa descrição, você pode imaginar o que ele fazia?

5. O que você achou dessa personagem? Para você, João Grilo seria uma boa inspiração para a criação de muitas histórias? Por quê?

6. Na peça *Auto da Compadecida*, de Ariano Suassuna, João Grilo é personagem. Ele e seu amigo Chicó protagonizam várias confusões e cenas engraçadas que levam o leitor a refletir sobre alguns comportamentos humanos.
   No trecho que você lerá, os dois tentam convencer o padre e o sacristão da cidade a realizar o enterro do cachorro do padeiro. O enterro de um cachorro feito por um padre é algo comum? Por que será que João Grilo e Chicó queriam convencer o padre a fazer isso?

   Leia o trecho da peça e veja o que aconteceu.

Auto da Compadecida

SACRISTÃO: – Mas um cachorro morto no pátio da casa de Deus?

PADEIRO: – Morto?

MULHER, *mais alto*: – Morto?

SACRISTÃO: – Morto, sim. Vou reclamar à Prefeitura.

PADEIRO, *correndo e voltando-se do limiar*: – É verdade, morreu.

MULHER: – Ai, meu Deus, meu cachorrinho morreu.

Correm todos para a direita, menos João Grilo e Chicó. Este vai para a esquerda, olha a cena que se desenrola lá fora e fala com grande gravidade na voz.

CHICÓ: – É verdade, o cachorro morreu. Cumpriu sua sentença, encontrou-se com o único mal irremediável, aquilo que é a marca de nosso estranho destino sobre a terra, aquele fato sem explicação que iguala tudo o que é vivo num só rebanho de condenados, porque tudo o que é vivo morre.

JOÃO GRILO, *suspirando*: – Tudo o que é vivo morre. Está aí uma coisa que eu não sabia! Bonito, Chicó, onde foi que você ouviu isso? De sua cabeça é que não saiu, que eu sei.

CHICÓ: – Saiu mesmo não, João. Isso eu ouvi um padre dizer uma vez. […]

[…]

MULHER, *entrando*: – Ai, ai, ai, ai, ai! Ai, ai, ai, ai, ai!

JOÃO GRILO, *mesmo tom*: – Ai, ai, ai, ai, ai! Ai, ai, ai, ai, ai! *Dá uma cotovelada em Chicó.*

CHICÓ *obediente*: – Ai, ai, ai, ai, ai! Ai, ai, ai, ai, ai!

Essa lamentação deve ser mal representada de propósito, ritmada como choro de palhaço de circo.

SACRISTÃO, *entrando com o Padre e o Padeiro*: – Que é isso, que é isso? Que barulho é esse na porta da casa de Deus?

PADRE: – Todos devem se **resignar**.

MULHER: – Se o senhor tivesse benzido o bichinho, a essas horas ele ainda estava vivo.

PADRE: – Qual, qual, quem sou eu!

MULHER: – Mas tem uma coisa, agora o senhor enterra o cachorro.

PADRE: – Enterro o cachorro?

MULHER: – Enterra e tem que ser em latim. De outro jeito não serve, não é?

PADEIRO: – É, em latim não serve.

MULHER: – Em latim é que serve!

PADEIRO: – É, em latim é que serve!

PADRE: – Vocês estão loucos! Não enterro de jeito nenhum.

MULHER: – Está cortado o rendimento da irmandade.

PADRE: – Não enterro.

PADEIRO: – Está cortado o rendimento da irmandade!

PADRE: – Não enterro.

MULHER: – Meu marido considera-se demitido da presidência!

PADRE: – Não enterro.

PADEIRO: – Considero-me demitido da presidência!

PADRE: – Não enterro.

MULHER: – A vaquinha vai sair daqui imediatamente.

PADRE: – Oh mulher sem coração!

MULHER: – Sem coração, porque não quero ver meu cachorrinho comido pelos urubus? O senhor enterra!

PADRE: – Ai meus dias de seminário, minha juventude heroica e firme!

MULHER: – Pão para casa do vigário só vem agora dormido e com o dinheiro na frente. Enterra ou não enterra?

Glossário 📑

Resignar: ter resignação diante dos reveses; conformar-se.

Weberson Santiago

PADRE: – Oh mulher cruel!

MULHER: – Decida-se, Padre João.

PADRE: – Não me decido coisa nenhuma, não tenho mais idade para isso. Vou é me trancar na igreja e de lá ninguém me tira.

Entra na igreja, correndo.

JOÃO GRILO, *chamando o patrão à parte*: – Se me dessem carta branca, eu enterrava o cachorro.

PADEIRO: – Tem a carta.

JOÃO GRILO: – Posso gastar o que quiser?

PADEIRO: – Pode.

MULHER: – Que é que vocês estão combinando aí?

JOÃO GRILO: – Estou aqui dizendo que, se é desse jeito, vai ser difícil cumprir o testamento do cachorro, na parte do dinheiro que ele deixou para o padre e para o sacristão.

SACRISTÃO: – Que é isso? Que é isso? Cachorro com testamento?

JOÃO GRILO: – Esse era um cachorro inteligente. Antes de morrer, olhava para a torre da igreja toda vez que o sino batia. Nesses últimos tempos, já doente para morrer, botava uns olhos bem compridos para os lados daqui, latindo na maior tristeza. Até que meu patrão entendeu, com a minha patroa, é claro, que ele queria ser abençoado pelo padre e morrer como cristão. Mas nem assim ele sossegou. Foi preciso que o patrão prometesse que vinha encomendar a bênção e que, no caso de ele morrer, teria um enterro em latim. Que em troca do enterro acrescentaria no testamento dele dez contos de réis para o padre e três para o sacristão.

SACRISTÃO, *enxugando uma lágrima*: – Que animal inteligente! Que sentimento nobre! (*Calculista.*) – E o testamento? Onde está?

JOÃO GRILO: – Foi passado em cartório, é coisa garantida. Isto é, era coisa garantida, porque agora o padre vai deixar os urubus comerem o cachorrinho, se o testamento for cumprido nessas condições, nem meu patrão nem minha patroa estão livres de serem perseguidos pela alma.

CHICÓ, *escandalizado*: – Pela alma?

JOÃO GRILO: – Alma não digo, porque acho que não existe alma de cachorro, mas assombração de cachorro existe e é uma das mais perigosas. E ninguém quer se arriscar assim a desrespeitar a vontade do morto.

MULHER, *duas vezes*: – Ai, ai, ai, ai, ai!

JOÃO GRILO E CHICÓ, *mesma cena*.

SACRISTÃO, *cortante*: – Que é isso, que é isso? Não há motivo para essas lamentações. Deixem tudo comigo. *Entra apressadamente na igreja.*

PADEIRO: – Assombração de cachorro? Que história é essa?

JOÃO GRILO: – Que história é essa? Que história é essa é que o cachorro vai se enterrar e é em latim.

PADEIRO: – Pode ser que se enterre, mas em assombração de cachorro eu nunca ouvi falar.

CHICÓ: – Mas existe. Eu mesmo já encontrei uma.

PADEIRO, *temeroso*: – Quando? Onde?

CHICÓ: – Na passagem do riacho de Cosme Pinto.

PADEIRO: – Tinham me dito que o lugar era assombrado, mas nunca pensei que se tratasse de assombração de cachorro.

CHICÓ: – Se o lugar é assombrado, não sei. O que eu sei é que eu ia atravessando o sangrador do açude e me caiu do bolso n'água uma prata de dez tostões. Eu ia com meu cachorro e já estava dando a prata por perdida, quando vi que ele estava assim como quem está cochichando com outro. De repente o cachorro mergulhou, e trouxe o dinheiro, mas quando fui verificar só encontrei dois cruzados.

PADEIRO: – Oi! E essas almas de lá têm dinheiro trocado?

CHICÓ: – Não sei, só sei que foi assim.

O Sacristão e o Padre saem da igreja.

SACRISTÃO: – Mas eu não já disse que fica tudo por minha conta?

PADRE: – Por sua conta como, se o vigário sou eu?

SACRISTÃO: – O vigário é o senhor, mas quem sabe quanto vale o testamento sou eu.

PADRE: – Hem? O testamento?

SACRISTÃO: – Sim, o testamento.

PADRE: – Mas que testamento é esse?

SACRISTÃO: – O testamento do cachorro.

PADRE: – E ele deixou testamento?

PADEIRO: – Só para o vigário deixou dez contos.

PADRE: – Que cachorro inteligente! Que sentimento nobre!

JOÃO GRILO: – E um cachorro desse ser comido pelos urubus! É a maior das injustiças.

PADRE: – Comido, ele? De jeito nenhum. Um cachorro desse não pode ser comido pelos urubus.

Todos aplaudem, batendo palmas ritmadas e discretas, e o Padre agradece, fazendo mesuras. Mas de repente lembra-se do Bispo.

PADRE, *aflito*: – Mas que jeito pode-se dar nisso? Estou com tanto medo do bispo! E tenho medo de cometer um **sacrilégio**!

SACRISTÃO: – Que é isso, que é isso? Não se trata de nenhum sacrilégio. Vamos enterrar uma pessoa altamente estimável, nobre e generosa, satisfazendo, ao mesmo tempo, duas outras pessoas altamente estimáveis (*Aqui o padeiro e a mulher fazem uma curvatura a que o sacristão responde com outra igual.*), nobres (*Nova curvatura*) e, sobretudo, generosas. (*Novas curvaturas*). Não vejo mal nenhum nisso.

PADRE: – É, você não vê mal nenhum, mas quem me garante que o bispo também não vê?

SACRISTÃO: – O bispo?

PADRE: – Sim, o bispo. É um grande administrador, uma águia a quem nada escapa.

JOÃO GRILO: – Ah, é um grande administrador? Então pode deixar tudo por minha conta, que eu garanto.

PADRE: – Você garante?

JOÃO GRILO: – Garanto. Eu teria medo se fosse o anterior, que era um santo homem. Só o jeito que ele tinha de olhar para a gente me fazia tirar o chapéu. Mas com esses grandes administradores eu me entendo que é uma beleza.

SACRISTÃO: – E mesmo não será preciso que Vossa Reverendíssima intervenha. Eu faço tudo.

PADRE: – Você faz tudo?

SACRISTÃO: – Faço.

MULHER: – Em latim?

SACRISTÃO: – Em latim.

PADEIRO: – E o acompanhamento?

JOÃO GRILO: – Vamos eu e o Chicó. Com o senhor e sua mulher, acho que já dá um bom enterro.

PADEIRO: – Você acha que está bem assim?

MULHER: – Acho.

PADEIRO: – Então eu também acho.

SACRISTÃO: – Se é assim, vamos ao enterro. (*João Grilo estende a mão a Chicó, que a aperta calorosamente.*) Como se chamava o cachorro?

MULHER, *chorosa*: – Xaréu.

SACRISTÃO, *enquanto se encaminha para a direita em tom de canto gregoriano.* – Absolve, Domine, animas omnium fidelium defunctorum ab omni vinculi delictorum.

TODOS: – Amém.

Saem todos em procissão, atrás do sacristão, com exceção do padre, que fica um momento silencioso, levando depois a mão à boca, em atitude angustiada, e sai correndo para a igreja.

Ariano Suassuna. *Auto da Compadecida*. Rio de Janeiro: Agir, 2014. p. 43-56.

Ariano Suassuna

Daniel Romer/Futura Press

Ariano Suassuna nasceu em Nossa Senhora das Neves, hoje João Pessoa (PB) em 1927. Ingressou na Faculdade de Direito em 1946 e lá conheceu Hermilo Borba Filho, com quem fundou o Teatro do Estudante de Pernambuco. Em 1947, escreveu sua primeira peça, *Uma mulher vestida de sol*, pela qual recebeu o prêmio Nicolau Carlos Magno. Em 1955, escreveu sua peça mais popular, *Auto da Compadecida*, que conquistou a medalha de ouro da Associação Brasileira de Críticos Teatrais e, mais tarde, foi adaptada para televisão e cinema. Empossado como membro da Academia Brasileira de Letras em 1989, Suassuna compôs, em sua obra, um importante retrato do Nordeste brasileiro. Faleceu em 2014, aos 87 anos.

Estudo do texto

1. A cena que você leu se desenvolve em torno de um assunto principal.

   a) Que assunto é esse?

   b) Que personagem demonstra uma reação mais forte a esse acontecimento? Por quê?

   c) Qual foi a reação do padre ao pedido feito por essa personagem? Identifique uma fala dele que confirme sua resposta.

   d) Por que, para o padre, o pedido era absurdo?

   e) Como a personagem mais exaltada na cena reagiu diante da opinião do padre?

2. Leia a explicação a seguir.

> Latim era a língua oficial do Império Romano e, após a conversão dos romanos ao cristianismo, tornou-se a língua oficial da Igreja Católica e do Vaticano. Hoje é uma língua que já não tem falantes nativos, mas ainda é empregada na Igreja Católica, em certas práticas burocráticas e na liturgia. Até meados do século XX, as missas eram proferidas em latim. O português e outras línguas, como o espanhol, o italiano e o francês, originaram-se do latim.

Com base nessas informações, por que motivo a mulher queria que o cachorro fosse "enterrado em latim"?

3. Para convencer o padre, João Grilo e Chicó se unem.

   a) Que argumento João Grilo usou para comprovar a verdade do que dizia?

   b) Para disfarçar o exagero ao falar da alma do cachorro, a que outra mentira João Grilo recorreu?

   c) Chicó inventou uma história. Por quê?

   d) A história de Chicó era verdadeira? Podia ser comprovada? Por quê?

   e) Que fala de Chicó reforça o tipo de história que contou? Identifique-a e explique sua resposta.

   f) Por que os dois se esforçaram para convencer o padre e o sacristão a enterrar o cachorro?

4. A história contada por João Grilo causou uma transformação na narrativa.

   a) Que atitudes do sacristão e do padre mostraram a transformação?

   b) Como eles passaram a se referir ao cachorro?

   c) Por que o padre e o sacristão mudaram de ideia?

5. No caderno, indique a correspondência entre as personagens e o que representam no texto.

   a) João Grilo e Chicó.

   b) O padeiro e sua mulher.

   c) O padre e o sacristão.

   1. Autoritários e arrogantes. Simbolizam os endinheirados, que acham que podem conseguir tudo o que desejam.

   2. Interesseiros e gananciosos. Simbolizam os líderes que manipulam as regras em favor próprio.

   3. Espertos e desfavorecidos. Simbolizam as pessoas que têm na esperteza uma saída para sobreviver, para obter seu sustento.

6 No fragmento lido há algumas palavras e expressões que têm sentido figurado, já cristalizado na língua. Releia os trechos e faça o que se pede.

I. "JOÃO GRILO, chamando o patrão à parte: – Se me dessem **carta branca**, eu enterrava o cachorro."
II. "PADRE: – Sim, o bispo. É um grande administrador, **uma águia** a quem nada escapa."

a) Examinando o contexto, explique o sentido da expressão "dar carta branca".

b) De que maneira o sentido da expressão foi concretizado na cena?

c) Que relação é estabelecida entre o bispo e o sintagma destacado em II? Explique-a.

7 Observe a fala do sacristão durante o enterro.

Absolve, Domine, animas omnium fidelium defunctorum ab omni vinculi delictorum.

a) Em que língua ele parece falar?

b) Que sentido essa frase constrói na cena narrada?

8 Que crítica aos costumes sociais fica evidente no fragmento em análise?

9 A peça foi publicada em 1956. Em sua opinião, ela trata de temas ainda atuais? Por quê?

Comparando textos

1 Leia este trecho de outra obra popular, *O dinheiro*, de Leandro Gomes de Barros (1865-1918).

> Mandou chamar o vigário:
> Pronto! – o vigário chegou.
> – Às ordens, Sua Excelência!
> O Bispo lhe perguntou:
> – Então, que cachorro foi que
> o reverendo enterrou?
> – Foi um cachorro importante,
> Animal de inteligência:
> Ele, antes de morrer,
>
> Deixou a Vossa Excelência
> Dois contos de réis em ouro.
> Se eu errei, tenha paciência.
> – Não errou não, meu vigário,
> Você é um bom pastor.
> Desculpe eu incomodá-lo,
> A culpa é do portador!
> Um cachorro como esse,
> Se vê que é merecedor!

Leandro Gomes de Barros. *O dinheiro*. p. 6-7.

a) Há semelhanças entre a narrativa desse cordel e a do texto dramático de Suassuna? Explique sua resposta.

b) As personagens do cordel têm atitudes semelhantes às das personagens da peça? Explique.

c) Que características humanas o vigário do texto *O dinheiro* atribui ao cão? Isso aparece também no texto da peça?

2 O fragmento lido foi escolhido como epígrafe do livro *Auto da Compadecida*.

a) Explique o que é epígrafe. Se preciso, recorra ao dicionário.

b) O que a escolha desse texto como epígrafe revela ao leitor?

3 Um texto pode estabelecer diferentes relações com outros.

a) Os temas e as críticas presentes no trecho do cordel foram retomados pelo texto dramático? Justifique sua resposta.

b) O *Auto da Compadecida* tem sua origem em histórias populares do Nordeste. Em sua opinião, o que a relação com outros textos constrói nesse texto dramático?

Linguagem, texto e sentidos  no caderno

1 Leia uma fala de Chicó.

> CHICÓ: – Se o lugar é assombrado, não sei. O que eu sei é que eu ia atravessando o sangrador do açude e me caiu do bolso n'água uma prata de dez tostões.

Açude é um tipo de barragem construída para represar água que será usada na agricultura e como fonte de energia. **Sangrador** é um canal por onde se escoa o excesso de água de um açude. Os açudes são comuns em regiões de seca, em que é preciso estocar água para enfrentar os períodos de estiagem.

- Com base nessas informações, que relação há entre o uso dessas palavras e o local onde se ambienta a peça?

2 Leia o boxe ao lado e, em seguida, responda às questões.

a) Na passagem a seguir, o uso das palavras em destaque possibilita que o leitor identifique a época em que se passa a história? Justifique sua resposta.

> Se o lugar é assombrado, não sei. O que eu sei é que eu ia atravessando o sangrador do açude e me caiu do bolso n'água uma prata de **dez tostões**. Eu ia com meu cachorro e já estava dando a prata por perdida, quando vi que ele estava assim como quem está cochichando com outro. De repente o cachorro mergulhou, e trouxe o dinheiro, mas quando fui verificar só encontrei **dois cruzados**.

b) De modo geral, que informações o vocabulário usado em um texto ajuda a revelar ao leitor?

3 Releia outra fala de Chicó.

> CHICÓ: – É verdade, o cachorro morreu. Cumpriu sua sentença e encontrou-se com o único mal irremediável, aquilo que é a marca de nosso estranho destino sobre a terra, aquele fato sem explicação que iguala tudo o que é vivo num só rebanho de condenados, porque tudo o que é vivo morre.

a) No trecho, a personagem faz uma reflexão sobre que assunto?

b) Que relação há entre esse assunto e o significado da expressão "rebanho de condenados"?

c) Nessa expressão, a linguagem está empregada em sentido conotativo ou denotativo? Explique sua resposta.

d) A que se refere a expressão "o único mal irremediável" na fala da personagem? Explique o sentido do adjetivo **irremediável** nesse contexto.

e) Que registro de linguagem foi empregado por Chicó nesse trecho? Que sentido isso cria em relação às outras falas dele na peça?

Moedas brasileiras

Entre 1918 e 1935, com a finalidade de facilitar o troco, foi cunhada uma nova série de moedas em cuproníquel (metal mais leve que a prata e o ouro) que substituiu cédulas de valores pequenos e moedas antigas. A moeda de **100 réis**, dessa série, ficou conhecida como **tostão**.

Em 1942, havia 56 tipos diferentes de cédulas no Brasil. Para uniformizar o dinheiro em circulação, foi instituída a primeira mudança de padrão monetário no país. O antigo **réis** deu lugar ao **cruzeiro**. Um cruzeiro correspondia a mil réis.

[...]

O crescimento da inflação, a partir de 1980, foi a causa da instituição de um novo padrão monetário, o **cruzado**. Um cruzado equivalia a mil cruzeiros.

Moeda de 100 réis.

Yaroslaff/Shutterstock.com

Disponível em: <www.bcb.gov.br/Pre/PEF/PORT/publicacoes_DinheironoBrasil.pdf>. Acesso em: 8 set. 2018.

4 Observe o trecho do diálogo entre João e Chicó logo após a fala analisada anteriormente.

JOÃO GRILO, *suspirando*: – Tudo o que é vivo morre. Está aí uma coisa que eu não sabia! Bonito, Chicó, onde foi que você ouviu isso? De sua cabeça é que não saiu, que eu sei.

CHICÓ: – Saiu mesmo não, João. Isso eu ouvi um padre dizer uma vez.

a) Como João Grilo reage à fala de Chicó? Por quê?

b) Como Chicó explica o que tinha acabado de dizer?

c) Por que essa fala de Chicó era diferente da que ele usava em suas conversas com João?

5 Leia um trecho da discussão entre a mulher, o padre e o padeiro.

PADEIRO: – É, em latim não serve.
MULHER: – Em latim é que serve!
PADEIRO: – É, em latim é que serve!
PADRE: – Vocês estão loucos! Não enterro de jeito nenhum.
MULHER: – Está cortado o rendimento da irmandade.
PADRE: – Não enterro.
PADEIRO: – Está cortado o rendimento da irmandade!

a) O emprego da estrutura do diálogo em textos dramáticos indica que as personagens fazem uso da modalidade oral ou escrita da língua? Por quê?

b) De que modo a pontuação ajuda a construir o tom da discussão? Explique sua resposta.

c) As falas do padeiro sempre começam com "É". O que esse uso indica na oralidade? Por que aparece nas falas deles?

A língua portuguesa, como outras línguas vivas, varia no tempo e no espaço. Não se fala ou se escreve hoje como se escrevia em 1956, ano em que a obra *Auto da Compadecida* foi publicada. Não se fala da mesma maneira em Portugal e no Brasil, em Angola ou em Moçambique, na Região Nordeste ou Sul do Brasil.

Também não se fala ou escreve da mesma maneira em situações de comunicação diferentes. A mesma pessoa pode usar um registro formal, mais cuidado, para fazer um discurso em uma solenidade da escola ou escrever um trabalho de pesquisa, por exemplo, e um registro informal para escrever um bilhete a um familiar ou amigo. Os registros formal e informal podem ser usados nas modalidades oral e escrita da língua, dependendo da situação de comunicação. As personagens do *Auto da Compadecida* usam predominantemente o registro informal, com marcas de oralidade, para retratar o diálogo espontâneo em situações cotidianas.

---

6 Observe um trecho do diálogo entre o sacristão e o padre.

SACRISTÃO: – E mesmo não será preciso que Vossa Reverendíssima intervenha. Eu faço tudo.
PADRE: – Você faz tudo?
SACRISTÃO: – Faço.

a) Qual expressão o sacristão usa para dirigir-se ao padre?

b) Ao usar essa expressão, o que sacristão demonstrou?

c) Aponte de que modo o padre se dirige ao sacristão.

d) O que as expressões usadas pelas personagens para se dirigirem uma à outra indicam sobre a posição social de cada uma?

Formas de tratamento são palavras e expressões usadas para indicar familiaridade ou cerimônia na forma de se dirigir a uma pessoa ou de tratá-la. No registro formal, observam-se certas regras para esse tratamento. Para o papa, por exemplo, emprega-se o tratamento de **Vossa Santidade**, e para altos cargos da Igreja, o tratamento de **Vossa Reverendíssima. Vossa Alteza** é a forma usada para dirigir-se a príncipes e princesas. **Vossa Excelência** é a fórmula usada para autoridades em geral.

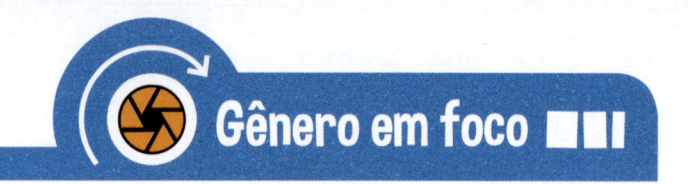 

Gênero em foco

Texto dramático

1. Observe a forma do texto *Auto da Compadecida* e responda:

   a) O que as letras em caixa alta (maiúsculas) destacam no texto?

   b) As frases em itálico são denominadas **rubricas**. O que elas indicam?

   c) Por que as rubricas estão destacadas em itálico?

2. Com base na rubrica "*Dá uma cotovelada em Chicó*", responda às questões.

   a) Dirige-se a que personagem?

   b) Que sentido essa atitude adquire na cena?

   c) O que o leitor de um texto dramático fica sabendo por meio das rubricas?

   d) Além do leitor, a quem mais se dirigem as rubricas de um texto dramático?

3. As rubricas auxiliam o leitor do texto e os atores que encenarão a peça a perceber o tom predominante nessa história? Explique sua resposta.

4. Com base na análise das rubricas, considerando as informações que apresentam e os leitores aos quais se dirigem, qual é a função de um texto dramático? Onde circula esse gênero textual?

5. Em um texto dramático, os diálogos entre personagens desenvolvem uma narrativa. Identifique, no trecho lido:

   a) a situação inicial, que introduz a ação;

   b) o conflito;

   c) a resolução do conflito e a transformação;

   d) a situação final.

> O texto dramático cria uma narrativa para ser encenada no teatro e pode se apresentar como um monólogo, em que uma personagem sozinha fala. No entanto, a forma mais típica do teatro é a estrutura em diálogos, que ocorrem em determinado lugar e tempo. As falas das personagens são entremeadas pelas **rubricas**, que orientam a encenação.
>
> No *Auto da Compadecida*, as rubricas reafirmam o tom de humor da peça e sugerem a interpretação farsesca.

6. Observe o comportamento do padeiro ao repetir o que a esposa fala.

   a) O que esse comportamento indica sobre a personalidade dele?

   b) Esse comportamento pode ser associado a um estereótipo? Qual?

   c) As situações vividas por essa personagem e suas ações causam que reação no leitor? Por quê?

7. Releia a fala de João Grilo a seguir.

   > JOÃO GRILO, *chamando o patrão à parte*: – Se me dessem carta branca, eu enterrava o cachorro.

   a) Por que João Grilo fala de modo reservado? Como ele age nesse trecho?

   b) O que essa ação indica sobre o tipo humano que João Grilo representa?

> As chamadas personagens-tipo representam as características de tipos sociais, como o ingênuo, o conquistador, o cínico etc. A literatura, o teatro popular e os programas humorísticos de TV costumam explorar essas personagens, que, em geral, têm boa aceitação por parte do público. No *Auto da Compadecida*, o humor e o riso construídos pelos tipos humanos ajudam a construir a crítica social.

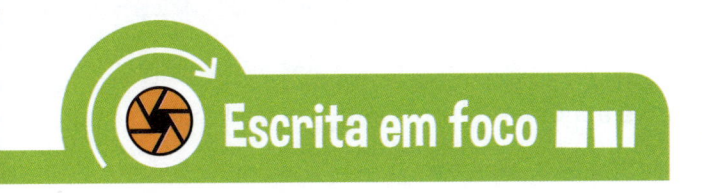

Escrita em foco ■■■ no caderno

Próclise, ênclise e mesóclise

1 Você já estudou que, no texto dramático, as falas das personagens simulam um diálogo, uma situação de interação oral. Leia e compare as falas de Chicó em I e em II e as do padeiro e de sua mulher, em III.

I. "CHICÓ: – É verdade, o cachorro morreu. Cumpriu sua sentença, encontrou-se com o único mal irremediável [...].

JOÃO GRILO, *suspirando*: – [...] Bonito, Chicó, onde foi que você ouviu isso? De sua cabeça é que não saiu, que eu sei."

II. "CHICÓ: – Se o lugar é assombrado, não sei. O que eu sei é que eu ia atravessando o sangrador do açude e me caiu do bolso n'água uma prata de dez tostões. [...]"

III. "MULHER: – Meu marido considera-se demitido da presidência!

PADRE: – Não enterro.

PADEIRO: – Considero-me demitido da presidência!

[...]

MULHER: – Decida-se, Padre João."

Weberson Santiago

a) Observe os verbos **encontrar**, **cair** e **considerar**. Que pronomes átonos são usados junto a eles?

b) Nos trechos, os pronomes átonos se relacionam com verbos que iniciam orações. Em relação aos verbos que complementam ou em que se apoiam, em que posição esses pronomes são usados?

c) Em sua fala cotidiana, como você geralmente utiliza esses pronomes: antes ou depois dos verbos? Por exemplo, quando pede algo emprestado, você costuma dizer: Empreste-me sua borracha? ou Me empreste sua borracha?

d) Com base no que observou, em que posição costumam ficar os pronomes átonos em relação aos verbos nos registros formal e informal da língua? Explique sua resposta.

> Em geral, os pronomes átonos são usados antes ou depois do verbo. Quando antecedem o verbo, há **próclise**. No caso em que esses pronomes vêm depois do verbo, ocorre **ênclise**. No português do Brasil, o uso mais comum na comunicação oral e escrita informal é a **próclise**, como se vê na fala de Chicó: "[...] e **me** caiu do bolso n'água uma prata de dez tostões. [...]". No registro formal da linguagem, como o que se vê na fala do padeiro e de sua mulher, por exemplo, não se iniciam frases com pronomes átonos em **próclise**. Utiliza-se a **ênclise**: "Decida-**se**, Padre João".

2 Considerando os textos em que aparecem, comente a colocação dos pronomes átonos a seguir.

a) Título de um *blog* da seção Cultura do jornal *O Estado de S. Paulo*:

>
> Divirta-se: cinco boas exposições que acabam de chegar a São Paulo

b) Cena em que João Grilo se explica e fala do padeiro e a mulher dele durante o Juízo Final:

ENCOURADO: Ele e a mulher foram os piores patrões que Taperoá já viu.

MULHER: É mentira!

JOÃO GRILO: É não, é verdade. Três dias passei...

MANUEL: Em cima de uma cama, com febre [...]. Já sei, João, todo mundo já sabe dessa história, de tanto ouvir você contar.

JOÃO GRILO: Mas eu posso? Me diga mesmo se eu posso! Bife passado na manteiga para o cachorro e fome para João Grilo. É demais!

Ariano Suassuna. *Auto da Compadecida*. Rio de Janeiro: Agir, 2014. p. 155-156.

c) Cena em que Nossa Senhora intercede por João Grilo durante o Juízo Final:

A COMPADECIDA: Dê-lhe então outra oportunidade.

Ariano Suassuna. *Auto da Compadecida*. Rio de Janeiro: Agir, 2014. p. 184.

d) Trecho da apresentação do texto dramático *Lisbela e o prisioneiro*, de Osman Lins:

Ator, texto e público, eis a tríade que compõe o fenômeno teatral [...]. Costuma-se dizer que o ator é a alma do espetáculo. Mas de que serviria essa alma se não existisse um corpo para se entregar a ela? Esse corpo é o texto.

Osman Lins. *Lisbela e o prisioneiro*. São Paulo: Scipione, 1998.

3 Para convencer o padre a benzer o cachorro da mulher do padeiro, João Grilo mentiu e disse que o animal doente era do major Antônio Morais, um dos poderosos da região. Leia um trecho em que o major está a caminho da igreja e João Grilo tenta resolver a confusão que criou.

O major Antônio Morais vem subindo ladeira. Certamente vem procurar o padre.

JOÃO GRILO: – Ave-Maria! Que é que se faz, Chicó?

CHICÓ: – Não sei, não tenho nada a ver com isso. Você, que inventou a história e que gosta de embrulhada, que resolva.

JOÃO GRILO: – [...] Ora viva, seu major Antônio Morais, como vai Vossa Senhoria? Veio procurar o padre? [...] Se Vossa Senhoria quer, eu vou chamá-lo. [...] É que eu queria avisar para Vossa Senhoria não ficar espantado: o padre está meio doido.

ANTÔNIO MORAIS, *parando*: – Está doido? O padre?

JOÃO GRILO, *animando-se*: – Sim, o padre. Está dum jeito que não respeita mais ninguém e com mania de benzer tudo. [...]

ANTÔNIO MORAIS: – Que loucura é essa?

JOÃO GRILO: – Não sei, é a mania dele agora. Benze tudo e chama a gente de cachorro.

ANTÔNIO MORAIS: – Isso foi porque era com seu patrão. Comigo é diferente.

JOÃO GRILO: – Vossa Senhoria me desculpe, mas eu penso que não.

Weberson Santiago

Ariano Suassuna. *Auto da Compadecida*. Rio de Janeiro: Agir, 2014. p. 39-40.

a) Que palavra, na fala de Chicó, é usada como sinônimo de **confusão**? Você conhece ou costuma usar essa palavra?

b) Que forma de tratamento indica o interlocutor de João Grilo, ou seja, aquele a quem ele se dirige?

c) Compare a forma de tratamento que destacou acima àquela que Chicó utiliza para se referir a João Grilo. O que as formas de tratamento indicam sobre a relação entre as personagens em cada caso?

d) Geralmente, que forma de tratamento você usa para falar com:

- seu professor?
- seus avós?
- seus colegas de turma?
- uma pessoa na rua a quem pergunta uma informação?

> Diante de uma pessoa que não se conhece muito bem, usa-se o **senhor**, a **senhora**. Com pessoas íntimas, usam-se a forma **você** e, em algumas regiões do país, a forma **tu**. **Vossa Senhoria**, que se abrevia V. Sª, é usada para tratar funcionários públicos graduados e oficiais das Forças Armadas até a patente de coronel.

4 Leia um trecho da canção "Ai que saudade d'ocê", do compositor paraibano Vital Farias, interpretada pelo cantor pernambucano Geraldo Azevedo.

[...]
Se um dia ocê se lembrar
Escreva uma carta pra mim
Bote logo no correio
Com a frase dizendo assim
Faz tempo que eu não te vejo
Quero matar meu desejo
Te mando um monte de beijo
Ai que saudade sem fim
[...]

Vital Farias. Disponível em: <www.letras.mus.br/geraldo-azevedo/277398/>. Acesso em: 25 jul. 2018.

ONYXprj/Shutterstock.com

a) Na canção, o registro usado é formal ou informal? Justifique sua resposta e destaque exemplos da letra que comprovem isso.

b) A canção simula a fala de alguém. Quem parece falar e a quem se dirige?

c) Com base nas respostas anteriores, explique por que esse registro de linguagem foi utilizado na canção.

d) Observe o uso da forma **ocê**. Em que situações é geralmente usada?

> **De onde vem o pronome você?**
> Esse pronome veio da forma antiga **Vossa Mercê**, que foi reduzida, ao longo dos anos, a **vosmecê** e **vossuncê**, passando depois a **você**, **suncê** e **ocê**. As formas foram diminuindo de tamanho, passaram de quatro para três e de três para duas sílabas. Há algum tempo existe a variante **cê**, usada em situações informais.

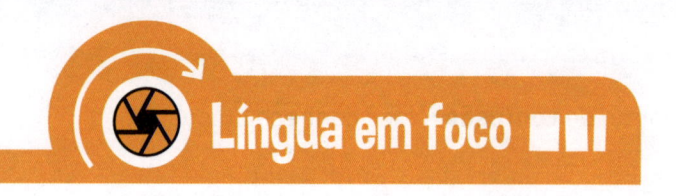

Língua em foco ▪▪▪

Relações estabelecidas por conjunções e locuções coordenativas em períodos – coesão

no caderno

1 Releia este trecho da fala do padre, no texto dramático que você leu no Capítulo 2.

> Não me decido coisa nenhuma, não tenho mais idade para isso.

a) Que relação há entre as duas orações: coordenação ou subordinação? Justifique.

b) Quanto ao sentido, o que a segunda oração indica em relação à primeira?

c) Que conjunção poderia deixar clara essa relação de sentido entre as duas orações? Reescreva o trecho usando um conectivo.

d) Compare a versão que escreveu à versão original.

- Qual delas é mais direta e simples?
- Considerando o texto original, tente explicar por que a conjunção não foi empregada.

2 Releia a fala em que João Grilo explica sua crença em assombração de cachorro.

> JOÃO GRILO: – Alma não digo, porque acho que não existe alma de cachorro, mas assombração de cachorro existe e é uma das mais perigosas.

a) Destaque as orações que formam o período.

b) Considere agora este novo período.

> Alma não digo, mas assombração de cachorro existe e é uma das mais perigosas.

- Que palavras relacionam uma oração com outra e que efeitos de sentido se produz?

c) Com base no que já estudou sobre o assunto, comente a importância dessas palavras para a sequência de termos e ideias no texto.

Weberson Santiago

3 Leia um trecho do artigo da crítica teatral Bárbara Heliodora sobre o *Auto da Compadecida*.

> Desde cedo a forma dramática foi sua favorita, e sua obra teatral é vasta, com boa parte dela merecendo atenção e aplauso; **no entanto**, Suassuna, no teatro, pagou o preço de ter todas as peças que escreveu comparadas ao *Auto da Compadecida*, um dos raríssimos clássicos da dramaturgia brasileira [...].

Bárbara Heliodora. "Auto da Compadecida", um clássico. *O Globo*, 23 jul. 2014. Disponível em: <https://oglobo.globo.com/cultura/livros/artigo-auto-da-compadecida-um-classico-13355300#ixzz5MLaHMn90Stest>. Acesso em: 25 jul. 2018.

Crítica de teatro

A crítica teatral é feita por um espectador especializado, ou seja, alguém gabaritado para falar sobre o teatro em seus mais diversos aspectos: atuação, encenação, cenografia, dramaturgia etc. Com base no ponto de vista desse especialista, o espectador pode ser influenciado a assistir ou não a um espetáculo.

Bárbara Heliodora (1923-2015) foi ensaísta, tradutora, professora e crítica teatral de grande destaque no cenário nacional, sendo reconhecida como autoridade em relação às obras shakespearianas.

a) No início do trecho, a que se referem os pronomes **sua** e **dela**? Com que objetivo são usados?

b) Observe a expressão em destaque.

- Que ideia ou relação de sentido ela estabelece com o que foi dito antes?
- Quanto ao sentido, que conjunções são equivalentes a essa expressão?
- Em seu cotidiano, que forma você geralmente utiliza para produzir esse mesmo efeito?

c) Agora observe.

I. Sua obra teatral é vasta [...]; **no entanto**, Suassuna, no teatro, pagou o preço de ter todas as peças que escreveu comparadas ao *Auto da Compadecida*.

II. Sua obra teatral é vasta [...]; Suassuna, no teatro, **no entanto**, pagou o preço de ter todas as peças que escreveu comparadas ao *Auto da Compadecida*.

III. Sua obra teatral é vasta [...]; Suassuna, no teatro, pagou o preço de ter todas as peças que escreveu comparadas ao *Auto da Compadecida*, **no entanto**.

- Com base no que observou, formule uma conclusão sobre o uso de **no entanto** em períodos compostos.
- Em qual das versões o **mas** poderia substituir **no entanto** sem nenhuma adaptação?

Para estabelecer oposição ou contraste entre orações e ideias no texto, usam-se conjunções adversativas, como **mas** e **porém**: "Alma não digo, porque acho que não existe alma de cachorro, **mas** assombração de cachorro existe". Em textos mais formais, também se podem empregar **no entanto**, **entretanto**, **contudo** ou **todavia**. Nesses casos, a posição em que as expressões são usadas pode variar.

---

4 Leia os trechos e observe os elementos destacados.

I.

www.fatosdesconhecidos.com.br/essas-sao-coisas-que-voce-nunca-soube-mas-deveria-sobre-o-auto-da-compadecida/

O *Auto da Compadecida* é uma peça teatral escrita por Ariano Suassuna. Um escritor pernambucano arretado que quis elevar a linguagem popular, a literatura do cordel, **bem como** os autos medievais.

Disponível em: <www.fatosdesconhecidos.com.br/essas-sao-coisas-que-voce-nunca-soube-mas-deveria-sobre-o-auto-da-compadecida/>.
Acesso em: 25 jul. 2018.

II.

https://veja.abril.com.br/blog/veja-gente/maria-paula-envelhecer-e-desafiador/

Cinema é uma coisa boa de fazer **não só** porque é uma arte bem-acabada, **mas também** porque é uma obra que fica para sempre.

Mariana Oliveira. Maria Paula: 'Envelhecer é desafiador'. *Veja*, 25 ago. 2017. Disponível em: <https://veja.abril.com.br/blog/veja-gente/maria-paula-envelhecer-e-desafiador/>. Acesso em: 26 jul. 2018

a) Em relação à ideia que indicam, há semelhança entre os elementos? Explique sua resposta.

b) Em qual dos trechos parece haver mais ênfase na relação entre as ideias?

c) Compare o trecho em II ao período a seguir: Cinema é uma coisa boa de fazer porque é uma arte bem-acabada e porque é uma obra que fica para sempre.

- Em qual das versões observa-se um realce maior em favor de uma das ideias?
- Com base no que observou, formule uma conclusão sobre o efeito de sentido produzido por "não só... mas também" em textos.

5 Leia e compare as falas das personagens do *Auto da Compadecida* a seguir.

I. "MULHER: – Pão para casa do vigário só vem agora dormido e com o dinheiro na frente. Enterra ou não enterra?"

II. "JOÃO GRILO: – Deixe de besteira, Chicó, todo mundo já sabe que a mulher do padeiro engana o marido.

CHICÓ: – João, danado, ou você fala baixo ou eu o esgano já, já."

Ariano Suassuna. *Auto da Compadecida*. Rio de Janeiro: Agir, 2014. p. 34.

a) Destaque as conjunções usadas no trecho.

b) Em qual delas há:

- uma simples alternância entre os eventos indicados por cada oração?
- uma relação de alternância entre os eventos indicados por cada oração que vale como uma espécie de ameaça?

c) Relacione os efeitos de sentido indicados acima à forma de usar as conjunções em cada caso.

6 Leia trecho de uma declaração dada por Ariano Suassuna em entrevista.

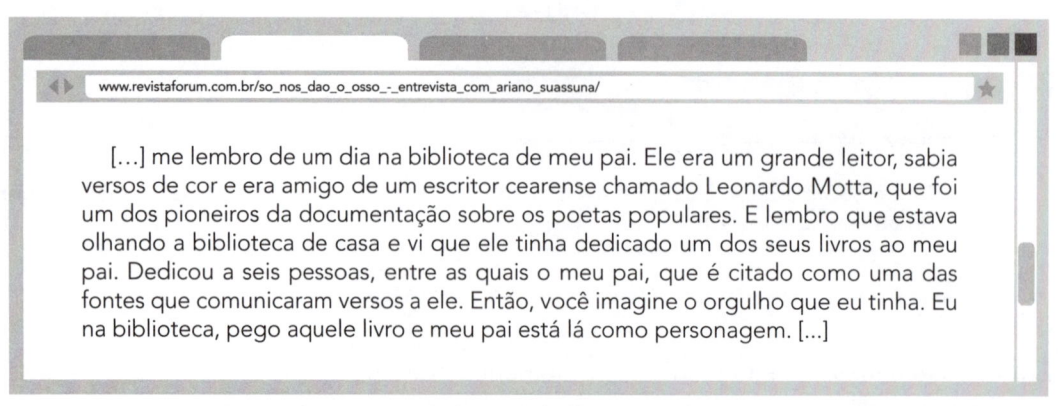

> www.revistaforum.com.br/so_nos_dao_o_osso_-_entrevista_com_ariano_suassuna/
>
> [...] me lembro de um dia na biblioteca de meu pai. Ele era um grande leitor, sabia versos de cor e era amigo de um escritor cearense chamado Leonardo Motta, que foi um dos pioneiros da documentação sobre os poetas populares. E lembro que estava olhando a biblioteca de casa e vi que ele tinha dedicado um dos seus livros ao meu pai. Dedicou a seis pessoas, entre as quais o meu pai, que é citado como uma das fontes que comunicaram versos a ele. Então, você imagine o orgulho que eu tinha. Eu na biblioteca, pego aquele livro e meu pai está lá como personagem. [...]

Disponível em: <www.revistaforum.com.br/so_nos_dao_o_osso_-_entrevista_com_ariano_suassuna/>.
Acesso em: 29 jul. 2018.

a) Qual foi a razão de Ariano Suassuna sentir orgulho de seu pai?

b) Que conjunção introduz a ideia de conclusão nessa fala?

c) Na entrevista, o escritor está usando um registro mais formal ou mais informal da linguagem? Justifique.

7 Leia agora trecho de um artigo escrito pelo ator e crítico de teatro Yan Michalski, em que fala de sua experiência profissional.

Quando, em 1963, fui fazer minha estreia como crítico do *Jornal do Brasil*, ouvi um solene sermão do então Secretário do Caderno B, Nonato Masson, sobre a responsabilidade que eu estava assumindo. Ele me dizia que a página 2 do Caderno, que na época reunia diariamente as diversas colunas especializadas em arte e cultura, era uma espécie de menina dos olhos do jornal; que por ela haviam passado alguns dos mais brilhantes expoentes do jornalismo brasileiro; que a empresa era particularmente exigente na escolha dos colaboradores dessa página de enorme prestígio; e, portanto, que eu teria de caprichar muito para mostrar-me à altura dessa admirável tradição.

Disponível em: <www.questaodecritica.com.br/category/estudos/page/19/>. Acesso em: 29 jul. 2018.

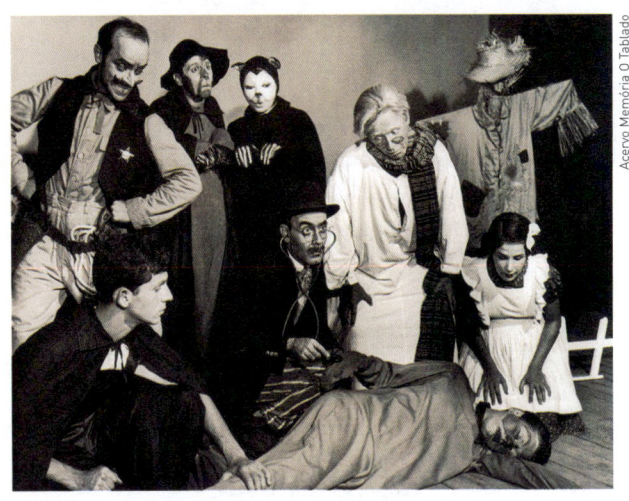

Yan Michalski – no centro, com estetoscópio –, em cena na peça *O rapto das cebolinhas*, de Maria Clara Machado, em 1958.

a) O crítico enumera os itens do "sermão" que recebeu do secretário do caderno de jornal em que escreveria. Por que o secretário fez todas essas recomendações a Yan Michalski?

b) Que recomendação final o secretário apresenta ao crítico para justificar todo o seu "sermão"?

c) Que conjunção introduz essa conclusão?

d) O trecho faz parte de um artigo escrito para uma revista sobre teatro. Que registro de linguagem foi usado?

> Algumas conjunções ou locuções conjuntivas coordenam orações para estabelecer ideia de conclusão. No uso mais comum e coloquial, **então** costuma ser o conectivo mais usado. Em textos de registro mais formal, podem ser usadas conjunções e locuções como **portanto**, **por conseguinte**, **de modo que** etc.

8 Reescreva os períodos a seguir substituindo as conjunções assinaladas por outras de sentido equivalente. Faça as adaptações necessárias.

a) Crítica à encenação de peça *O auto do Reino do Sol* que homenageia Ariana Suassuna.

Estudioso e entusiasta da cultura popular nordestina, Ariano Suassuna (1927-2014) é celebrado através de delicada abordagem do universo que tanto amava. Conterrâneos do escritor paraibano, Luiz Carlos Vasconcelos (direção), Braulio Tavares (texto) e Chico César (coautor da trilha sonora) unem-se, no espetáculo, à companhia Barca dos Corações Partidos [...]. Total domínio da cena e talento musical impecável, marcas da trupe, seguem firmes na nova montagem, **mas** a grande dimensão do Teatro Riachuelo faz sobressair além da conta a simplicidade do cenário de Sérgio Marimba e da luz de Renato Machado.

Renata Magalhães. Musical homenageia 90 anos de Ariano Suassuna. *Veja Rio*. Abril Comunicações S. A. Disponível em: <https://vejario.abril.com.br/cultura-lazer/critica-musical-homenageia-90-anos-de-ariano-suassuna/>. Acesso em: 29 jul. 2018.

b) Introdução à entrevista de Carlos Newton Junior, pesquisador especialista na obra de Ariano Suassuna.

Com a morte de Suassuna, em 2014, ele assumiu a coordenação editorial do livro e, **portanto**, participou ativamente das decisões relacionadas à forma final tomada pelos dois volumes da obra.

Disponível em: <www.uai.com.br/app/noticia/artes-e-livros/2017/12/22/noticias-artes-e-livros,218886/materializa-se-o-mais-grandioso-projeto-de-ariano-suassuna.shtml>. Acesso em: 29 jul. 2018.

Texto dramático

Conforme você viu na seção **Estudo e pesquisa** da Unidade 1, a produção de um texto com base em outro, chamado texto-base, denomina-se retextualização. Nesta atividade, você fará a retextualização de um conto de Carlos Drummond de Andrade em texto dramático. Antes, porém, relembre algumas características do gênero texto dramático.

> Texto dramático é o texto literário escrito para ser encenado. Ele se caracteriza por:
> • não ter narrador;
> • construir-se com base nas falas das personagens, em monólogos ou diálogos;
> • apresentar rubricas para indicar determinados movimentos, comportamentos ou gestos das personagens na cena.
> O texto dramático, em geral, conta uma história, portanto tem um enredo, com uma situação inicial, uma complicação, sua resolução e a situação final.

Preparação

1. Ao tomar um texto e transformá-lo em outro, faz-se uma **retextualização**. Quando você está em sala de aula e toma nota do que foi dito pelo professor, está fazendo o processo de retextualização de um texto oral para um texto escrito. Se apresenta oralmente um resumo de um verbete sobre um autor de teatro, está também retextualizando, neste caso, do escrito para o oral.

   A retextualização ainda pode ocorrer em textos que se manifestam na mesma modalidade da língua (oral ou escrita), mas em que há uma mudança do gênero textual. Assim, um roteirista que transforma um romance no roteiro de uma minissérie de TV, também está fazendo uma retextualização.

2. Leia o conto de Carlos Drummond de Andrade que será retextualizado. Após a leitura, responda às perguntas, que ajudarão você no processo de retextualização.

A incapacidade de ser verdadeiro

Paulo tinha fama de mentiroso. Um dia chegou em casa dizendo que vira no campo dois dragões da independência cuspindo fogo e lendo fotonovelas.

A mãe botou-o de castigo, mas na semana seguinte ele veio contando que caíra no pátio da escola um pedaço de lua, todo cheio de buraquinhos, feito queijo, e ele provou e tinha gosto de queijo. Desta vez Paulo não só ficou sem sobremesa como foi proibido de jogar futebol durante quinze dias.

Quando o menino voltou falando que todas as borboletas da Terra passaram pela chácara de Siá Elpídia e queriam formar um tapete voador para transportá-lo ao sétimo céu, a mãe decidiu levá-lo ao médico. Após o exame, o Dr. Epaminondas abanou a cabeça:

— Não há nada a fazer, Dona Coló. Este menino é mesmo um caso de poesia.

Cibele Queiroz

Carlos Drummond de Andrade. *Contos plausíveis*. Rio de Janeiro: Record, 1994. p. 19.

- Quem são as personagens do conto?
- Que afirmativa a respeito da personagem principal dá início à narrativa? Por que isso é dito sobre a personagem?
- O narrador de um texto pode apresentar as falas das personagens por meio de tipos de discursos distintos. Que tipos de discurso o narrador utiliza no conto? Explique.
- O que o médico quer dizer ao afirmar que Paulo "é um caso de poesia"? Explique.
- Qual é o conflito principal desse conto?

3. Depois de ter analisado o conto, comece a pensar em como o transformará em texto dramático e esboce um roteiro, tomando notas. Você já tem as personagens e já compreendeu o conflito principal. Como vai criar um texto para ser encenado? Pense num palco e no que acontecerá nele.

4. Em que ambiente se passará a cena? Na casa do menino? No consultório do médico? Em outro lugar em que as três personagens possam aparecer? Você vai incluir outras personagens, criando, por exemplo, uma cena na escola em que Paulo converse com colegas?

5. Como as personagens estarão vestidas? Como se movimentarão em cena? Haverá muitas entradas e saídas ou tudo se passará num mesmo ambiente, sem grande movimentação?

6. Reflita sobre os pensamentos e reações das personagens: O que elas estão pensando quando falam? Quais são seus sentimentos? Pense bem nisso quando for escrever as rubricas, que devem indicar as reações e expressões das personagens.

7. Qual será a entonação das falas? De que modo cada personagem vai expressar o que pensa e sente? E o tom predominante do texto? Será sério (trágico) ou cômico (farsesco)?

8. Lembre-se de que, na retextualização, você estará criando com base no texto original. Pode aumentar os diálogos, inventar mais personagens, acelerar ou desacelerar os acontecimentos. Procure não se afastar muito do enredo original, para que ele não fique irreconhecível na retextualização para teatro.

9. Você pode manter o título ou inventar outro. Em qualquer das duas opções, deve registrar, abaixo do título, que a obra foi baseada em um conto de Carlos Drummond de Andrade.

10. Pense que o texto será retomado na seção seguinte, **Oralidade em foco**, para uma leitura dramatizada. Por isso, fique atento ao que será importante para essa leitura e mesmo para uma futura encenação e registre tudo nas rubricas.

Realização

Agora que já tomou suas notas e esboçou um roteiro do texto, você pode iniciar a retextualização. Observe os aspectos a seguir.

11. Escreva o texto pensando na encenação, em que as rubricas são muito importantes. Nelas você indicará como deve ser o cenário, a luz, o som. Dará orientações para a criação das personagens, como figurino, maquiagem, penteados e, principalmente, sobre como se comportarão no palco, a entonação, os gestos. Escreva as rubricas num formato de letra diferente das que usará nos diálogos.

12. Escreva a primeira rubrica indicando o ambiente, descrevendo o que deverá haver nele e como isso estará sugerido em cena. Não se preocupe em criar nada muito elaborado. Muitas vezes, um palco escuro e uma luz jogada sobre um ator ganham grande força dramática.

13. Comece a escrever os diálogos, intercalando-os, quando necessário, com rubricas de orientação sobre o comportamento das personagens. Elas devem ter consistência dramática, isto é, devem demonstrar que têm conflitos, inquietações.

14. A fala, no gênero texto dramático, é de fundamental importância. Por essa razão, ao escrever, busque:

   • evidenciar as características das personagens por meio de suas falas;

   • organizar o texto por meio de diálogos de modo que a progressão da história seja compreendida com base neles;

   • usar recursos de pontuação que orientem a encenação.

Revisão

15. Releia o texto e verifique se tudo faz sentido, se ele está coerente.

16. Observe se você criou a situação inicial, a complicação, a resolução e a situação final.

17. Veja se as partes da narrativa estão ligadas de modo coeso.

18. Observe as rubricas, verificando se oferecem todas as orientações necessárias à ambientação da peça e à atuação da atriz e dos atores.

19. Como o texto dramático visa ser encenado, verifique se a linguagem utilizada nas falas das personagens está adequada ao papel delas. Observe se há coerência no registro usado nas falas, formal ou informal.

20. Reveja com atenção a pontuação, para verificar se ela orienta a encenação, o tom, a entonação, o modo de falar dos atores.

21. Reveja, finalmente, a ortografia das palavras.

   Se necessário, consulte o dicionário ou o *site* da Academia Brasileira de Letras, que tem um *link* para o Volp (Vocabulário Ortográfico da Língua Portuguesa) em <www.academia.org.br/nossa-lingua/busca-no-vocabulario>. Nesse endereço, basta digitar a palavra e verificar sua ortografia.

22. Antes de considerar o texto pronto, troque-o com dois colegas, para que eles possam observar se as ações progridem de modo coerente e se o enredo ficou claro e bem desenvolvido.

23. Depois do retorno dos colegas, faça um teste:

   • leia seu texto em voz alta;

   • verificar se as falas estão adequadas à leitura oral ou a uma possível encenação;

   • Se estiverem muito longas ou prejudicarem o desenvolvimento da ação, faça cortes e ajustes.

24. Guarde seu texto, pois ele será retomado na seção **Oralidade em foco**, que propõe uma leitura dramatizada.

Oralidade em foco ■■■

Leitura dramatizada

Agora você fará, com a ajuda dos colegas, a leitura dramatizada do texto que produziu na seção **Oficina de produção**.

A leitura dramatizada é uma atividade que envolve a leitura oral e a encenação dos diálogos, o que traz mais emoção e movimento à história, com o objetivo de envolver o espectador.

Nesta atividade, você trabalhará em equipe. Por isso, forme grupo com um número de colegas correspondente ao número de personagens criadas. Observe o roteiro a seguir.

Preparação

Depois de formado o grupo, os participantes devem apresentar seus textos para os demais integrantes. Façam uma leitura conjunta dos textos do grupo e avaliem os aspectos a seguir.

1. Cada grupo deverá selecionar um dos textos para a leitura. Para isso, devem ler atentamente cada um deles e selecionar aquele que considerarem mais interessante para o momento da atividade oral.
2. Decidido o texto que será dramatizado, pensem no tempo necessário para a leitura e transmitam a informação ao professor.
3. Definam os papéis que cada integrante do grupo representará no texto lido. Cada integrante deve representar uma personagem.
4. Discutam a caracterização de cada uma das personagens: tom de voz que deve ser empregado na fala, postura e movimentação gestual, relacionamento com as outras. Observem as rubricas dos textos que serão dramatizados, pois elas oferecem orientações importantes para esse trabalho.
5. Façam um ensaio da leitura dramatizada para avaliar que pontos precisam ser ajustados. Observem, no ensaio, a entonação da voz, os gestos e a postura e verifiquem se eles condizem com a personagem representada.

Realização

Após os ensaios gerais de cada grupo, vocês estarão prontos para a apresentação. A leitura dramatizada será feita na sala de aula para os colegas e o professor. A turma escolherá, com o professor, o melhor dia para a realização da apresentação, definindo, também, a ordem das leituras.

6. Cada grupo deve usar sua criatividade e imaginação para fazer uma bela apresentação. Vocês podem caracterizar as personagens e dar mais vida à leitura, usando figurinos apropriados, compostos com roupas encontradas em casa.
7. Durante a apresentação, é fundamental a colaboração de todos. Enquanto um grupo se apresenta, os demais devem permanecer atentos e em silêncio, respeitando o trabalho dos colegas.

Avaliação

8. O grupo fez a leitura seguindo as rubricas e dando naturalidade aos diálogos?
9. A entonação e a gestualidade durante a leitura possibilitaram caracterizar bem a personagem de cada um?
10. Houve boa comunicação com a plateia? Os colegas e o professor pareceram interessados na leitura? Como isso pôde ser percebido?
11. A atividade coletiva, de modo geral, funcionou bem? Os grupos respeitaram o trabalho uns dos outros, acompanhando com interesse cada apresentação?

Você lerá a seguir um trecho do texto da peça.

O pagador de promessas

[...]

Zé-do-Burro vai até o centro da praça e aí pousa a sua cruz, equilibrando-a na base e num dos braços, como um cavalete. Está exausto. Enxuga o suor da testa.

ZÉ

(*Olhando a igreja.*) É essa. Só pode ser essa.

(*Rosa para também, junto aos degraus, cansada, enfastiada e deixando já entrever uma revolta que se avoluma.*)

ROSA

E agora? Está fechada.

ZÉ

É cedo ainda. Vamos esperar que abra.

ROSA

Esperar? Aqui?

ZÉ

Não tem outro jeito.

ROSA

(*Olha-o com raiva e vai sentar-se num dos degraus. Tira o sapato.*) Estou com cada bolha d'água no pé que dá medo.

ZÉ

Eu também.

(*Num rito de dor, despe uma das mangas do paletó.*) Acho que os meus ombros estão em carne viva.

ROSA

Bem feito. Você não quis botar almofadinhas, como eu disse.

ZÉ

(*Convicto*) Não era direito. Quando eu fiz a promessa, não falei em almofadinhas.

ROSA

Então: se você não falou, podia ter botado; a santa não ia dizer nada.

ZÉ

Não era direito. Eu prometi trazer a cruz nas costas, como Jesus. E Jesus não usou almofadinhas.

ROSA

Não usou porque não deixaram.

ZÉ

Não, nesse negócio de milagres, é preciso ser honesto. Se a gente embrulha o santo, perde o crédito. De outra vez o santo olha, consulta lá os seus assentamentos e diz: – Ah, você é o Zé-do-Burro, aquele que já me passou a perna! E agora vem me fazer nova promessa. Pois vá fazer promessa pro diabo que o carregue, seu caloteiro duma figa! E tem mais: santo é como gringo, passou calote num, todos os outros ficam sabendo.

ROSA

Será que você ainda pretende fazer outra promessa depois desta? Já não chega?...

ZÉ

Sei não... a gente nunca sabe se vai precisar. Por isso, é bom ter sempre as contas em dia.

Dias Gomes

O baiano Alfredo de Freitas Dias Gomes (1922-1999) é um dos mais renomados dramaturgos brasileiros e o mais traduzido e encenado fora do Brasil. Sua peça *O pagador de promessas*, encenada pela primeira vez em 1960, expõe a ruptura entre as culturas rural e urbana. Em 1962, a peça foi adaptada para o cinema e indicada ao Oscar na categoria de filme estrangeiro. Foi a primeira indicação de um filme brasileiro no evento.

Milla Petrillo/CB/D.A Press

Simone Matias

[...]

Mas você já pagou a sua promessa, já trouxe uma cruz de madeira da roça até a Igreja de Santa Bárbara. Está aí a Igreja de Santa Bárbara, está aí a cruz. Pronto. Agora, vamos embora.

ZÉ

Mas aqui não é a igreja de Santa Bárbara. A igreja é da porta pra dentro.

ROSA

Oxente! Mas a porta está fechada e a culpa não é sua. Santa Bárbara deve saber disso, que diabo.

Dias Gomes. *O pagador de promessas*.
Rio de Janeiro: Bertrand Brasil, 2012. p. 21-26.

1 Na cena, os personagens acabaram de chegar a uma igreja.

a) Qual é o maior questionamento deles quanto ao local?

b) Qual é a opinião de Rosa quanto à igreja e ao que devem fazer?

c) Qual é a opinião de Zé quanto à igreja e ao que devem fazer?

2 Explique a fala "se a gente embrulha o santo, perde o crédito".

3 De quem seria a voz da fala " – Ah, você é o Zé-do-Burro, aquele que já me passou a perna! E agora vem me fazer nova promessa. Pois vá fazer promessa pro diabo que o carregue, seu caloteiro duma figa!"?

4 No trecho "De outra vez o santo olha, consulta lá os seus assentamentos e diz [...]", como se classifica cada uma dessas orações coordenadas?

5 Sobre a conversa do casal, responda:

- Em que tom se dá a conversa? Calmo, irritado, agressivo, desconfiado? O que mais?

- Em que registro de linguagem eles falam? Exemplifique com passagens do texto.

6 Os recursos identificados na questão anterior causam que efeito nos diálogos?

7 Releia este trecho.

> ROSA
> Mas você já pagou a sua promessa, já trouxe uma cruz de madeira da roça até a Igreja de Santa Bárbara. Está aí a Igreja de Santa Bárbara, está aí a cruz. Pronto. Agora, vamos embora.
> ZÉ
> Mas aqui não é a igreja de Santa Bárbara. A igreja é da porta pra dentro.
> ROSA
> Oxente! Mas a porta está fechada e a culpa não é sua. Santa Bárbara deve saber disso, que diabo.

a) Por que Rosa está convencida de que eles devem ir embora e por que Zé hesita em partir?

b) Em relação ao trecho "Mas você já pagou sua promessa, já trouxe uma cruz de madeira da roça até a igreja de Santa Bárbara", responda:

- Quais são as orações? Que tipo de período elas formam? Justifique sua resposta.

- O período inicia-se com que tipo de conjunção? Por que isso ocorre?

c) Transcreva do diálogo uma expressão típica do Nordeste brasileiro.

d) Explique como a escolha vocabular localiza as personagens em certos tempo e espaço e como isso contribui para a contextualização do enredo, num texto narrativo.

UNIDADE 4

Prosa e poesia

Malena Valcárcel

Antever

1 O que você observa nessa imagem?

2 De que material foi composta a paisagem?

3 Em sua opinião, o que isso representa?

4. Essa obra foi criada pela artista espanhola Malena Valcárcel. Ela costuma utilizar livros antigos descartados, que não são mais usados, doados por amigos e pessoas que apreciam sua arte. Com eles, por meio de técnicas de recorte e colagem, cria cenas que remetem ao imaginário, inspiradas em temas da mitologia grega, fatos históricos e narrativas da literatura infantojuvenil. Você acha que essa obra representa um modo poético de compreender o mundo e a arte? Pense que a artista reaproveita material do mesmo modo que os poetas reaproveitam as palavras que usamos em nosso dia a dia.

Nesta unidade, você vai ler e analisar diferentes textos poéticos e, por meio deles, descobrir o potencial que as palavras têm de gerar ritmo, musicalidade e imagens – e de nos surpreender.

Mary Poppins, de Malena Valcárcel. Escultura com livros antigos.

Antes da leitura

atividade oral

Observe a imagem a seguir.

Fachada do Theatro Municipal do Rio Janeiro (RJ). As duas esculturas no alto foram criadas pelo artista mexicano, naturalizado brasileiro, José Maria Oscar Rodolfo Bernardelli (1852-1931).

1 Você conhece o lugar retratado na fotografia? O que sabe sobre ele?

2 Observe as colunas. Como você as descreveria? O que conferem à construção?

3 Observe a inscrição com o nome do prédio. O que chama sua atenção nela?

4 Observe a inscrição ao centro, acima do nome do local. Lembre-se de suas aulas de Matemática e troque ideias com os colegas: O que significa essa inscrição?

5 Observe as esculturas da parte superior da fachada. Essas esculturas são alegóricas, isto é, simbólicas. O que elas simbolizam? Que relação é estabelecida entre os objetos que elas seguram e a inscrição de cada uma?

6 Por que artes como a música e a poesia estão representadas na fachada do Theatro Municipal? Com base nessa representação, o que se pode deduzir sobre os espetáculos que acontecem nesse espaço?

7 De que maneira a poesia e a música se relacionam? O que essas artes têm em comum?

Uma música que seja...

... Como os mais belos harmônicos da natureza. Uma música que seja como o som do vento na **cordoalha** dos navios, aumentando gradativamente de tom até atingir aquele em que se cria uma reta ascendente para o infinito. Uma música que comece sem começo e termine sem fim. Uma música que seja como o som do vento numa enorme harpa plantada no deserto. Uma música que seja como a nota **lancinante** deixada no ar por um pássaro que morre. Uma música que seja como o som dos altos ramos das grandes árvores **vergastadas** pelos temporais. Uma música que seja como o ponto de reunião de muitas vozes em busca de uma harmonia nova. Uma música que seja como o voo de uma gaivota numa aurora de novos sons...

Vinicius de Moraes. *Para viver um grande amor*: crônicas e poemas. São Paulo: Companhia das Letras, 1991. p. 32.

Simone Matias

Glossário

Cordoalha: cordame, conjunto de cordas.
Lancinante: que causa muita aflição; que produz pontadas agudas.
Vergastada: golpe similar a uma chicotada.

Vinicius de Moraes

Vinicius de Moraes (1913-1980) nasceu no Rio de Janeiro (RJ). Foi poeta e compositor. Entre suas composições mais famosas está a canção "Garota de Ipanema", que ele criou com o parceiro, Antonio Carlos Jobim; ela se tornou um sucesso no Brasil e no exterior. Além de ser um dos mais famosos autores da música popular brasileira e um dos fundadores, nos anos 1950, da Bossa Nova, foi um importante poeta da segunda fase do Modernismo. Entre seus poemas mais importantes estão "Soneto de separação" e "Soneto de fidelidade".

 **Estudo do texto**

no caderno · recursos digitais

1 Você deve ter notado que o título "Uma música que seja..." repete-se ao longo do poema. A cada repetição, o eu lírico acrescenta um novo som ligado à natureza.

- Para você, como seria essa música?

2 Considere o período.

> Uma música que seja como os mais belos **harmônicos** da natureza.

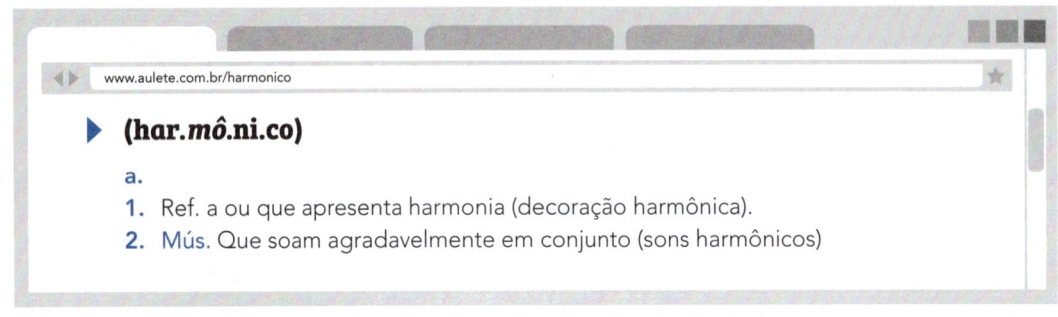

```
www.aulete.com.br/harmonico                                    ★

  ▶ (har.mô.ni.co)

     a.
     1. Ref. a ou que apresenta harmonia (decoração harmônica).
     2. Mús. Que soam agradavelmente em conjunto (sons harmônicos)
```

Harmônico. In: Aulete Digital. Disponível em: <www.aulete.com.br/harmonico>. Acesso em: out. 2018.

Ao considerarmos essa definição e o poema em prosa como um todo, qual parece ser a declaração máxima do desejo do eu lírico? Justifique sua resposta.

3 A palavra "música" deriva do conceito grego *mousikē* e significa "arte de organizar sensível e logicamente uma combinação coerente de sons e silêncio".

- De acordo com o poema, que sons da natureza a compõem?

4 Como você definiria um tom gradativo para o infinito?

5 Uma das marcas da poesia é a sonoridade. Que palavras do texto destacam esse aspecto?

6 Releia o texto em voz alta dando mais ênfase às repetições da oração "Uma música que seja" e da palavra "som".

7 Discuta com os colegas: Por que a repetição é comum nas músicas em geral?

8 Ao optar pela repetição de "Uma música que seja" e da palavra "som", o que o poeta está compondo por meio de seu poema?

9 No segundo período do poema, o eu lírico fala de "uma música que seja como o som do vento na cordoalha dos navios, aumentando gradativamente de tom até atingir aquele em que se cria uma reta ascendente para o infinito".

a) O que é gradação?

b) Como seria um aumento gradativo de tom até se atingir um tom "em que se cria uma reta ascendente para o infinito"? Explique como você entende esse trecho.

10 O eu lírico anseia por uma música...

> Como o ponto de união de muitas vozes em busca de uma harmonia nova.

Esse trecho pode ser entendido tanto no sentido literal quanto no sentido figurado. Explique-os.

Simone Matias

11 Leia o período.

> Uma música que comece sem começo e termine sem fim.

a) Como seria uma música que começa sem começo e termina sem fim?

b) Esse trecho lhe causa estranheza? Explique.

12 Que sensações ou emoções a música desperta em você?

13 Em sua opinião, a que as imagens escolhidas pelo poeta fazem referência?

14 Considere o último período do poema: "uma música que seja como o voo de uma gaivota numa aurora de novos sons".

a) Qual é a relação entre os termos **aurora** e **novo**?

b) Que sensação causa a imagem do voo de uma gaivota? Retoma algo citado anteriormente no poema?

15 Você já viu que um dos recursos usados pelo poeta para a construção da sonoridade do poema é a repetição de orações e de certas palavras. Mas há outro recurso que contribui para isso. Releia o trecho.

> Uma música que seja como o som dos altos ramos das grandes árvores vergastadas pelos temporais.

a) Que sons predominam nesse trecho? Que consoantes representam esses sons?

b) Indique a correspondência entre o conteúdo desse trecho e os sons produzidos pela repetição dessas consoantes.

Linguagem, texto e sentidos

1 O título do poema é "Uma música que seja...". Há nesse título ao menos dois elementos linguísticos que o tornam uma frase incompleta, mas que, ao mesmo tempo, oferecem indícios de que ela será completada. Indique-os.

2 Em que tempo e modo está empregado o verbo **ser**?

3 O emprego desse verbo nesse tempo e modo verbal produz um efeito de sentido para a construção do poema. Que efeito é esse?

4 Como o início do poema relaciona-se com o título?

5 O que marca a musicalidade desse poema em prosa?

6 Observe como são iniciados os complementos do título "Uma música que seja...":

- "**como** os mais belos harmônicos da natureza."

- "**como** o som do vento na cordoalha dos navios, aumentando gradativamente de tom até atingir aquele em que se cria uma reta ascendente para o infinito."

- "**como** o som do vento numa enorme harpa plantada no deserto."

- "**como** a nota lancinante deixada no ar por um pássaro que morre."

- "**como** o som dos altos ramos das grandes árvores vergastadas pelos temporais."

- "**como** o ponto de reunião de muitas vozes em busca de uma harmonia nova."

- "**como** o voo de uma gaivota numa aurora de novos sons..."

a) Que elemento linguístico é comum a todas as orações destacadas?

b) Embora a música desejada seja comparada a cenários e situações diferentes, em todos eles há um elemento comum. Identifique-o.

c) Para a construção de algumas comparações, o poeta emprega adjetivos que ajudam a criar a imagem desejada pelo eu lírico.

- Identifique esses adjetivos e os termos que eles caracterizam.

- Que adjetivo representa o fato de que a música ainda não existe, confirmando, assim, a consciência do poeta de que ela precisa trazer algo nunca antes ouvido?

- Que adjetivos representam o tamanho dos espaços a serem alcançados pela música imaginada pelo eu lírico?

- Que adjetivos destacam aspectos dos sons a serem produzidos?

- Com base na identificação e análise desses adjetivos, escreva uma síntese que expresse o desejo do poeta.

7 Releia estes trechos:

I. "Uma música que seja como os mais belos harmônicos da natureza."

II. "Uma música que seja harmoniosa."

Em qual dessas frases há uma comparação?

> **Comparação** ou **símile** é uma figura de linguagem que estabelece uma relação comparativa entre palavras ou expressões por meio dos termos "como", "assim como", "igual a", "tal como", "que nem" (em usos informais).

8 Em sua opinião, se palavras como **triste**, **bonita**, **harmoniosa** substituíssem as comparações do poema, haveria prejuízo para a construção do sentido geral do texto? Justifique sua resposta.

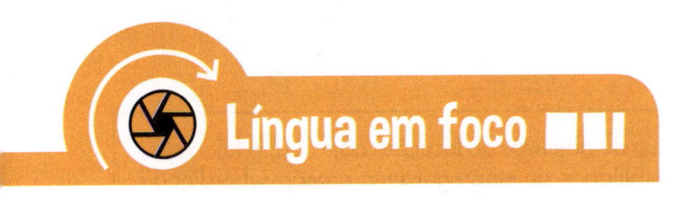

Língua em foco

no caderno

Oração subordinada adjetiva

1 Releia estas frases retiradas do poema de Vinicius de Morais.

Uma música **que seja como o som do vento na cordoalha dos navios** [...]
Uma música **que comece sem começo e termine sem fim**.
Uma música **que seja como o som do vento numa enorme harpa plantada no deserto**.
Uma música **que seja como a nota lancinante deixada no ar por um pássaro que morre**.
Uma música **que seja como o som dos altos ramos das grandes árvores vergastadas pelos temporais**.
Uma música **que seja como o ponto de reunião de muitas vozes em busca de uma harmonia nova**.
Uma música **que seja como o voo de uma gaivota numa aurora de novos sons**…

Qual é a função das orações destacadas em relação à palavra **música**?

2 Destaque o termo que estabelece a ligação entre a palavra **música** e suas características.

3 Reescreva os períodos a seguir substituindo toda a oração destacada por uma única palavra. O significado da palavra não precisa corresponder ao sentido da oração substituída.

Uma música **que comece sem começo e termine sem fim**.
Uma música **que seja como a nota lancinante deixada no ar por um pássaro que morre**.
Uma música **que seja como o ponto de reunião de muitas vozes em busca de uma harmonia nova**.

4 A que classe gramatical pertencem as palavras que substituíram as orações?

> Na língua portuguesa, existem diferentes formas de especificar, caracterizar ou qualificar um termo antecedente. Uma delas é por meio do emprego de um adjetivo ou de uma locução adjetiva logo após o termo a ser especificado ou caracterizado.
> Veja:
> Eu desejo uma música **triste**.
> Eu gosto mesmo é de *rap*, música **de periferia**, música **de quebrada**.
> Nessas frases, o adjetivo "triste" e as locuções adjetivas "de periferia" e "de quebrada" são classificados sintaticamente como adjuntos adnominais.

5 Agora compare.

I. Eu desejo uma música **triste**.

II. "Eu desejo uma música **que seja como a nota lancinante deixada no ar por um pássaro que morre**."

a) Em qual das duas frases a palavra "música" foi caracterizada por um adjetivo?

b) Na outra frase, é um adjetivo ou uma oração que caracteriza a palavra "música"?

c) Nas frases I e II, respectivamente, o adjetivo e a oração subordinada têm a mesma função. Elabore duas frases com construção parecida:

- uma com adjetivo;
- outra com oração subordinada adjetiva.

Além de atribuir características a um termo antecedente por meio de adjetivos ou locuções adjetivas, o falante ou produtor de textos escritos em língua portuguesa dispõe da possibilidade de empregar uma oração subordinada adjetiva. Veja o exemplo:

Eu desejo uma música **que seja triste**.

As orações subordinadas adjetivas:

- especificam ou caracterizam um termo substantivo da oração antecedente, a qual é chamada de oração principal;
- ligam-se a esse termo por meio de um pronome relativo. Veja alguns exemplos:

A candidata **da qual falei ontem** já está na sala de espera para a entrevista.

O bairro **onde você morou na infância** está totalmente mudado.

Os funcionários **cujos filhos têm menos de três anos** podem pedir auxílio-creche.

- são orações porque giram em torno de um verbo;
- são subordinadas porque mantêm uma relação de dependência com um dos termos da oração principal;
- são adjetivas porque cumprem, como oração, função de adjetivo do termo antecedente.

6 Verifique esta outra diferença:

Eu desejo uma música **que seja triste.**

Eu desejo uma música **que seja como a nota lancinante deixada no ar por um pássaro que morre**.

Agora ambas foram introduzidas pelo "que" e trazem uma forma verbal (**seja**). Mesmo assim, continuam sendo diferentes sintaticamente. Destaque essa diferença.

7 Compare.

I. Eu desejo uma música **triste**.

II. Eu desejo uma música **que seja triste**.

III. "Eu desejo uma música **que seja como a nota lancinante deixada no ar por um pássaro que morre**."

Qual das três construções, em sua opinião, é mais expressiva e mais poética? Justifique sua resposta.

8 Leia esta quadra de Mário Quintana para responder às questões.

Das ideias

Qualquer ideia que te agrade,
Por isso mesmo... é tua.
O autor nada mais fez que vestir a verdade
Que dentro em ti se achava inteiramente nua...

Mário Quintana. *Antologia poética*. Porto Alegre: L&PM, 1997. p. 38.

Cibele Queiroz

a) A que tipo de ideia o poeta se refere?

b) Nesse caso, qual é a função da oração "que te agrade"?

c) Qual é a classificação dessa oração?

d) A que tipo de verdade o poeta se refere?

e) Destaque a oração subordinada adjetiva que comprove sua resposta.

f) A verdade a que o poeta se refere, em sua opinião, é a verdade absoluta, como única representação da realidade, ou a verdade contida na pessoa com quem o poeta fala?

g) Se entre a palavra "verdade" e sua oração subordinada adjetiva fosse acrescentada uma vírgula, o sentido da palavra "verdade" mudaria?

> O autor nada mais fez que vestir a verdade**,**
> Que dentro em ti se achava inteiramente nua…

As orações subordinadas adjetivas podem ser classificadas em restritivas e explicativas. Veja a diferença:

> O autor nada mais fez que vestir a verdade
> **Que dentro em ti se achava inteiramente nua…**

A oração destacada é uma oração subordinada adjetiva restritiva. Para ser restritiva, não pode ser isolada por vírgulas da oração à qual está subordinada – esse fato terá implicações no sentido da palavra **verdade**. Como o próprio nome diz, a oração subordinada "que dentro em ti se achava inteiramente nua" restringe o sentido da palavra **verdade**. Isso significa que, no poema, o poeta refere-se à verdade pessoal, à verdade interior.

Agora observe:

> O autor nada mais fez que vestir a verdade**,**
> **Que dentro em ti se achava inteiramente nua…**

A oração destacada é subordinada adjetiva explicativa. Para ser explicativa, ela deve ser separada por vírgula da oração à qual está subordinada – isso terá implicações no sentido da palavra **verdade**. Nesse caso, o poeta se referiria a uma verdade única e esta estaria dentro da pessoa com quem fala o poeta.

As orações subordinadas restritivas indicarão sempre o que é específico do antecedente; as orações subordinadas explicativas indicarão uma informação adicional, sem valor de especificação.

---

9 Leia o poema a seguir.

Um gato preto no peito

> Emparedei um grito
>   que não cala.
> Calafetei as frestas,
>   mas não para.

Paulo Seben. *Poesia do dia*: poetas de hoje para leitores de agora. São Paulo: Ática, 2008.

Cibele Queiroz

a) Explique a sensação vivida pelo eu lírico. Se julgar necessário, consulte um dicionário para esclarecer algum termo que desconheça e possa auxiliá-lo em sua interpretação.

b) Qual é a função, no texto, da expressão "que não cala"?

c) Entre o termo "grito" e a oração "que não cala" há o emprego de vírgula?

d) Releia o boxe que explica as orações subordinadas adjetivas e indique a classificação da oração "que não cala".

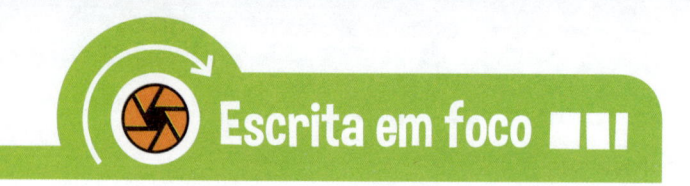

Escrita em foco ■■■

no caderno

Pontuação

1 Que pontuação predomina no poema "Uma música que seja..."? Qual é a função dela?

2 "Uma música que seja..." é um poema registrado em prosa. Em sua opinião, a pontuação adotada favorece a compreensão do ritmo do poema?

3 Que outros sinais de pontuação também marcam pausas entre as frases ou períodos? Em que eles se diferenciam do que foi identificado por você nas questões anteriores?

> O ponto final é um sinal de pontuação que marca a finalização de um período ou de uma frase. Durante a leitura, o ponto final obriga o leitor a uma pausa antes de iniciar a leitura do próximo período.

4 Por que o poema começa com reticências?

5 Compare estes trechos.

I. "Uma música que seja..."

II. "... Como os mais belos harmônicos da natureza."

III. "Uma música que seja como o voo de uma gaivota numa aurora de novos sons..."

a) As reticências foram empregadas com a mesma função nos três casos?

b) Explique o emprego de cada uma delas.

6 Compare o emprego das reticências nos dois trechos a seguir, o título e a última frase do poema. Há diferenças de sentido entre eles?

I. "Um música que seja..." [*título do poema*]

II. "Uma música que seja como o voo de uma gaivota numa aurora de novos sons..."

> As reticências marcam uma interrupção na sequência de uma frase. Podem ser usadas para diversas finalidades e, em geral, atribuem expressividade aos trechos em que são empregadas.
>
> Assim, as reticências podem delimitar a necessidade de completar uma frase, uma ideia, um raciocínio, como no título do poema, "Uma música que seja...", ou indicar que a informação nova é continuidade de uma frase ou ideia anterior: "... como os mais belos harmônicos da natureza."

Como surgiram os sinais de pontuação

A maioria dos sinais que conhecemos apareceram na Europa entre os séculos XIV e XVII. "Eles nasceram para facilitar a leitura e a compreensão dos textos", afirma o linguista Osvaldo Humberto Leonardi Ceschin, da USP. [...] O grande ancestral da pontuação, porém, apareceu bem antes disso. O ponto já era usado no antigo Egito em textos poéticos e no ensino de crianças na escrita hierática – espécie de letra de fôrma que simplificava os complexos hieróglifos. À medida que os jovens ficavam mais fluentes na leitura, os pontos eram retirados.

Os usos e funções dos sinais de pontuação também variaram muito ao longo dos séculos. "O ponto, por exemplo, nem sempre marcou a conclusão de uma 'ideia completa'. Na Idade Média, ele era inserido antes do nome do herói ou de um personagem importante da narrativa, por questões de respeito ou só para que seu nome fosse enfatizado", diz a linguista Ana Cristina de Aguiar, que desenvolve doutorado sobre essa questão na Universidade Estadual de Campinas (Unicamp).

Superinteressante. Abril Comunicações S.A. Disponível em: <https://super.abril.com.br/mundo-estranho/como-surgiram-os-sinais-de-pontuacao>. Acesso em: 2 set. 2018.

Antes da leitura ■■▮

Observe a imagem a seguir.

Yves Klein. *Blue Monochrome* (c.1961). Serigrafia.

1 Descreva o que você observa na imagem.

2 Em sua opinião, qual é o tema dessa obra de arte?

3 Leia o texto do boxe a seguir, depois responda às questões.

a) Na arte, qual foi a grande obsessão de Yves Klein?

b) De acordo com sua resposta ao item anterior, qual é a relação com o tema da obra de arte apresentada?

4 Considerando o raciocínio de Yves Klein, levante hipóteses sobre quais podem ser as grandes buscas, as grandes obsessões de um poeta.

5 Leia o texto a seguir e verifique em que medida ele se relaciona com a pintura de Yves Klein e sua obsessão.

Yves Klein

Yves Klein (1928-1962) foi um artista francês que integrou um grupo de arte realista no Pós--Guerra na Europa. Ficou bastante conhecido no meio artístico principalmente por causa das aberturas espetaculares de suas exposições. Apesar dessa tendência para o espetacular, o que mais o envolveu na arte foi sua preocupação com a cor. Em 1956, usou um ligante polimérico para preservar a luminescência e a textura de um pigmento azul ultramarino. Essa fórmula foi patenteada em 1960 como International Klein Blue.

Texto ▪▪▪

A palavra

Já não quero dicionários
consultados em vão.
Quero só a palavra
que nunca estará neles
nem se pode inventar.
Que resumiria o mundo
e o substituiria.
Mais sol do que o sol,
dentro da qual vivêssemos
todos em comunhão,
mudos,
saboreando-a.

Carlos Drummond de Andrade. *A paixão medida.*
São Paulo: Companhia das Letras, 2014. p. 47

Simone Matias

Estudo do texto ▪▪▪ no caderno

1. O eu lírico inicia o poema dizendo que já não quer "dicionários consultados em vão". O que significa "em vão" nesse contexto?

2. Por que seria "em vão" essa consulta?

3. Na segunda estrofe, o eu lírico afirma que quer uma palavra capaz de resumir o mundo e até de substituí-lo. Que palavra seria tão abrangente a ponto de abarcar todo o mundo e de resumi-lo? Será que essa palavra existe? Dê sua opinião.

4. Na segunda estrofe, o poeta faz referência ao Sol ao afirmar que essa palavra seria "mais sol do que o sol". Considerando que o Sol é a estrela central do Sistema Solar, ao redor da qual todos os outros corpos giram, que dimensão essa imagem traz ao poema?

5. Com relação ao tem a, em sua opinião, o que há em comum entre o poema "A palavra", de Carlos Drummond de Andrade, e a pintura *Blue Monochrome*, de Yves Klein?

6. Você sabe o que é metalinguagem? Se não sabe, pesquise o significado dessa palavra em uma gramática, em um dicionário ou em um *site* confiável na internet. Como a metalinguagem aparece na pintura de Yves Klein e no poema de Carlos Drummond de Andrade?

1 Leia os quadrinhos de Anna Bolenna, publicados em uma rede social, e responda às questões a seguir.

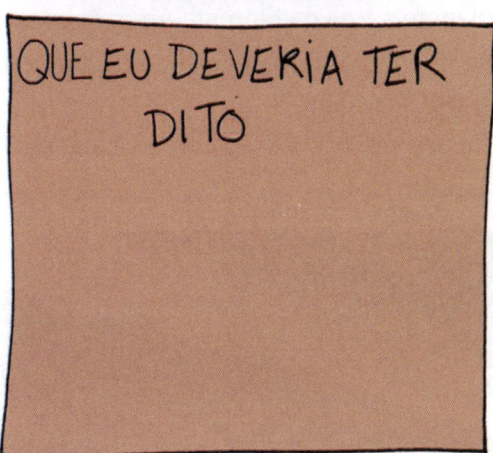

Anna Bolenna.

a) Nos "quadrinhos poéticos", o eu lírico fala em "engolir" as palavras. Qual é o sentido dessa expressão no texto?

b) Como as palavras que o eu lírico foi "engolindo" foram representadas?

c) De acordo com o quadrinho, as palavras engolidas pelo eu lírico deveriam ter sido ditas "no momento certo". O que isso significa?

d) Qual foi a consequência de ter "engolido" as palavras?

e) Como o desenho do último quadrinho ilustra o efeito causado no eu lírico por ter engolido palavras?

f) Você costuma "engolir" palavras em suas conversas com outras pessoas? Quando? Por quê? O que isso causa em você?

g) A poesia agora está nas redes sociais e todo dia milhares de pessoas compartilham "pílulas" poéticas em seu perfil. Você é uma delas?

h) Você conhece ou acompanha algum perfil de poesia em rede social? Compartilhe com os colegas sua experiência.

2 Leia agora um poema criado em situação de sala de aula.

- Durante um curso de formação de professores indígenas, promovido pela Comissão Pró-Índio do Acre nos anos 1990, o professor indígena Jaime Llullu Manchineri escreveu um poema em que relatava de modo lírico sua experiência de sobrevoar de avião seu estado, o Acre.

O Acre no universo

Viajando como satélite, no mais alto do alto,
Vejo o Acre com uma cor atraente: verde, amarelo.
Todos os astros luminosos iluminam o Acre.
Da lua vejo todos os rios que no Acre tem.
Aparecem brilhantes como se fossem fogo com chamas.
A floresta do Acre parece ter cabelos compridos, lisos,
Bem bonitos e penteados pela natureza acreana.
Todas as estrelas que existem no universo são fêmeas.
E todas elas olham o Acre.

Jaime Llullu Manchineri. O Acre no Universo. In: Claudia Matos. *Escritas indígenas*: uma experiência poético-pedagógica. Disponível em: <www.uel.br/revistas/uel/index.php/boitata/article/download/31192/21906>. Acesso em: 9 out. 2018.

a) Compare os versos do poema com esta imagem aérea da Floresta Amazônica.

- Verifique se os versos retratam o que se vê na fotografia e estabeleça diferenças entre as duas linguagens, a verbal e a visual, da fotografia.

b) Ao falar dos rios, o eu lírico diz que eles "aparecem brilhantes como se fossem fogo com chamas".

Vista aérea do Rio Acre, que cruza o estado do Acre, em fotografia de 2000.

- Que figura de linguagem está sendo usada? Justifique sua resposta.
- As qualidades atribuídas aos rios podem ser associadas a que outra passagem do poema? Explique sua resposta.

c) No verso a seguir, identifique uma expressão que indique exagero e justifique seu uso no poema.

Viajando como satélite, no mais alto do alto

d) Releia o verso a seguir.

Todos os astros luminosos iluminam o Acre.

- Qual ideia é reforçada nesse verso?
- Qual é o recurso utilizado para isso?

e) No texto de Anna Bolenna há ilustrações que permitem ao leitor visualizar a expressão poética que os versos buscam transmitir. No poema de Jaime Llullu Manchineri não há ilustrações. É possível imaginar que desenhos ou imagens surgiriam caso o poema do autor acreano fosse ilustrado como o de Anna Bolenna? Quais imagens você acredita que se destacariam?

f) Em sua opinião, conhecer o contexto de produção do poema ajuda a compreender os sentidos dele?

3 Cada poema que você leu neste capítulo fala de uma experiência do eu lírico transformada em palavra poética.

a) Identifique as diferentes experiências que deram origem aos poemas de Carlos Drummond de Andrade, Anna Bolenna e Jaime Llullu Manchineri.

b) A que público se destinam os poemas?

c) Que experiências podem dar origem a um poema?

d) Qual experiência você gostaria de transformar em um poema?

Poesia e diferenças

Os professores indígenas que frequentavam os cursos de formação oferecidos pela Comissão Pró-Índio do Acre costumavam ser transportados de avião de suas aldeias para fazer os cursos em Rio Branco, capital do estado. A experiência nesses voos foi transformada em poesia pelo professor Jaime Llullu Manchineri, no poema "O Acre no universo".

Ao assumir a voz de um eu lírico que transforma a paisagem vista do alto em versos de amor à natureza, aos rios e às florestas, emprestando-lhes características de brilho, beleza e acolhimento, o poeta expressa o ponto de vista das nações indígenas, sua cultura e seus valores.

Com pouco acesso à experiência letrada, aos livros e à escolarização, os indígenas brasileiros criaram uma cultura milenar e grandiosa, que se manifesta na música, na dança, no artesanato e na arte de preservar suas memórias em lendas e histórias contadas de geração em geração.

O poema de Jaime Llullu Manchineri, escrito em língua portuguesa, junta-se, nesta unidade, aos poemas de Vinicius de Moraes, Carlos Drummond de Andrade e Anna Bolenna para mostrar a diversidade de experiências de vida no Brasil e as inúmeras possibilidades de manifestá-las de modo artístico e poético.

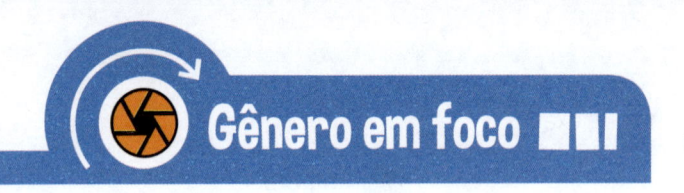

Poema

1 Os poemas que você leu até aqui apresentam diferentes temas e organização. O poema de Vinicius de Moraes traz seu desejo por uma música que fosse como vários elementos da natureza. Já o poema de Carlos Drummond de Andrade, o desejo de encontrar a palavra capaz de abarcar o mundo todo.

- O que esses poemas têm em comum, apesar de tão diferentes no conteúdo?

2 Que semelhanças e diferenças você identifica no plano de expressão, ou seja, nos recursos de linguagem dos dois poemas?

> **Prosa:** há um encadeamento narrativo no qual as frases se sucedem obedecendo a uma ordem conceitual ou narrativa, entremeada de personagens vinculadas a um tempo e um espaço.
>
> **Poesia:** as combinações de palavras criam imagens de impacto poético e um ritmo próprio, com pausas e acentos. Pode haver poesia em texto em prosa.
>
> **Poemas em prosa:** são pequenas peças líricas em que o eu lírico manifesta sua subjetividade por meio de recursos poéticos.
>
> **Poemas em verso:** são poemas escritos em versos, rimados ou não, que criam um ritmo e expressam a subjetividade de um eu lírico.

3 A respeito do poema de Vinicius de Moraes, responda às questões a seguir.

a) Como o poeta expressa o desejo do eu lírico?

b) Trata-se de um poema em prosa? Explique.

4 O poema de Carlos Drummond de Andrade foi escrito em versos.

a) Isso garante a presença de elementos poéticos?

b) Justifique a resposta do item anterior considerando as informações lidas nos boxes desta seção.

5 O poema de Anna Bolenna recorre ao uso da linguagem figurada? Explique.

6 Releia os textos de Vinicius de Moraes, Carlos Drummond de Andrade e Anna Bolenna para responder às questões a seguir.

a) No poema de Vinicius de Moraes, o que as comparações que o eu lírico estabelece buscam alcançar?

b) No poema de Carlos Drummond de Andrade, o que o eu lírico deseja?

c) No texto de Anna Bolenna, o que acontece com o eu lírico?

d) Carlos Drummond de Andrade e Vinicius de Moraes criam suas comparações, descrevendo o que buscam. Como Anna Bolenna demonstra o sentimento do eu lírico em seu texto?

e) Qual desses textos está mais diretamente ligado à realidade, em sua opinião?

7 No poema de Jaime Llullu Manchineri, uma experiência pessoal transformou-se em um poema. O que foi preciso para fazer essa transformação?

8 De todos os textos que você leu até aqui, de qual gostou mais? Por quê?

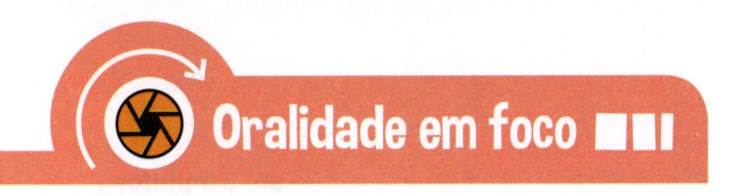 
Podcast

Depois de ler diferentes textos poéticos, agora você vai, com alguns colegas, produzir um *podcast* sobre literatura.

Para começar, converse com os colegas sobre as questões a seguir.

1. Você já ouviu falar de *podcast*?
2. Já acompanhou ou acompanha algum?
3. Depois de ouvir um *podcast*, já sentiu vontade de produzir um?
4. Se já produziu, conte como foi essa experiência.
5. Que temas mais chamam sua atenção nesse tipo de publicação?
6. Quais você considera mais comuns?

A proposta desta seção é que você faça um *podcast* para apresentar uma breve biografia de um(a) poeta da literatura em língua portuguesa e alguns de seus poemas.

Preparação

7. Reúna-se com três colegas.
8. Converse com eles para definir de que poeta tratarão.
   - Vejam algumas sugestões a seguir (vocês podem escolher um deles ou sugerir outros ao professor):
     - Carlos Drummond de Andrade
     - Cora Coralina
     - Cecília Meireles
     - Vinicius de Moraes
     - Manuel Bandeira
     - Manoel de Barros
     - Mário Quintana
     - Adélia Prado
     - Castro Alves
     - Sylvia Orthof
     - Fernando Pessoa
     - Paulo Leminski
     - Marina Colasanti
     - Sérgio Vaz
     - Chacal
     - Henriqueta Lisboa
9. Em seguida, pesquisem em livros e/ou na internet informações que julgarem importantes e interessantes sobre o(a) poeta escolhido(a) para redigir uma breve biografia.
10. Pesquisem também poemas de autoria desse(a) poeta, selecionem alguns deles e os copiem para lê-los em voz alta.
11. Escolham três poemas. Como critério de escolha, vocês podem considerar:
    - conteúdo;
    - sonoridade;
    - forma.

Realização

12. Organizem o conteúdo de seu *podcast* observando sua duração, que deverá ser de **até 3 minutos**. Para isso, sugerimos que redijam um texto seguindo este roteiro:
- nome do autor e informações mais importantes sobre ele e sua obra;
- alguma curiosidade relevante sobre ele;
- títulos dos poemas escolhidos.

13. Antes de redigir o texto, discutam e definam os tópicos a seguir.
- Quem é o público-alvo:
  - Os colegas de turma?
  - Os alunos do Ensino Médio?
  - Toda a comunidade escolar?

  Lembrem-se de que, dependendo do público, a linguagem, a seleção lexical, as estratégias de apresentação do texto e de entonação da leitura vão variar.
- O que vocês pretendem:
  - Apenas informar de modo direto e objetivo?
  - Além de informar, gerar sensação de entretenimento e, para isso, usar recursos de humor?
  - Emocionar os interlocutores?

14. Definam quem lerá a biografia e quem lerá os poemas. Observem que a biografia deve ser lida de forma clara e objetiva e que a leitura dos poemas pode ser realizada com emoção e com a utilização de outros recursos sonoros que a enriqueçam.

15. Ensaiem as leituras e verifiquem se a entonação dos textos está adequada.
- Façam testes cronometrando o tempo de cada leitura; se preciso, cortem algumas informações ou apresentem apenas dois dos poemas escolhidos.

16. Agora é gravar! Escolham um espaço silencioso para minimizar os ruídos externos.

17. Finalizada a gravação, é hora de compartilhar sua produção com o público-alvo escolhido!

Autoavaliação

18. Após a gravação, reúna-se com seu grupo e, juntos, respondam no caderno às questões a seguir:
- O *podcast* cumpre o objetivo de apresentar a biografia e parte da obra de um autor?
- O texto é claro e organizado?
- O registro de linguagem adotado no texto é condizente com o público a que se destina?
- A leitura do texto é fluida? Está claro que os leitores se prepararam para a atividade?
- A entonação dada à leitura de cada poema está adequada a seu conteúdo?

Fernando Favoretto/Criar Imagem

Paródia

Você provavelmente já teve contato com algum tipo de paródia. Trata-se de um texto que, tomando outro como base, subverte seu sentido original, dando-lhe um tom humorístico ou acrescentando uma crítica a algo ou alguém.

Nesta seção, propomos que você escreva um texto com base em um poema trabalhando características desse poema em outro contexto, ou seja, você produzirá uma **paródia** para ser divulgada no mural ou no *blog* da escola ou da turma.

Exemplos de paródia

Antes de começar seu trabalho, compare um texto-base, um poema de Carlos Drummond de Andrade, com dois exemplos de paródia desse poema em quadrinhos.

No meio do caminho

No meio do caminho tinha uma pedra
tinha uma pedra no meio do caminho
tinha uma pedra
no meio do caminho tinha uma pedra.

Nunca me esquecerei desse acontecimento
na vida de minhas retinas tão fatigadas.
Nunca me esquecerei que no meio do caminho
tinha uma pedra
tinha uma pedra no meio do caminho
no meio do caminho tinha uma pedra.

Carlos Drummond de Andrade. *Antologia poética*. Rio de Janeiro: Record, 2002. p. 267.

Cibele Queiroz

Exemplo 1

Jim Davis. *Garfield, um charme de gato – 7*. Porto Alegre: L&PM, 1995.

Caulos. *Vida de passarinho*. Porto Alegre: L&PM, 1995. p. 45.

1. No exemplo 1, além de a palavra "pedra" ter sido substituída por **cortina**, o texto tem sentido diferente do texto-base? Explique.

2. Apesar de o exemplo 2 e o texto-base tratarem do mesmo acontecimento (uma pedra no caminho), eles não têm o mesmo sentido. Explique por quê.

Agora é sua vez de criar uma paródia para o poema de Drummond! Para isso, atente-se às etapas a seguir.

Preparação

1. Observe o título do poema: "No meio do caminho". O que poderia haver no meio do caminho?

2. Anote no caderno tudo o que lhe vier à mente, dando toda liberdade a sua imaginação.

3. Junte-se com um colega e conversem sobre as possibilidades que levantaram.

Realização

4. Juntos, componham um poema-paródia. Para isso, tomem inicialmente o primeiro verso, transcrito a seguir, e completem a lacuna com algumas das possibilidades que levantaram:

> Tinha... no meio do caminho

5. Escolham uma das possibilidades e construam o restante do poema fazendo as demais substituições de "uma pedra". Avaliem se serão necessárias outras alterações nos versos além dessas substituições.

6. Transcrevam seu poema-paródia para uma folha avulsa.

Revisão

7. Releia o texto pronto. Avalie se você:
- escreveu corretamente as palavras;
- pontuou o texto de modo a tornar os sentidos dele mais claros para o leitor, direcionando a leitura;
- deixou claro que o texto dialoga com o poema "Tinha uma pedra no meio do caminho", de Drummond;
- conseguiu expressar uma crítica ou produzir humor.

8. Corrija e reescreva o que for necessário.

Finalização e divulgação

9. Finalize o texto à mão ou com um programa de edição de textos.

10. Se achar interessante, ilustre o texto.

11. Com a turma, organize um mural com todas as produções e compartilhem suas opiniões sobre elas.

Autoavaliação

12. Avalie sua produção considerando as seguintes questões:
- É possível perceber que seu texto remete ao poema de Carlos Drummond de Andrade?
- Há em seu texto tom de humor ou uma crítica?
- Caso haja crítica, qual é ela?
- Seu texto está dividido em versos e estrofes?
- A linguagem foi utilizada de modo a produzir efeitos de sentido variados e permitir uma leitura mais rica do texto?

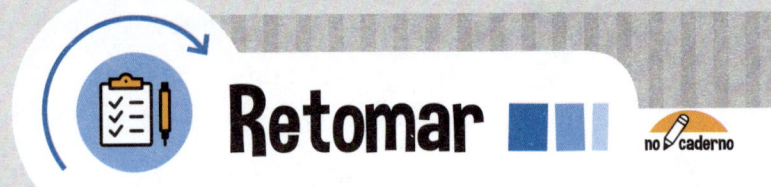

Retomar

no caderno

Leia um poema de Mário Quintana e responda às questões a seguir.

Oh! Aquele menininho que dizia
"Fessora, eu posso ir lá fora?"
Mas apenas ficava um momento
bebendo o vento azul...
Agora não preciso pedir licença a ninguém.
Mesmo porque não existe paisagem lá fora:
somente cimento.
O vento não mais me fareja a face como um cão amigo...
Mas o azul irreversível persiste em meus olhos.

Mário Quintana. In: Eucanaã Ferraz (Org.).
A lua no cinema e outros poemas. São Paulo:
Companhia das Letras, 2011. p. 39.

Simone Matias

1 Identifique os dois momentos da vida do eu lírico destacados no poema.

2 Releia estes versos.

Oh! Aquele menininho que dizia
"Fessora, eu posso ir lá fora?"

a) Destaque a oração subordinada adjetiva restritiva.

b) Que característica do eu lírico essa oração colabora para revelar?

c) Os dois versos seguintes acrescentam outra característica ao eu lírico. Qual?

3 Ao ler o verso "Agora não preciso pedir licença a ninguém", pode-se deduzir que essa solicitação não é mais necessária porque o eu lírico já é um adulto. Os versos seguintes, no entanto, trazem outra explicação. Que explicação é essa? Comente-a.

4 Compare o emprego das reticências nestes dois conjuntos de versos:

I

Mas apenas ficava um momento
bebendo o vento azul...
Agora não preciso pedir licença a ninguém.

II

O vento não mais me fareja a face como um cão amigo...
Mas o azul irreversível persiste em meus olhos.

Elas foram empregadas com a mesma função? Justifique sua resposta.

5 Que elemento do vento ainda persiste no eu lírico? Destaque o verso do poema que comprove sua resposta e explique-o.

Leia o poema de Fernando Pessoa e responda às questões.

Gato que brincas na rua

Gato que brincas na rua
como se fosse na cama
invejo a sorte que é tua
porque nem sorte se chama.

Bom servo das leis fatais
que regem pedras e gentes,
que tens instintos gerais
e sentes só o que sentes.

És feliz porque és assim,
todo o nada que és teu.
Eu vejo-me e estou sem mim,
conheço-me e não sou eu.

Fernando Pessoa. In: Eucanaã Ferraz (Org.).
A lua no cinema e outros poemas.
São Paulo: Companhia das Letras, 2011. p. 85.

Simone Matias

6 Que sensação uma primeira leitura desse poema provoca em você: alegria, melancolia, inquietação, serenidade? Justifique sua resposta.

7 Como você imagina a cena observada pelo eu lírico? Copie o verso que justifica sua resposta.

8 Releia a primeira estrofe e responda às questões a seguir.

a) Segundo o eu lírico, qual é a sorte do gato? Que sentimento o eu lírico confessa diante disso?

b) O que significa saber o nome das coisas?

c) O que você acha que significa dizer que a sorte do gato não tem nome?

9 Releia a segunda estrofe e responda às questões a seguir.

a) Discuta com um colega: O que são leis fatais?

b) A que se refere a oração adjetiva "que tens instintos gerais e sentes só o que sentes"?

c) O que essa oração esclarece sobre o elemento a que se refere?

10 Releia a última estrofe do poema e, ao lado, as acepções para o termo "nada", retiradas de um dicionário.

a) Em sua opinião, a palavra "nada" empregada no poema corresponde a um desses sentidos? Ou corresponde a algo mencionado em outros versos? Justifique sua resposta.

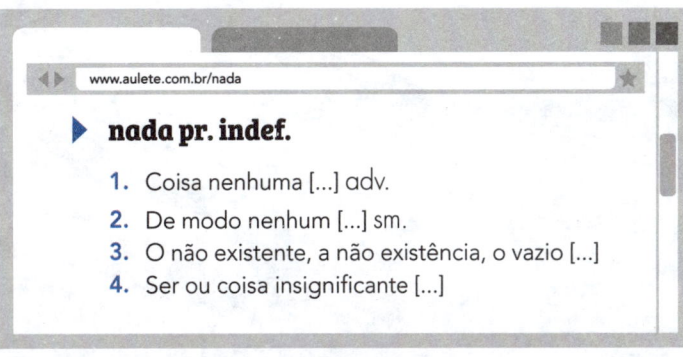

www.aulete.com.br/nada

▶ **nada pr. indef.**

1. Coisa nenhuma [...] adv.
2. De modo nenhum [...] sm.
3. O não existente, a não existência, o vazio [...]
4. Ser ou coisa insignificante [...]

Aulete Digital. Nada. Disponível em: <www.aulete.com.br/nada>.
Acesso em: out. 2018.

b) Podemos afirmar que o eu lírico é feliz como o gato? Justifique.

Meio ambiente e ação social

Hemanshi Kamani/Hindustan Times/Getty Images

Antever

1 Observe a fotografia, leia a legenda e explique o que a imagem mostra. Comente quais seriam, em sua opinião, as consequências da ação realizada.

2 Para realizar a tarefa de limpeza dos mares, as equipes recebem treinamento, fazem cursos, organizam-se na divisão de tarefas, convocam voluntários e divulgam seu trabalho. Pensando nisso, avalie a importância da linguagem em ações de impacto social e ambiental.

3 Você conhece algum projeto desse tipo? Pesquise sobre ele e relate aos colegas as informações que conseguiu.

4 Se você fosse participar de um projeto ambiental, em que tipo de ação gostaria de se engajar? Por quê?

5 Que problema ambiental em sua cidade ou região você considera mais urgente resolver? Por quê?

Nesta unidade, você lerá uma fotorreportagem e uma reportagem sobre assuntos ligados a problemas ambientais.

Leia os textos e aproveite para formar uma opinião a respeito do que se pode fazer para melhorar a vida na Terra.

Voluntários recolhem lixo na praia Dadar, em Mumbai, na Índia, 2018.

CAPÍTULO 1

Antes da leitura

atividade oral

1 Você conhece ou já ouviu as palavras **telerreportagem**, **radiorreportagem** e **fotorreportagem**?

2 Observe a composição das palavras destacadas na atividade 1. O que se repete em todas elas? Quais elementos são diferentes?

3 Observe as imagens a seguir:

Antonio_Diaz/iStockphoto.com

Cultura Exclusive/Getty Images

Dave and Les Jacobs/Blend Images/Getty Images

a) Relacione as palavras da atividade 1 com as imagens.

b) Com base nas imagens e nos elementos que compõem o nome da função que exercem, onde os jornalistas de **telerreportagem** e de **radiorreportagem** trabalham? O que eles fazem?

c) E o profissional da **fotorreportagem**, o que ele está fazendo? Para que ele está fazendo isso?

4 Com base em sua experiência de leitor, você sabe o que é uma reportagem? Troque ideias com os colegas e diga qual é o objetivo de uma reportagem.

5 E a fotorreportagem, o que é? Qual é a importância da fotografia nesse gênero textual?

Você lerá a seguir uma fotorreportagem sobre o aquecimento global e suas consequências para algumas espécies da fauna e da flora do planeta. Que imagens você acha que comporão esse texto? Formule algumas hipóteses e discuta-as com seus colegas.

https://oglobo.globo.com/sociedade/veja-efeito-do-aquecimento-global-em-algumas-especies-22485587

Veja o efeito do aquecimento global em algumas espécies

David Steele/Shutterstock.com

1/9. Elefantes africanos precisam beber de 150 a 300 litros de água por dia. Temperaturas mais quentes e menos chuvas, bem como o aumento projetado dos períodos de seca severa, terão um efeito direto no tamanho das populações. À medida que a água e a comida tornam-se escassos, eles podem competir por estes recursos com seres humanos e outras manadas.

2/9. O atual *habitat* do panda-gigante se tornará mais quente e seco à medida que as temperaturas globais aumentam. O bambu, planta de que depende exclusivamente para a sua dieta, deve tornar-se mais escasso. Sem nutrição suficiente, o animal pode atrasar ou interromper o desenvolvimento de embriões.

Hung Chung Chih/Shutterstock.com

Owen Humphreys/PA Images/Getty Images

3/9. O Mar Mediterrâneo é importante para três espécies de tartarugas marinhas: a tartaruga-de-couro, a verde e a cabeçuda. Elas estão seriamente ameaçadas pelas mudanças climáticas, que afetam seus locais de alimentação e reprodução. O aumento do nível do mar também pode alterar ou destruir os locais dos ninhos.

LPETTET/iStockphoto.com

4/9. O cão selvagem africano, uma espécie muito sensível ao calor, geralmente caça nos períodos mais frescos do dia. Assim, o aquecimento global reduzirá o período em que procura alimentos, diminuindo a sobrevida dos filhotes.

5/9. O wallaby é um marsupial australiano que se alimenta de plantas que devem desaparecer à medida que as temperaturas aumentam. Como o interior do país se torna cada vez mais árido, o animal terá seu *habitat* reduzido às zonas costeiras.

Manuel ROMARIS/Getty Images

Peter-verreussel/iStockphoto.com

6/9. Os lêmures são encontrados apenas em Madagascar. Um estudo de 2015 demonstrou que 60% das 57 espécies conhecidas teriam uma distribuição reduzida substancialmente (média de 56,9%) devido ao aquecimento projetado entre 2 °C e 4 °C.

7/9. Ambientalistas estudam como desenvolver uma rede ao redor do Ártico de áreas marinhas para apoio à biodiversidade. O **WWF** também investiga como o *habitat* do gelo marinho dos ursos-polares mudará nos próximos anos.

FloridaStock/Shutterstock.com

Ricardo Azoury/Pulsar Imagens

8/9. A Amazônia abriga até 80 mil espécies de plantas, como as orquídeas ao lado. Muitas existem apenas na região. Elas ajudam a regular o clima global e os ciclos de água locais e a sustentar a rica fauna da floresta. Também fornecem alimentos, combustível, abrigo e medicamentos para as pessoas.

9/9. O pinheiro coreano é uma árvore particularmente importante na região e fornece *habitat* ideal para espécies que são presas de tigres e de leopardos. A planta possui longa vida, mas está sujeita a estresses ambientais.

Nick Pecker/Shutterstock.com

O Globo. Disponível em: <https://oglobo.globo.com/sociedade/veja-efeito-do-aquecimento-global-em-algumas-especies-22485587>. Acesso em: 16 set. 2018.

Glossário

WWF: sigla da ONG World Wild Fund for Nature (em português, Fundo Mundial para a Natureza). Com sede na Suíça e representação em vários países do mundo, essa ONG promove ações de conservação, investigação e recuperação ambiental.

Aquecimento global

Chama-se aquecimento global o aumento da temperatura média da Terra decorrente da concentração de certos gases na atmosfera do planeta. Os dois gases que se destacam nesse processo são o metano e o dióxido de carbono. Eles são resultantes de ações humanas relacionadas a vários setores: na agropecuária, pelo desmatamento e uso de fertilizantes; no transporte, pelo uso de combustíveis fósseis; e nas indústrias, em virtude dos processos de produção de metais. É o acúmulo desses e de outros gases na atmosfera que impede a saída de calor da Terra para o espaço, retendo-o no planeta. Consequentemente, a temperatura terrestre aumenta. O fenômeno do aquecimento global é considerado um dos problemas ambientais mais urgentes da atualidade. Há cientistas que veem essa variação como um processo natural, porém é inegável que ela está acontecendo de forma agressiva e veloz.

Ampliar

Paramount Pictures

Uma verdade inconveniente: um aviso global,

direção: Davis Guggenheim (EUA, 2006, Paramount Pictures).

Neste documentário, são apresentados, de forma didática e envolvente, dados sobre a crise climática provocada pela ação humana e também medidas para amenizar essa crise.

Estudo do texto ▦ ▦ ▦ no caderno

1. Quais dos animais mostrados na fotorreportagem você já conhecia? Fale um pouco sobre eles.

2. As fotografias capturadas nessa fotorreportagem mostram flagrantes de animais e plantas em seu *habitat*. Pelo contexto de uso, o que significa essa palavra? Por que a preservação do *habitat* é essencial para as espécies?

3. Analise a palavra **biodiversidade** do texto sobre os ursos-polares.

   a) Você conhece as palavras **biografia** e **biologia**? Caso não conheça, troque ideias com os colegas ou pesquise-as em um dicionário. Qual elemento elas têm em comum com a palavra **biodiversidade**? Qual é o significado desse elemento?

   b) Explique o significado da palavra **biodiversidade**.

   c) Em sua opinião, por que é preciso preservar a biodiversidade?

4. Observe novamente a fotografia do panda, na página 133.

   a) Descreva a imagem.

   b) Observe a relação entre o animal e a paisagem, comparando a fotografia com a imagem a seguir.

Hung_Chung_Chih/iStockphoto.com

   • Ao comparar as duas imagens, que diferenças se pode notar? Que tipos de emoção cada uma pode despertar no espectador?

   c) O ponto de vista escolhido pelo fotógrafo na fotorreportagem pretendeu destacar que aspectos da vida do panda?

   d) Em sua opinião, o texto que acompanha a fotografia reforça ou enfraquece esse ponto de vista?

5. Analise a imagem do urso-polar e o texto informativo.

   a) Consulte o glossário e explique por que a organização WWF está pesquisando as possíveis mudanças no *habitat* do urso-polar.

   b) Com base em seus conhecimentos, explique de que maneira o aquecimento global poderá afetar o *habitat* dos ursos.

   c) Ao observar a fotografia, repare no contraste entre o tamanho dos ursos e o ambiente em que se encontram. Qual efeito de sentido é criado com esse contraste? Que impacto a fotografia causa?

6. Analise a sequência dos textos, indicada com números que apresentam a ordem das nove imagens.

   a) As fotografias foram feitas em apenas um ambiente? O que isso indica sobre o aquecimento global e suas consequências?

   b) Com base no que conhece sobre o assunto, você acha possível reverter essa situação? Como?

Linguagem, texto e sentidos

1. Em uma fotorreportagem, qual é a função:

   a) da fotografia?

   b) do texto?

   c) do conjunto formado de imagem e texto?

2. Analise a fotografia 1 e o texto que a acompanha.

   a) O que se vê na fotografia?

   b) É possível ver o que há no segundo plano da fotografia? Que efeito é criado com esse recurso?

   c) Que sentimentos a imagem pode causar no leitor?

   d) Qual é a relação do texto escrito com a imagem? Como isso pode interferir na reação do leitor diante da fotografia?

   e) Após ler o texto que acompanha a fotografia, que aspectos capturados na imagem podem ser associados ao aquecimento e seus efeitos no ambiente?

   f) Além de afetar os elefantes, que outra(s) espécie(s) pode(m) ser atingida(s) pelas alterações climáticas? Por quê?

   g) Observe que nesse texto há uma sequência de acontecimentos. Copie-a em seu caderno, completando os dados que faltam. Em seguida, reflita: Que efeito de sentido essa sequência cria para o leitor?

3. Observe a imagem 3.

   a) É possível identificar o local específico em que a fotografia foi feita? Por quê?

   b) As informações do texto especificam ou generalizam o que está na fotografia? Explique.

   c) Observe as cores das tartarugas e do fundo na imagem. Que efeito a composição com esses dois elementos causa?

   d) A fotografia foi feita de perto ou de longe? Que efeito é criado com essa estratégia?

4. Analise a fotografia 4, do cão selvagem.

   a) Indique o ângulo escolhido pelo fotógrafo, isto é, a posição em que ele estava em relação à cena fotografada. Comente também sobre o foco, isto é, o destaque buscado pelo fotógrafo na imagem.

   b) Que tipo de iluminação pode ser notada? Artificial ou natural? Ela ajuda na composição da fotografia? O que ela realça?

   c) Que efeitos o ângulo, a iluminação e o foco criam na composição da fotografia? Que aspectos dos animais são realçados?

5. Analise a imagem 7.

   a) Descreva a imagem. Quais são as cores que sobressaem?

   b) Que foco foi usado na fotografia? Isso gera que efeito em relação ao que ela mostra?

   c) Que sensações essa fotografia provocou em você?

101 dias com ações mais sustentáveis para mudar o mundo, de Marcus Nakagawa (Labrador).

Esta obra apresenta ações práticas para aplicar a sustentabilidade no dia a dia, elaboradas com base nos Objetivos de Desenvolvimento Sustentável da ONU. Englobam atividades que crianças, jovens e adultos podem implementar em sua rotina, inclusive em família. É um convite para você, com um pouco de interesse e dedicação, fazer a diferença na preservação do meio ambiente.

> A **fotorreportagem** acentua a função documental e informativa da fotografia. Para isso, são usados recursos próprios da arte de fotografar. Foco, ângulo e iluminação são alguns dos recursos que o fotógrafo utiliza, ao manejar a máquina, para destacar, ampliar, dar nitidez ou diluir uma imagem.

6 No **Estudo do texto**, você examinou algumas escolhas de vocabulário nos textos que acompanham as fotografias, como o emprego das palavras *habitat* e **biodiversidade**, e a enumeração dos tipos de tartarugas que podem ser afetadas pelo aquecimento global. Examine mais uma dessas escolhas.

[...] o aquecimento global reduzirá o período em que procura alimentos, diminuindo a sobrevida dos filhotes. (Texto 4/9)

a) Para compreender o significado de uma palavra como **sobrevida**, você pode compará-la a outra com o mesmo elemento de formação. Leia este título de notícia:

Sobrepeso causa doenças cardiovasculares e diabetes em animais

Central das Notícias, 5 jan. Disponível em: <http://noticias.cennoticias.com/8154059?origin=relative&pageId= a8c7e15b-f0fe-42fe-b008-a4b3181d16fd&PageIndex=2>. Acesso em: 25 set. 2018.

- Um animal com **sobrepeso** está em seu peso normal, acima do peso ou abaixo dele? Que elemento da palavra indica isso?

b) Outro recurso para compreender o significado de uma palavra é examiná-la em um contexto diferente. Leia o título e o subtítulo da notícia de divulgação científica sobre o uso de um medicamento:

Medicamento para o câncer de pulmão duplica sobrevida de pacientes, diz estudo

Quando combinado com quimioterapia, pembrolizumabe aumentou em 4 meses a expectativa de vida de pacientes com tipo específico de câncer de pulmão.

Por G1
16/04/2018 14h02

G1, Bem estar. Disponível em: <https://g1.globo.com/bemestar/noticia/medicamento-para-o-cancer-de-pulmao-duplica-sobrevida-dos-pacientes-diz-estudo.ghtml>. Acesso em: 25 set. 2018.

- Nesse contexto, o que significa **sobrevida**?

c) Retorne ao texto 4/9 da fotorreportagem e explique o sentido da palavra **sobrevida** naquele contexto, considerando o que analisou nas questões anteriores.

d) O uso desse termo predomina em contextos que tratam de assuntos ligados:
- à divulgação científica.
- à matemática.
- à história.
- às artes.

7 Releia os textos da fotorreportagem e observe mais uma vez a seleção do vocabulário. Em seguida, relacione a escolha das palavras com:

a) o tema da fotorreportagem.

b) os campos do conhecimento humano privilegiados na fotorreportagem (ciências, artes, esportes, línguas, geografia, meio ambiente etc.).

8 Considerando as análises dos textos e das imagens feitas nas atividades anteriores, formule uma conclusão a respeito de como essas duas linguagens se complementam em uma fotorreportagem.

Fotorreportagem

1 Observe a organização da fotorreportagem lida neste capítulo.

a) Como é possível saber, logo no início da leitura, quantas fotos a compõem?

b) Que expectativa essa organização cria para o leitor?

2 Leia as chamadas para outras fotorreportagens:

I.

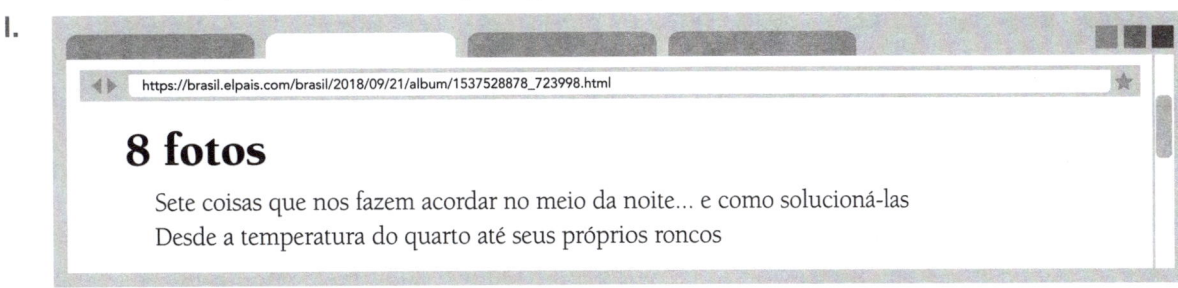

https://brasil.elpais.com/brasil/2018/09/21/album/1537528878_723998.html

8 fotos

Sete coisas que nos fazem acordar no meio da noite... e como solucioná-las
Desde a temperatura do quarto até seus próprios roncos

El País, 23 set. 2018. Disponível em: <https://brasil.elpais.com/brasil/2018/09/21/album/
1537528878_723998.html>. Acesso em: 25 set. 2018.

II.

https://brasil.elpais.com/brasil/2018/05/07/album/1525706966_993511.html#foto_gal_1

Um fotógrafo e várias malas de roupa chegaram a São Paulo

Redescobrindo as tendências nas ruas, museus e na natureza em uma das cidades mais popu-
losas do mundo

El País, 22 maio 2018. Disponível em: <https://brasil.elpais.com/brasil/2018/05/07/
album/1525706966_993511.html#foto_gal_1>. Acesso em: 25 set. 2018.

III.

https://brasil.elpais.com/brasil/2018/09/03/album/1535940297_655202.html#foto_gal_5

13 fotos

Um incêndio consome o Museu Nacional do Rio de Janeiro

O Museu é a instituição científica mais antiga do país e conta com um acervo de 20 milhões
de valiosas peças

El País, 3 set. 2018. Disponível em: <https://brasil.elpais.com/brasil/2018/09/03/album/1535940297_655202.
html#foto_gal_5>. Acesso em: 25 set. 2018.

IV.

www.dw.com/pt-br/a-história-das-eleições-presidenciais-no-brasil/g-45011495

A história das eleições presidenciais no Brasil

DW Brasil. Disponível em: <www.dw.com/pt-br/a-história-das-eleições-presidenciais-no-brasil/g-45011495>.
Acesso em: 25 set. 2018.

a) Em sua opinião, em qual dessas fotorreportagens a ordem em que as fotos são apresentadas é fundamental para o entendimento do fato relatado? Por quê?

b) Na fotorreportagem da página 133 a ordem da sequência é fundamental para a compreensão do sentido dela? Explique.

c) Releia as chamadas apresentadas nesta atividade e lembre-se de outros exemplos que você conheça desse gênero. Com base nisso, que assuntos as fotorreportagens podem abordar?

d) Relacione os assuntos à forma de organização das fotorreportagens e explique por que essa organização é importante para o leitor.

3 Leia o trecho de uma notícia a seguir.

Onda de calor coloca França em estado de alerta

País teme um novo episódio de temperaturas extremas como em 2003, quando cerca de 15 mil pessoas morreram. Os episódios de altas temperaturas no país se intensificam devido ao aquecimento global.

G1, 25 jul. 2018. Disponível em: <https://g1.globo.com/mundo/noticia/2018/07/25/onda-de-calor-coloca-franca-em-estado-de-alerta.ghtml>. Acesso em: 16 set. 2018.

a) O tema desta notícia está relacionado ao da fotorreportagem da página 133? Por quê?

b) Ao comparar o trecho da notícia e a fotorreportagem, qual deles relata um fato pontual, com início e fim determinados, e qual amplia o tema?

c) Se você tivesse que transformar essa notícia em uma fotorreportagem, que aspectos abordaria? Que ampliações do assunto faria?

4 A linguagem observada na fotorreportagem é mais objetiva e informativa ou mais pessoal e opinativa? Por quê?

5 Releia os dados estatísticos do texto associado à imagem 6/9 da fotorreportagem da página 133. Por que eles são usados? Que efeito de sentido eles criam no texto?

6 Que características deve ter o texto usado em uma fotorreportagem? Quais são suas funções em relação às fotografias?

7 A fotografia em uma fotorreportagem revela o ponto de vista de quem? Que importância tem esse ponto de vista para o impacto da fotorreportagem?

8 Agora, responda:

a) Em que veículos e meios pode ser publicada uma fotorreportagem?

b) Em sua opinião, a publicação *on-line* de uma fotorreportagem traz que vantagens para ao leitor?

c) Qual é o público leitor de fotorreportagens?

9 Na seção **Antes da leitura**, você analisou o que seria a **fotorreportagem**. Suas respostas se confirmaram?

A **fotorreportagem** é um texto verbovisual que apresenta informações centradas em fotografias e pequenos textos explicativos ou legendas, formando uma unidade de sentido. Circula na esfera jornalística e pode abordar temas variados. As fotografias concentram a força principal nesse tipo de reportagem e têm a função de causar impacto e provocar a sensibilidade do leitor. São feitas de acordo com um ponto de vista subjetivo e têm função predominantemente documental, mas podem também produzir efeitos estéticos. O texto escrito que acompanha a fotografia costuma ser econômico e objetivo, tendo como função principal complementar ou esclarecer as imagens.

CAPÍTULO 2

Antes da leitura ▪▪▪

Antes de ler a reportagem da próxima página, observe uma fotografia do local do qual se fala na matéria, o Pico da Neblina, ponto mais alto do país, e um mapa com a localização dessa montanha.

Vista do cume do Pico da Neblina, Santa Isabel do Rio Negro (AM), 2017.

Marcos Amend/Pulsar Imagens

Amazônia internacional

©DAE/Sonia Vaz

Fonte: Arnaldo Carneiro Filho e Oswaldo Braga de Souza. *Atlas de pressões e ameaças às terras indígenas na Amazônia brasileira.* São Paulo: Instituto Socioambiental, 2009. p. 11; *Atlas geográfico escolar.* 7. ed. Rio de Janeiro: IBGE, 2016. p. 152.

1 A reportagem que você vai ler apresenta depoimentos de zoólogos e biólogos que fizeram pesquisas no Pico da Neblina. Você já tinha ouvido falar no Pico da Neblina? Observe o mapa e diga onde se localiza e com que país faz fronteira.

2 Sabendo o significado dos termos gregos *bio*, "vida", e *logos*, "estudo", e com base em seus conhecimentos, o que é **biologia**? O que um biólogo pesquisa?

3 Para saber o significado da palavra **zoologia**, pense primeiro em uma palavra associada a ela, referente a algo que você conhece ou de que já ouviu falar.

a) O que é um jardim zoológico?

b) A zoologia é uma das áreas da biologia. Relacione as palavras **zoológico** e **zoologia**. O que essas palavras têm em comum?

c) Com base no que você observou na questão 2 e no sentido da palavra zoológico, qual é o objeto de estudo da zoologia?

4 Agora que você já sabe onde ocorreram os fatos relatados e conhece os profissionais que darão depoimentos e opiniões na reportagem, do que acredita que ela tratará? Levante algumas hipóteses antes de ler.

As espécies recém-descobertas no Pico da Neblina – e que já correm risco de serem estranguladas

Expedição científica no Pico da Neblina descobriu nove novas espécies

João Fellet
AMAZONAS
29 abr. 2018 às 14h12

A cena de um urso-polar angustiado, ilhado num *iceberg* cada vez menor – imagem símbolo do impacto do aquecimento global –, poderá se reproduzir com cenário e vítimas diferentes no ponto mais alto do Brasil: o Pico da Neblina, no Amazonas.

Se a temperatura subir na região, explica o zoólogo Ivan Prates, a vegetação densa das áreas baixas amazônicas pode começar a subir a montanha, forçando animais adaptados ao clima frio a buscar refúgio nas áreas mais altas, até que sobre apenas o topo do pico.

Sufocadas pelo aumento da temperatura e pelo avanço de uma floresta onde não são capazes de sobreviver, espécies de sapos e lagartos que só existem na região – e que surgiram milhões de anos antes dos primeiros humanos – podem desaparecer.

Miguel Trefaut Rodrigues

Myersohyla chamaleo, espécie encontrada pela primeira vez no território brasileiro.

"Organismos de montanha são especialmente vulneráveis às mudanças climáticas, porque não têm para onde correr quando aquele ambiente é diminuído. O resultado é a extinção completa", afirma o zoólogo, que faz pós-doutorado no Museu de História Natural do Instituto Smithsonian, em Washington.

A BBC Brasil acompanhou uma expedição científica ao Pico da Neblina em novembro passado, quando nove novas espécies foram descobertas por uma equipe composta por Prates e outros 11 biólogos da Universidade de São Paulo (USP). Cinco dessas espécies só existem em ambientes montanhosos.

Ele conta que um dos principais objetivos da expedição era entender como animais sem qualquer parentesco com espécies que habitam as áreas baixas de floresta foram parar na montanha. A resposta ajudará a explicar como a Amazônia se tornou o ambiente mais biodiverso do globo e como poderá ser afetada pelas alterações climáticas.

Enigmas científicos

Com 2 994 metros de altitude, o Pico da Neblina é um tepui, tipo de formação montanhosa mais antigo do planeta, originado no período Pré-Cambriano, entre 4,6 bilhões e 542 milhões de anos atrás. É uma formação característica do Escudo das Guianas, que engloba o sul da Venezuela, a Guiana e o extremo norte do Brasil.

A erosão ocorrida ao longo de milhões de anos fez com que os tepuis se tornassem montes isolados e abruptos, com ecossistemas únicos.

Algumas das novas espécies encontradas no Pico da Neblina só têm parentesco com animais que vivem em outros tepuis, separados por milhares de quilômetros. Foi o caso de dois lagartos, apelidados pelos pesquisadores de Marrom Gigante e de Céu Noturno – este, por causa dos vários pontos brancos pelo corpo que lembram estrelas.

Segundo Prates, as descobertas reforçam a teoria de que, no passado, os tepuis eram conectados.

Outro lagarto achado pelos cientistas, do grupo *Anolis*, só tem parentesco com espécies que existem em áreas ainda mais distantes: nos Andes e numa região serrana de Mata Atlântica no Espírito Santo. O lagarto não habita as matas baixas em torno do pico, uma indicação de que não é capaz de suportar climas quentes.

Como explicar que um lagarto do tamanho de um dedo indicador, que não se desloca mais do que algumas dezenas ou centenas de metros ao longo da vida, conseguiu povoar regiões montanhosas tão distantes entre si?

Como uma espécie extremamente adaptada a climas frios de altitude conseguiu atravessar amplas áreas hoje ocupadas pela Caatinga e por florestas baixas e úmidas?

"É um grande mistério", diz Prates. "Esses lagartos são uma janela para um passado completamente desconhecido da América do Sul."

Uma das possibilidades é que, no passado, a Amazônia era mais fria e formada por uma vegetação diferente, que serviu como um corredor entre as montanhas e se estendia inclusive pelo território hoje ocupado pela Caatinga.

"Mas essa é uma hipótese frágil, pois não temos evidência de que essa mata fria realmente existiu", afirma o zoólogo.

Outra teoria, considerada mais plausível por Prates, é que as montanhas sul-americanas já tenham sido conectadas por um gigante **platô**. Ao longo de milhões de anos, a formação foi sendo erodida até que só sobraram as áreas mais altas.

"Os animais ficaram isolados no topo dessas montanhas e então começaram a se diferenciar. Os montes que vemos hoje são só os sobreviventes, as relíquias de um platô muito mais alto no passado."

Prates e os outros biólogos que foram ao Pico da Neblina testarão essa hipótese por meio de exames de DNA dos animais coletados. As análises permitirão descobrir quando as espécies aparentadas se diferenciaram. Os dados serão então cruzados com informações **geológicas**.

Do passado à previsão do futuro

O zoólogo diz que os estudos também ajudarão a responder como a Amazônia se tornou tão rica em espécies e como o bioma poderá ser afetado pelas alterações climáticas.

"Se você aprende como os organismos responderam a mudanças ambientais no passado, começa a fazer inferências sobre como responderão a mudanças no futuro."

"Podemos ter uma ideia da velocidade de adaptação dos animais a ambientes novos e sua capacidade de ocupar outros espaços", afirma.

No caso do Pico da Neblina, há indícios de que o processo responsável pela configuração de seu ecossistema atual poderá se inverter.

"Assim como há evidências de que os ambientes alpinos (mais frios) desceram a montanha no passado, agora há a possibilidade oposta: de que o ambiente de baixada invada a montanha", explica Prates.

"Se houver um aumento da temperatura de modo que a mata da baixada invada os ambientes alpinos, o que está previsto para acontecer em várias regiões do globo, haverá uma substituição de boa parte da fauna desses ambientes."

"Os bichos no topo da montanha serão estrangulados", alerta.

Glossário

Platô (planalto): grande extensão de terreno elevado, plano ou com poucas ondulações, entrecortado por vales.

Geologia: estudo científico da origem, história, estrutura, formação e evolução da Terra.

João Fellet. BBC Brasil, 28 abr. 2018. Disponível em: <www.bbc.com/portuguese/brasil-43888079>. Acesso em: 23 nov. 2018.

Estudo do texto

1. O texto lido apresenta informações sobre uma descoberta científica.

   a) Identifique:

   - a descoberta que foi relatada;
   - quem fez essa descoberta;
   - como ela foi feita.

   b) Os dados permitem que o leitor verifique se as informações são verdadeiras? Por quê?

   c) De que modo o leitor poderia confirmar a validade dos fatos?

2. Releia o parágrafo que abre a matéria:

   > A cena de um urso-polar angustiado, ilhado num *iceberg* cada vez menor – imagem símbolo do impacto do aquecimento global –, poderá se reproduzir com cenário e vítimas diferentes no ponto mais alto do Brasil: o Pico da Neblina, no Amazonas.

   a) O início da reportagem anuncia o tema principal do texto. Qual é ele?

   b) Com que objetivo a cena do urso-polar angustiado é evocada para abrir a reportagem?

   c) Qual seria o novo cenário e quem seriam as novas vítimas desse tipo de problema, segundo a reportagem?

   d) Esse modo de iniciar o texto cria que efeito no leitor?

   e) Reescreva o enunciado a seguir no caderno, completando-o com a opção adequada. Ao mostrar que o fato a ser discutido também ocorre em outro lugar e com outros animais, esse parágrafo:

   - distrai o leitor e não acrescenta informações relevantes.
   - relaciona o assunto abordado a outros bem diferentes.
   - situa a reportagem em um contexto mais amplo.
   - detalha o que foi apresentado no título do texto.

3. Releia o sexto parágrafo.

   > Ele conta que um dos principais objetivos da expedição era entender como animais sem qualquer parentesco com espécies que habitam as áreas baixas de floresta foram parar na montanha. A resposta ajudará a explicar como a Amazônia se tornou o ambiente mais biodiverso do globo e como poderá ser afetada pelas alterações climáticas.

   a) Quem é o "ele" a quem a primeira oração do parágrafo se refere? De que modo é possível identificar a quem o pronome "ele" se refere?

   b) O que significa dizer que a Amazônia é o ambiente mais **biodiverso** do planeta? Retome o que observou na seção **Antes da leitura** para explicar o sentido desse termo.

   c) Explique, com suas palavras, o objetivo da expedição científica citado no parágrafo.

   d) Reescreva no caderno a afirmação a seguir, completando-a com a(s) opção(ões) adequada(s).

   Pelo trecho é possível compreender que as pesquisas:

   - podem ajudar a compreender as consequências do aquecimento global;
   - estudam apenas animais que possuem parentesco entre si;
   - buscam compreender a biodiversidade da Amazônia;
   - negam a influência das alterações climáticas na vida dos animais.

e) As informações sobre a expedição ajudam o leitor a construir uma imagem dos cientistas e da ciência. Ela é positiva ou negativa? Por quê?

4 Observe o uso do adjetivo **estrangulada** no título da reportagem:

As espécies recém-descobertas no Pico da Neblina – e que já correm risco de serem estranguladas

a) Reescreva no caderno o trecho em que a palavra destacada possui sentido equivalente.
- Organismos de montanha são especialmente vulneráveis às mudanças climáticas [...];
- Sufocadas pelo aumento da temperatura e pelo avanço de uma floresta onde não são capazes de sobreviver [...];
- Como uma espécie extremamente adaptada a climas frios [...];
- As análises permitirão descobrir quando as espécies aparentadas se diferenciaram.

b) Por que o texto emprega sinônimos para falar sobre as características das espécies?

5 As novas descobertas científicas costumam ser festejadas, pois mostram o avanço da ciência.

a) Por que essas descobertas costumam ser abordadas em reportagens?

b) A reportagem mostra a descoberta com entusiasmo, tristeza ou neutralidade? Por quê?

6 Um dos intertítulos do texto é **Enigmas científicos**. Veja o significado da palavra **enigma** em um dicionário.

Questão, pergunta, problema difícil de interpretar e resolver

Aulete Digital. Enigma. Disponível em: <www.aulete.com.br/enigma>. Acesso em: 27 jul. 2018.

a) Com base no significado da palavra, por que é possível afirmar que os cientistas dessa expedição estão diante de enigmas?

b) Que afirmação do zoólogo Ivan Prates confirma que as questões pesquisadas são enigmáticas?

c) Os recursos utilizados na reportagem para relatar a descoberta e esse intertítulo do texto reafirmam qual papel da ciência e do trabalho dos cientistas?

7 De acordo com o texto, o Pico da Neblina é um tepui.

a) O que isso significa em relação à sua formação? Que dados comprovam essa informação?

b) Onde se localizam os tepuis?

c) Uma das hipóteses sustentadas pelos cientistas é a de que, no passado, os tepuis eram conectados. Que fatos reforçam tal hipótese?

8 Antes de fazerem descobertas, os cientistas elaboram perguntas. Observe as perguntas que estão nos parágrafos 12 e 13.

Como explicar que um lagarto do tamanho de um dedo indicador, que não se desloca mais do que algumas dezenas ou centenas de metros ao longo da vida, conseguiu povoar regiões montanhosas tão distantes entre si?

Como uma espécie extremamente adaptada a climas frios de altitude conseguiu atravessar amplas áreas hoje ocupadas pela Caatinga e por florestas baixas e úmidas?

a) Que tipos de característica dos lagartos são considerados na primeira pergunta? E na segunda?

b) O texto apresenta duas teorias que buscam responder a essas perguntas. Explique-as.

c) **Plausível** significa o que é mais aceitável, mais razoável. Qual das teorias o pesquisador considera plausível?

d) Que argumento o pesquisador usa para mostrar que é difícil sustentar a outra teoria?

9 Releia o parágrafo a seguir e leia o boxe ao lado.

Prates e os outros biólogos que foram ao Pico da Neblina testarão essa hipótese por meio de exames de DNA dos animais coletados. As análises permitirão descobrir quando as espécies aparentadas se diferenciaram. Os dados serão então cruzados com informações geológicas.

a) Que hipótese será testada por meio do DNA dos animais?

b) Com base nas informações contextuais dadas no boxe sobre o DNA, explique de que modo os pesquisadores buscarão comprovar a hipótese.

c) Com informações de que outro ramo da ciência os biólogos vão comparar o resultado dos exames? Por que farão isso? Se for preciso, releia o glossário antes de responder.

> ## DNA
>
> O ácido desoxirribonucleico (DNA) é uma substância encontrada no interior ou na parte externa das células. Ele constitui a unidade fundamental da hereditariedade, os genes. Por meio de testes de DNA, é possível detectar parentesco; por isso, é um teste muito utilizado para comprovar a paternidade. A biologia usa esses testes para compreender relações construídas na evolução das espécies. A proximidade de parentesco entre diferentes espécies revela que descendem de ancestrais próximos.

d) Por que essa pesquisa reuniu diferentes áreas da ciência? O que isso indica sobre o fenômeno pesquisado?

10 Releia dois trechos que citam falas do pesquisador.

I. "Se você aprende como os organismos responderam a mudanças ambientais no passado, começa a fazer inferências sobre como responderão a mudanças no futuro."

II. "Assim como há evidências de que os ambientes alpinos (mais frios) desceram a montanha no passado, agora há a possibilidade oposta: de que o ambiente de baixada invada a montanha", explica Prates.

a) Com que finalidade as pesquisas científicas recolhem dados de fatos ocorridos no passado?

b) Com base nas evidências que encontram, o que fazem os cientistas?

11 Avalie suas impressões sobre a reportagem lida.

a) Teve interesse em lê-la? O que aprendeu com ela? Julga essas informações importantes?

b) Se fosse compartilhar esse texto com alguém, para quem enviaria? Por quê? Por qual meio?

12 Leia uma notícia que circulou nas redes sociais em abril de 2018 e responda às questões propostas para avaliá-la.

O Brasil terá o inverno mais frio dos últimos 100 anos. As simulações atmosféricas confirmaram a indicação que já vinha sendo apontada há alguns dias: 2018 poderá ter o inverno mais rigoroso do ultimo seculo no Brasil. Com as projeções atuais, não seria exagero dizer que os dias no inverno serão congelante. É possível que todos os recordes de frio atuais do Sul, do Sudeste, de Goiás, Distrito Federal e Mato Grosso do Sul sejam superados em 2018. Se a previsão se confirmar, ela virá com um espírito realmente "frozen", para provocar muito frio, neve e geada.

Luiza Calegari. O Brasil não terá o inverno mais frio dos últimos 100 anos. *Exame*, 23 abr. 2018. Disponível em: <https://exame.abril.com.br/brasil/brasil-nao-tera-o-inverno-mais-frio-dos-ultimos-100-anos/>. Acesso em: 22 set. 2018.

a) Como é comprovada a informação de que o Brasil terá o inverno mais frio dos últimos anos? Que fontes são citadas?

b) No trecho "Com as projeções atuais, não seria exagero dizer [...]" informa-se quais são essas projeções? Como o leitor poderia comprovar o que leu?

c) O texto emprega o registro formal, adequando-se à norma--padrão da língua? Justifique sua resposta com exemplos.

d) O texto usa alguma expressão inadequada, destoando de uma matéria séria?

e) O texto usa recursos próprios da notícia, que sugerem adequação ao gênero? Se sim, quais?

f) Considerando todos os aspectos observados, a notícia deve ser considerada verdadeira ou falsa? Por quê?

Linguagem, texto e sentidos  no caderno

1 Releia este trecho da reportagem:

"Organismos de montanha são especialmente vulneráveis às mudanças climáticas, porque não têm para onde correr quando aquele ambiente é diminuído. O resultado é a extinção completa", afirma o zoólogo, que faz pós-doutorado no Museu de História Natural do Instituto Smithsonian, em Washington.

a) Que informações são destacadas?

b) Qual é a conclusão a respeito da vida dos organismos de montanha, caso o ambiente diminua?

c) As informações e a conclusão são dadas por quem?

d) Como o texto indica quem deu as informações?

e) Que recurso usado na reportagem mostra ao leitor que o responsável pela informação é confiável? Explique sua resposta.

2 Observe mais este trecho em que são citadas falas do pesquisador.

"É um grande mistério", diz Prates. "Esses lagartos são uma janela para um passado completamente desconhecido da América do Sul."

A fala do pesquisador é citada diretamente ou é o repórter quem informa ao leitor o que foi dito? Que efeito de sentido é criado? Que marcas são usadas para mostrar ao leitor quem fala?

3 Releia os trechos analisados nas atividades 1 e 2 e identifique os verbos usados para indicar que as falas são citadas.

4 Releia mais um trecho:

Outra teoria, considerada mais plausível por Prates, é que as montanhas sul-americanas já tenham sido conectadas por um gigante platô.

a) Que hipótese é apresentada no trecho? Quem defende essa hipótese?

b) Como o trecho informa ao leitor quem está defendendo a hipótese?

c) De que maneira o texto se refere à fala de Prates? Explique sua resposta.

5 Coloque-se no lugar do jornalista responsável pela reportagem e reescreva o trecho citado na questão anterior, utilizando o discurso direto. Lembre-se de escolher verbos adequados para indicar a fala do biólogo.

Ampliar

Fábio Fato não dá mole para notícias falsas,
‹https://aosfatos.org/media/pdfs/fabio_fato-aos-fatos.pdf›

Este manual foi produzido pela plataforma de checagem brasileira Aos Fatos em parceria com a IFCN (International Fact-Checking Network) e oferece dicas para as pessoas prevenirem-se de notícias falsas.

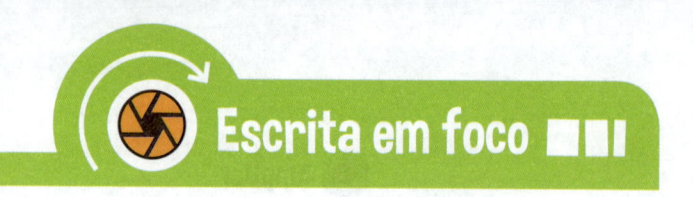

Escrita em foco ■■■

no caderno

Estrangeirismos

1 Leia este trecho de uma notícia.

Conheça Fátima, a robô que alerta os usuários que publicam notícias falsas

Criada pelo *site* carioca Aos Fatos, novidade entrou em funcionamento na quarta (18)

O novo serviço vem a público após 1 mês de testes. Nesse período, Fátima identificou 881 tuítes com notícias falsas e postou 500 mensagens com *links* para publicações com as informações corretas. Em 30 casos, os autores dos posts associados a fake news apagaram seus textos originais após o alerta.

Veja Rio, 19 jul. 2018. Abril Comunicações S.A. Disponível em: <https://vejario.abril.com.br/cidades/conheca-fatima-a-robo-que-alerta-os-usuarios-que-publicam-noticias-falsas/>. Acesso em: out. 2018.

a) Além de *fake news*, que outras palavras de origem estrangeira são usadas? Todas mantêm sua grafia original? Explique sua resposta.

b) A que área ou assunto as palavras de origem estrangeira dizem respeito?

c) As expressões estrangeiras da notícia derivam de que língua? Com base no assunto do trecho, tente explicar por quê.

2 Releia este trecho da reportagem apresentada neste capítulo.

A cena de um urso-polar angustiado, ilhado num *iceberg* cada vez menor [...] poderá se reproduzir com cenário e vítimas diferentes no ponto mais alto do Brasil

a) Que palavra é de origem estrangeira e a que se refere?

b) Compare.

   I. "A cena de um urso-polar angustiado, ilhado num *iceberg* [...] poderá se reproduzir [...]."

   II. "A cena de um urso-polar angustiado, ilhado numa massa de gelo flutuante [...] poderá se reproduzir [...]."

- Qual das versões apresenta um texto mais natural e econômico?

- Com base no conteúdo e na função da reportagem, explique por que a palavra de origem estrangeira foi utilizada em um desses trechos.

3 Agora leia trechos de notícias sobre novidades adotadas recentemente por dois jornais brasileiros: *O Globo*, do Rio de Janeiro, e *Zero Hora*, do Rio Grande do Sul.

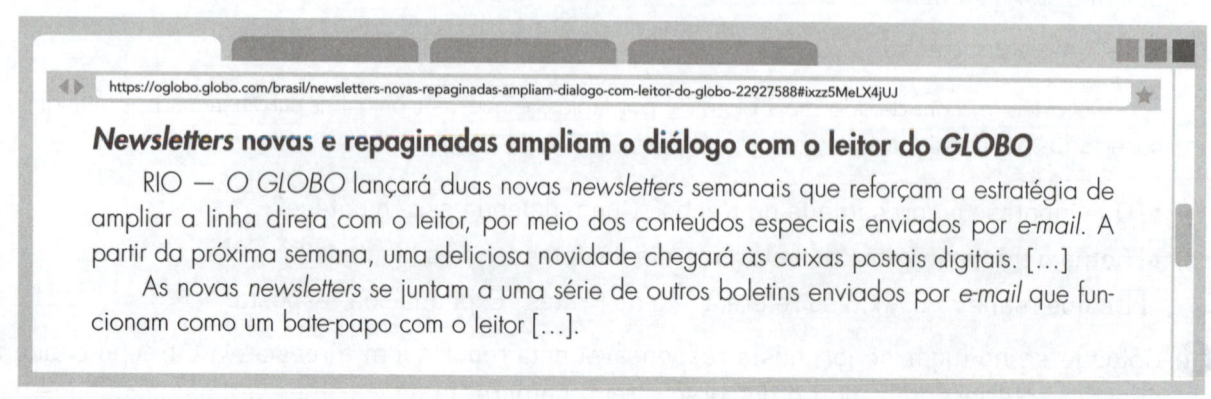

https://oglobo.globo.com/brasil/newsletters-novas-repaginadas-ampliam-dialogo-com-leitor-do-globo-22927588#ixzz5MeLX4jUJ

Newsletters novas e repaginadas ampliam o diálogo com o leitor do *GLOBO*

RIO — *O GLOBO* lançará duas novas *newsletters* semanais que reforçam a estratégia de ampliar a linha direta com o leitor, por meio dos conteúdos especiais enviados por *e-mail*. A partir da próxima semana, uma deliciosa novidade chegará às caixas postais digitais. [...]

As novas *newsletters* se juntam a uma série de outros boletins enviados por *e-mail* que funcionam como um bate-papo com o leitor [...].

O Globo, 29 jul. 2018. Disponível em: <https://oglobo.globo.com/brasil/newsletters-novas-repaginadas-ampliam-dialogo-com-leitor-do-globo-22927588#ixzz5MeLX4jUJ>. Acesso em: 16 set. 2018.

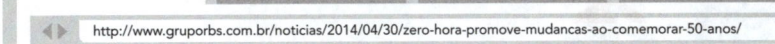

http://www.gruporbs.com.br/noticias/2014/04/30/zero-hora-promove-mudancas-ao-comemorar-50-anos/ ★

Zero Hora promove mudanças ao comemorar 50 anos

Uma profunda reformulação editorial, gráfica e de marca será entregue aos leitores de *Zero Hora* [...]. Tanto no papel quanto no *online*, em *tablets* e nos celulares o público perceberá as mudanças, que fazem parte das celebrações dos 50 anos do jornal. [...]

A partir do dia 1º de maio, os leitores encontrarão uma zerohora.com mais leve, *clean* e moderna, com uma melhor organização da informação e da navegação, permitindo que tanto os conteúdos mais importantes como os espaços publicitários ganhem mais destaque. Além do lançamento do novo *site* para *web*, o endereço também será agora adaptável para navegação em celulares. A nova ZH também contará com novos aplicativos nativos para os *smartphones* Android e iOS.

Grupo RBS, 30 abr. 2014. Disponível em: <www.gruporbs.com.br/noticias/2014/04/30/zero-hora-promove-mudancas-ao-comemorar-50-anos/>. Acesso em: 16 set. 2018.

a) Que palavras de origem estrangeira são usadas nos trechos das notícias?

b) Que sinônimos ou expressões equivalentes para cada uma delas aparecem?

c) Em que meio os textos foram divulgados? Caso os trechos fossem apenas publicados no jornal impresso, haveria mudança em relação ao uso dessas palavras? Explique sua resposta.

d) Copie, em seu caderno, a opção que explica mais adequadamente o uso de palavras de origem estrangeira nos trechos lidos:

- As palavras de origem inglesa tornam os trechos menos formais.

- Os termos em inglês são palavras específicas do meio jornalístico.

- As palavras do inglês produzem um efeito de modernidade e tornam os trechos mais convincentes.

- Os termos que se originam do inglês são mais facilmente compreendidos que expressões equivalentes em português.

4 Leia um trecho da notícia publicada em um *blog* dedicado à gastronomia do jornal *Correio Braziliense*.

CasaPark Gourmet será realizado com a presença de Guga Rocha

[...] Será a nona edição do evento que reúne *chefs*, como Francisco Ansiliero, Rosario Tessier, Renata Carvalho, Mara Alcamim e Evelyne Ofugi, convidados deste ano. Além das aulas culinárias [...], você vai se deliciar com uma feirinha *gourmet* na Praça Central, onde poderá encontrar queijos, linguiças, azeites [...] e outros produtos.

Correio Braziliense. 27 jul. 2018. Disponível em: <http://blogs.correiobraziliense.com.br/lianasabo/casapark-gourmet-sera-realizado-com-presenca-de-guga-rocha/>. Acesso em: 16 set. 2018.

a) Que palavras estrangeiras são usadas e de que língua se originam?

b) Considere o assunto tratado e tente explicar por que tais palavras são usadas.

5 Com base no que observou nos exercícios, escreva um comentário sobre o efeito de sentido produzido pelo uso de palavras estrangeiras nos trechos lidos e sobre a grafia que essas palavras podem apresentar.

> Palavras estrangeiras usadas em português são conhecidas como **estrangeirismos**. São comuns em textos midiáticos, principalmente os que circulam na internet. Ora são termos comuns de alguma área (como no caso de **iceberg**, na reportagem), ora funcionam como recurso argumentativo, produzindo um efeito de sofisticação ou de modernidade (como no caso de **newsletter** e de **gourmet**). Quanto à sua forma, tais palavras podem ser grafadas como na língua de origem, como em **mobile** e **smartphone**, ou podem ser adaptadas para a grafia do português, como **tuíte**.

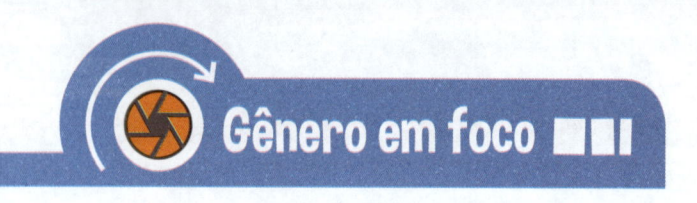

no caderno

Reportagem

1 Compare o título e o subtítulo da reportagem que você leu com os de outras reportagens.

I.

As espécies recém-descobertas no Pico da Neblina - e que já correm risco de serem estranguladas

Expedição científica no Pico da Neblina descobriu nove novas espécies

João Fellet. BBC Brasil, 28 abr. 2018. Disponível em: <www.bbc.com/portuguese/brasil-43888079>. Acesso em: out. 2018.

II.

Peixes migram para o norte fugindo da mudança climática

Centenas de espécies se deslocam para latitudes mais elevadas em busca de águas mais frias

Miguel Ángel Criado. *El País*, 30 de maio 2018. Disponível em: <https://brasil.elpais.com/brasil/2018/05/29/ciencia/1527575114_758309.html>. Acesso em: 21 set. 2018.

a) Qual é a função dos títulos das reportagens?

b) Observe a escolha das palavras nos títulos e diga que tipo de reação elas buscam provocar no leitor. Explique por que esse recurso é utilizado.

c) Observe os subtítulos e aponte:
- a diferença de extensão entre títulos e subtítulos.
- a relação entre as informações dadas nessas duas partes das reportagens.

2 Entre as partes da reportagem apresentada nas páginas 142 e 143, aparecem os intertítulos. Destaque-os e explique sua função no texto.

> A **reportagem** é um gênero jornalístico que apresenta um relato, geralmente, mais longo, mais amplo e mais crítico do que uma notícia. Ela apresenta um título, que deve ser curto e usar recursos que chamem a atenção do leitor, como jogos de palavras, ambiguidades e uso de termos que causem impacto ou curiosidade. Abaixo do título normalmente há um subtítulo, que complementa as informações do título. As partes de uma reportagem costumam ser indicadas por intertítulos. As reportagens costumam ser assinadas e o nome de seu(s) autor(es) aparece, em geral, abaixo do subtítulo.

3 Reportagens costumam apresentar recursos visuais, como a fotografia usada no texto da página 142. Observe-a e releia sua legenda:

a) Que tipo de foco foi usado na fotografia? Explique.

b) O foco utilizado na fotografia enfatiza que aspecto do anfíbio?

c) Que informações são dadas na legenda?

d) Que efeitos a fotografia e a legenda reafirmam em relação ao texto?

e) Que diferença você poderia apontar entre a função da fotografia na reportagem e em uma fotorreportagem, como a que você leu no Capítulo 1?

Miguel Trefaut Rodrigues

Myersohyla chamaleo, espécie encontrada pela primeira vez no território brasileiro.

4 BBC é uma sigla que significa British Broadcasting Corporation (Corporação Britânica de Radio-fusão). A emissora inglesa possui vários canais internacionais e produz conteúdos em português desde 1938. Observe o trecho que faz referência ao canal:

A BBC Brasil acompanhou uma expedição científica ao Pico da Neblina em novembro passado, quando nove novas espécies foram descobertas por uma equipe composta por Prates e outros 11 biólogos da Universidade de São Paulo (USP). [...]

a) Qual é o veículo responsável pela reportagem?

b) Por que a BBC Brasil acompanhou a expedição dos cientistas?

c) Compare a data de publicação da reportagem e a data da expedição.

- Quando cada uma ocorreu?
- Por meio dessas datas, a que conclusão é possível chegar em relação às etapas de pesquisa e apuração de dados para compor uma reportagem até que seja publicada?

5 Releia mais um trecho da reportagem lida neste capítulo

Se houver um aumento da temperatura de modo que a mata da baixada invada os ambientes alpinos, o que está previsto para acontecer em várias regiões do globo, haverá uma substituição de boa parte da fauna desses ambientes.

a) O trecho deixa claro o tema abordado na reportagem. Qual é ele? Que assuntos foram trabalhados para desenvolver esse tema?

b) Em que tempo estão os verbos nesse trecho? Como esses verbos localizam os fatos no tempo?

c) Qual é o papel do jornalismo em relação ao trabalho científico nessa reportagem?

6 Leia os títulos de algumas reportagens publicadas em diferentes jornais do Brasil.

I.

'Qualidade dos alimentos processados no Brasil é pior que em outros países', diz nutricionista antidietas

Camila Costa. BBC Brasil, 28 jul. 2018. Disponível em: <www.bbc.com/portuguese/brasil-44801679>.
Acesso em: 20 nov. 2018.

II.

Pesquisadores descobrem lago de água líquida em Marte

Gauchazh, 27 jul. 2018. Disponível em: <https://gauchazh.clicrbs.com.br/tecnologia/noticia/2018/07/pesquisadores-descobrem-lago-de-agua-liquida-em-marte-cjk1chub1017a01qcko2k0j74.html>. Acesso em: out. 2018.

III.

Fotografia: muito mais que *hobby* ou profissão, paixão

Educa Mas Brasil, 27 jul. 2018. Disponível em: <www.em.com.br/app/noticia/especiais/educacao/2018/07/27/internas_educacao,976106/fotografia-muito-mais-que-hobby-ou-profissao-paixao.shtml>.
Acesso em: 20 nov. 2018.

IV.

Pesquisadores catalogam gírias do Ceará para criar dicionário "cearensês"

Tribuna do Ceará, 14 jun. 2018. Disponível em: <http://tribunadoceara.uol.com.br/diversao/cultura/pesquisadores-catalogam-girias-do-ceara-para-criar-dicionario-cearenses/>.
Acesso em: 20 nov. 2018.

a) Com base nos títulos, que assuntos serão tratados nas reportagens?

b) Relacione os assuntos a temas mais gerais, como saúde, educação, ciência, política, cultura, arte, entre outros.

> **Reportagem** é um gênero textual jornalístico que traz informações sobre temas de interesse público.

7 Releia mais este trecho:

Com 2 994 metros de altitude, o Pico da Neblina é um tepui, tipo de formação montanhosa mais antigo do planeta, originado no período Pré-cambriano, entre 4,6 bilhões e 542 milhões de anos atrás. É uma formação característica do Escudo das Guianas, que engloba o sul da Venezuela, a Guiana e o extremo norte do Brasil.

João Fellet. BBC Brasil, 28 abr. 2018. Disponível em: <www.bbc.com/portuguese/brasil-43888079>. Acesso em: 8 nov. 2018.

a) Em que pessoa do discurso o relato é feito? Isso mostra que o jornalista relata os fatos com um ponto de vista subjetivo ou objetivo? Justifique sua resposta.

b) O trecho informa a altura do Pico da Neblina, explica o que é período Pré-Cambriano e quais as regiões que formam o Escudo das Guianas. Por que são oferecidas tantas informações ao leitor?

c) Essas informações ajudam a concretizar o assunto relatado? Por quê? Que efeitos ajudam a criar no texto?

8 Copie no caderno a opção que completa corretamente a afirmativa a seguir.

A citação de dados como nomes dos envolvidos e dos lugares em que os fatos se desenvolvem e ainda de números ou percentuais relativos às informações confere à reportagem um estilo:

- imparcial e objetivo, já que os dados produzem efeitos de verdade e de credibilidade.
- parcial e subjetivo, porque os dados estão submetidos ao ponto de vista particular de um repórter que avalia os fatos relatados e julga os envolvidos.
- simples e resumido, já que os dados são tratados sem aprofundamento e sem contextualização mais ampla.
- inconsistente e ligeiro, porque os dados apresentados baseiam-se em informações não comprováveis.

9 Pensando nas reportagens que você já tenha lido, responda: Onde circulam as reportagens? A quem interessam?

> A reportagem circula na esfera jornalística de comunicação e depende de uma equipe de repórteres responsáveis por apurar os fatos, selecionar dados, colher depoimentos, fazer fotografias etc. O objetivo é apresentar diferentes pontos de vista sobre um tema, levando o leitor à reflexão crítica.
>
> A apresentação de dados numéricos, nomes de instituições e pessoas, localização no tempo e no espaço concretizam os eventos narrados e funcionam como recursos de criação dos efeitos de verdade e objetividade do texto. Recursos visuais como fotografias, infográficos, tabelas e boxes explicativos também têm a função de comprovar as informações dadas no texto, contribuindo para a credibilidade dele.
>
> Uma reportagem emprega a norma-padrão da língua, em registro formal. Ela é escrita em 3ª pessoa e costuma trazer depoimentos dos envolvidos e de especialistas no assunto. A diversidade das vozes que falam na reportagem representa os diferentes pontos de vista sobre o assunto, o que confere maior credibilidade à matéria.
>
> Na reportagem lida, o jornalista apresenta pontos de vista que defendem ideias favoráveis à preservação do meio ambiente. Com isso, o ponto de vista da reportagem pode ser percebido e ele é também favorável à causa da preservação.

Conjunções e locuções subordinativas; orações subordinadas adverbiais

1 Leia atentamente os dois trechos de reportagens a seguir:

I. **À medida que avançar**, [o montanhista] tentará mostrar que é possível estabelecer no país uma trilha de longo curso pelo litoral. [...] experiente, tem na bagagem a escalada da maior parte das grandes montanhas do Brasil — incluindo a mais alta de todas, o Pico da Neblina [...].

> Ana Lúcia Azevedo. Montanhista vai andar 10 mil km ao longo da costa do Brasil. *O Globo*, jan. 2018. Disponível em: <https://oglobo.globo.com/sociedade/montanhista-vai-andar-10-mil-km-ao-longo-da-costa-do-brasil-22260747#ixzz5MjrmHnUc>. Acesso em: 29 jul. 2018.

Vista do Pico da Neblina, em Santa Isabel do Rio Negro (AM), 2017.

II. "Organismos de montanha são especialmente vulneráveis às mudanças climáticas, porque não têm para onde correr **quando aquele ambiente é diminuído**. [...]", afirma o zoólogo [...].

> João Fellet. BBC Brasil, 28 abr. 2018. Disponível em: <www.bbc.com/portuguese/brasil-43888079>. Acesso em: out. 2018.

a) Que tipo de ideia as orações em destaque acrescentam em cada trecho? A que informação se referem em cada caso?

b) Quanto a seu funcionamento no período, as orações em destaque são coordenadas ou subordinadas? Por quê?

c) Observe a posição em que cada oração aparece. Em que caso se enfatiza mais a ideia indicada pelas orações em destaque? Por quê? Reescreva cada trecho uma vez, usando a oração destacada em outra posição.

d) As orações destacadas funcionam como:

- objetos diretos dos verbos das orações com que se relacionam;
- adjuntos adnominais de um termo das orações a que se referem;
- adjuntos adverbiais das orações a que se vinculam.

As **orações subordinadas adverbiais** acrescentam variadas ideias e informações aos enunciados e indicam diferentes circunstâncias, como a de temporalidade, por exemplo:

> "Organismos de montanha são especialmente vulneráveis às mudanças climáticas,
> [porque não têm para onde correr] [quando aquele ambiente é diminuído]"
>   oração principal   oração subordinada adverbial temporal

Essas orações funcionam como adjuntos adverbiais. A ordem em que aparecem nos períodos é, em geral, móvel. No exemplo acima, como a oração temporal não inicia o período, o destaque à circunstância de tempo em que os animais de montanha não têm para onde correr não é tão forte. Se a oração adverbial vier antes da oração principal, enfatiza-se a circunstância temporal em que o fato relacionado com os animais de montanha ocorre. Veja:

> Organismos de montanha são especialmente vulneráveis às mudanças climáticas, porque,
> [quando aquele ambiente é diminuído], não têm para onde correr.
>   oração subordinada adverbial temporal

2 Releia as orações adverbiais destacadas na atividade 1.

a) Destaque os conectivos usados.

b) Explique a ideia temporal que cada conectivo indica.

c) No cotidiano, em textos que você produz, que conjunção temporal é mais frequente?

> A conjunção mais comum para indicar temporalidade é **quando**:
> "Organismos de montanha não têm para onde correr **quando aquele ambiente é diminuído.**"
> De acordo com o conectivo, porém, diferentes efeitos de sentido são produzidos. Pode-se indicar, por exemplo, que dois fatos estão em relação e acontecem em concomitância. Nesse caso, usam-se as locuções **à medida que**, **à proporção que** ou **enquanto**:
> **À medida que avançar**, tentará mostrar que é possível estabelecer no país uma trilha pelo litoral. ➝ tempo concomitante

3 Leia um trecho de outro texto sobre a expedição ao Pico da Neblina.

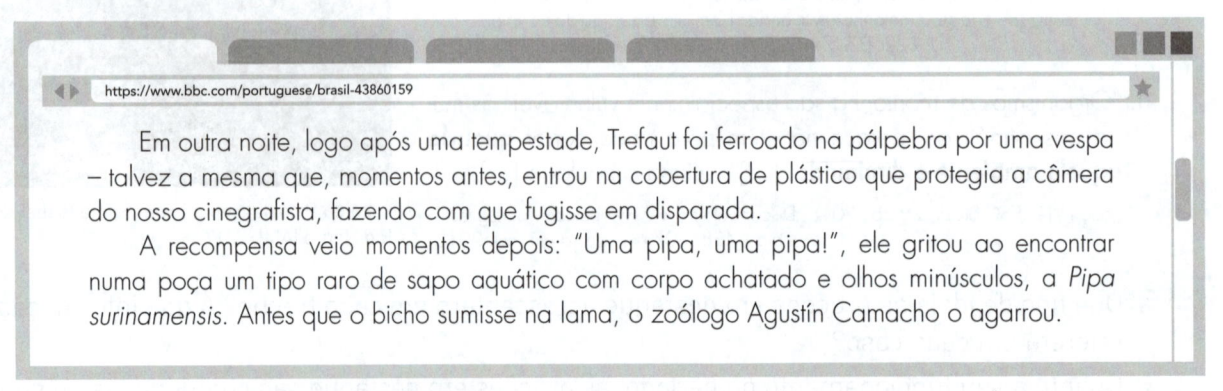

https://www.bbc.com/portuguese/brasil-43860159

Em outra noite, logo após uma tempestade, Trefaut foi ferroado na pálpebra por uma vespa – talvez a mesma que, momentos antes, entrou na cobertura de plástico que protegia a câmera do nosso cinegrafista, fazendo com que fugisse em disparada.

A recompensa veio momentos depois: "Uma pipa, uma pipa!", ele gritou ao encontrar numa poça um tipo raro de sapo aquático com corpo achatado e olhos minúsculos, a *Pipa surinamensis*. Antes que o bicho sumisse na lama, o zoólogo Agustín Camacho o agarrou.

João Fellet. *Expedição ao Pico da Neblina se depara com novas espécies, restos de garimpo e expectativa de yanomamis com turismo.* BBC Brasil, 24 abr. 2018. Disponível em: <www.bbc.com/portuguese/brasil-43860159>. Acesso em: 29 jul. 2018.

a) Identifique os diferentes adjuntos adverbiais e explique que informações acrescentam ao trecho.

b) Reescreva o trecho sem os adjuntos adverbiais.

c) Com base no que observou, comente a importância dos adjuntos adverbiais para a produção de uma reportagem.

4 Leia agora este outro trecho da mesma matéria

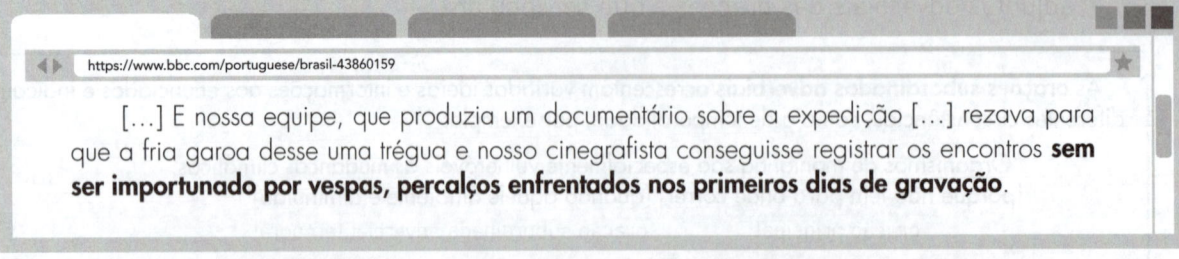

https://www.bbc.com/portuguese/brasil-43860159

[...] E nossa equipe, que produzia um documentário sobre a expedição [...] rezava para que a fria garoa desse uma trégua e nosso cinegrafista conseguisse registrar os encontros **sem ser importunado por vespas, percalços enfrentados nos primeiros dias de gravação**.

João Fellet. *Expedição ao Pico da Neblina se depara com novas espécies, restos de garimpo e expectativa de yanomamis com turismo.* BBC Brasil, 24 abr. 2018. Disponível em: <www.bbc.com/portuguese/brasil-43860159>. Acesso em: 29 jul. 2018.

a) A oração em destaque relaciona-se com que outra oração do trecho?

b) Que tipo de informação a oração destacada indica?

c) Agora, releia outro trecho, apresentado no início deste capítulo.

Prates e os outros biólogos que foram ao Pico da Neblina testarão essa hipótese por meio de exames de DNA dos animais coletados.

- Compare o fragmento à oração em destaque no início da atividade. Que expressão indica ideia semelhante?

d) Copie, em seu caderno, o período em que uma das orações produz efeito de sentido equivalente ao que se observou no item **b**.

- Prates e os outros biólogos que foram ao Pico da Neblina testarão essa hipótese porque farão exames de DNA dos animais coletados.

- Prates e os outros biólogos que foram ao Pico da Neblina testarão essa hipótese assim que fizerem exames de DNA dos animais coletados.

- Prates e os outros biólogos que foram ao Pico da Neblina testarão essa hipótese enquanto fazem exames de DNA dos animais coletados.

- Prates e os outros biólogos que foram ao Pico da Neblina testarão essa hipótese fazendo exames de DNA dos animais coletados.

Quando se deseja especificar o modo como algo se realiza, qualificando determinada ação, podem-se usar orações adverbiais que indicam essa ideia. Veja os exemplos:

- A equipe rezava para que o cinegrafista conseguisse registrar os encontros **sem ser importunado por vespas, percalços enfrentados nos primeiros dias de gravação.** ⟶ a oração com a preposição vem seguida de verbo no infinitivo
- "Prates e os outros biólogos que foram ao Pico da Neblina testarão essa hipótese **fazendo exames de DNA dos animais coletados**" ⟶ oração formada com verbo no gerúndio

---

5 Releia a fala do biólogo Prates, em que ele explica o que pode acontecer ao ecossistema do Pico da Neblina, e observe também a fala dos guias que participaram da expedição à montanha.

I. "'Assim como há evidências de que os ambientes alpinos (mais frios) desceram a montanha no passado, agora há a possibilidade oposta: de que o ambiente de baixada invada a montanha', explica Prates."

II. "Para seis guias, a expedição científica serviu como uma espécie de treino."

João Fellet. *Expedição ao Pico da Neblina se depara com novas espécies, restos de garimpo e expectativa de yanomamis com turismo.* BBC Brasil, 24 abr. 2018. Disponível em: <www.bbc.com/portuguese/brasil-43860159>. Acesso em: 29 jul. 2018.

a) Em I, que recurso o biólogo utiliza para explicar o que pode acontecer no Pico da Neblina?
- Ele utiliza uma oração adverbial temporal.
- Ele emprega uma oração que indica o modo como algo aconteceu no passado.
- Ele faz uma comparação com o que já aconteceu no passado para afirmar que agora pode ocorrer situação oposta.
- Ele utiliza uma oração que indica uma conclusão sobre o passado.

b) Em II, a que situação os guias se referem para comentar a experiência vivida na expedição?

c) Com base no que observou, escreva uma conclusão sobre o uso de comparações e sua relação com a clareza do texto.

Há orações adverbiais que permitem comentar outro enunciado por meio de comparações. A conjunção **como** e as locuções conjuntivas **assim como** e **bem como**, entre outras, indicam essa ideia. Nesses casos, é comum que, na oração adverbial, o verbo seja omitido.

[Para seis guias, a expedição científica serviu]   [como uma espécie de treino].
        oração principal   oração subordinada adverbial comparativa

Na oração adverbial, omite-se o verbo "servir", usado na oração principal.

6 Leia outro trecho sobre a expedição ao Pico da Neblina.

Entre os resultados da expedição, houve ainda a captura de quatro espécies novas de sapos, dois lagartos, uma coruja e um arbusto – espécies novas, vale dizer, para a ciência ocidental, mas não para os Yanomami, que diziam conhecer cada animal capturado, **embora nem todos tivessem nomes específicos em sua língua**.

João Fellet. Expedição ao Pico da Neblina se depara com novas espécies, restos de garimpo e expectativa de yanomamis com turismo. BBC Brasil, 24 abr. 2018. Disponível em: <www.bbc.com/portuguese/brasil-43860159>. Acesso em: 29 jul. 2018.

Grupo de yanomâmis com trajes tradicionais em festividade na aldeia de Ariabu, em Santa Isabel do Rio Negro (AM), em 2017.

a) Com base no trecho, o que se pode deduzir sobre a relação que os indígenas yanomâmis têm com a natureza? Por quê?

b) De que forma a oração destacada comenta a oração anterior, com a qual se relaciona? Que conjunção indica isso?

c) Considere o trecho.

[...] que diziam conhecer cada animal capturado, embora nem todos tivessem nomes específicos em sua língua.

- Há duas informações sobre o povo yanomâmi. Quais são? Qual é mais importante?

- No período, é utilizada a conjunção **embora**. Qual relação o uso dessa conjunção estabelece?

↑ A oração adverbial introduzida por **embora** estabelece um contraste, fazendo uma concessão, isto é: o fato de os yanomâmis não terem nomes para todos os animais capturados não significa que eles não os conheçam.

Esvazia-se, assim, a força argumentativa do fato de os animais não terem nomes entre os indígenas. O que se destaca é o fato de os indígenas conhecerem os animais.

A oração adverbial concessiva pode ser introduzida por outros conectivos e locuções conjuntivas: **ainda que, se bem que, por mais que** etc.

[Diziam conhecer cada animal], [embora nem todos tivessem nomes específicos em sua língua.]
oração principal   oração subordinada adverbial concessiva

---

7 Veja mais um trecho da reportagem sobre a expedição ao Pico da Neblina e releia outro trecho da reportagem apresentada anteriormente.

I.

https://www.bbc.com/portuguese/brasil-43860159

Trefaut exibia perícia e disposição surpreendentes. Era capaz de identificar sapos pelo canto a longas distâncias e os rastreava mata adentro [...]. Certa vez, ficou quase uma hora no encalço de um e só desistiu **porque passava das onze da noite**.

João Fellet. *Expedição ao Pico da Neblina se depara com novas espécies, restos de garimpo e expectativa de yanomamis com turismo*. BBC Brasil, 24 abr. 2018. Disponível em: <www.bbc.com/portuguese/brasil-43860159>. Acesso em: 29 jul. 2018.

II.

https://www.bbc.com/portuguese/brasil-43888079

Se a temperatura subir na região [...], a vegetação densa das áreas baixas amazônicas pode começar a subir a montanha [...].

João Fellet. BBC Brasil, 28 abr. 2018. Disponível em: <www.bbc.com/portuguese/brasil-43888079>. Acesso em: 23 nov. 2018.

a) Em I, o que a oração em destaque indica em relação à anterior? Que conjunção é usada?

b) Em II, que relação se estabelece entre as duas orações? Que conjunção indica isso?

c) Agora compare os dois trechos.

- Quanto à relação entre os acontecimentos, há semelhança entre I e II? Explique sua resposta.

- Em qual deles se indica certeza e em qual se expressa uma hipótese quanto ao que se afirma?

Orações adverbiais também estabelecem relações de **causalidade**. Nesse caso, a relação entre as orações indica que um acontecimento dependeu ou decorreu do outro.

Nos exemplos, a mesma relação entre os eventos aparece em construções diferentes: em I, a oração destacada é **causal**, indicada pelo conectivo "porque". Em II, a oração destacada é **condicional**, marcada pelo conectivo "se". A diferença entre a causal e a condicional baseia-se na atitude do enunciador. Com uma oração causal, expressa-se uma certeza (foi só por causa do horário que o biólogo desistiu de capturar o sapo) e, com uma condicional, expressa-se uma espécie de dúvida ou hipótese (na hipótese de a temperatura subir, então a vegetação também se deslocará).

8 Leia a fala do físico Mohan Munasinghe, vencedor do Prêmio Nobel da Paz em 2007, sobre o que observou quanto aos hábitos de consumo no Brasil e em outras partes do mundo.

Quando estive no Brasil, tive a impressão de que os mais pobres já reutilizavam tudo por necessidade. Os mais ricos, não. [...] Em certos locais do mundo, eles acumulam tanto que, no fim, já não sabem o que fazer com tantas coisas. Talvez estejam copiando os americanos, seu estilo de vida.

Gian Amato. "Se você esperar pelos governos, nada acontecerá", diz Nobel da Paz. Disponível em: <https://oglobo.globo.com/sociedade/se-voce-esperar-pelos-governos-nada-acontecera-diz-nobel-da-paz-22907237#ixzz5MjulRcEd>. Acesso em: 16 set. 2018.

a) O que diferencia o comportamento dos ricos e dos mais pobres segundo o físico?

b) Observe este trecho e responda ao que se pede:

Em certos locais do mundo, eles acumulam tanto que, no fim, já não sabem o que fazer com tantas coisas.

- Identifique quantas e quais orações formam o período.

- Que consequência resulta do acúmulo dos ricos?

- Destaque a oração que expressa a consequência, denominada consecutiva.

- Essa consequência só tem sentido para o leitor com a continuidade do período. Qual oração completa o sentido da consecutiva? Como ela se classifica?

9 Neste trecho de uma reportagem, o que a oração em destaque indica sobre o sonho do biólogo em viajar ao Parque Nacional do Pico da Neblina?

Há muitos anos a equipe liderada pelo professor Miguel Trefaut Rodrigues, um dos maiores especialistas em répteis e anfíbios do mundo, sonhava em viajar ao Parque Nacional do Pico da Neblina **para catalogar as espécies que ali vivem**.

João Fellet. *Expedição ao Pico da Neblina se depara com novas espécies, restos de garimpo e expectativa de yanomamis com turismo*. BBC Brasil, 24 abr. 2018. Disponível em: <www.bbc.com/portuguese/brasil-43860159>. Acesso em: 29 jul. 2018.

Outro tipo de relação de causalidade ocorre com orações que indicam **finalidade** e **consequência**.
Em geral, indica-se **finalidade** com o conector **para** seguido de um verbo no infinitivo.

["sonhava em viajar ao Parque Nacional do Pico da Neblina] [para catalogar as espécies que ali vivem".]
oração principal ⎯⎯⎯⎯⎯ oração subordinada adverbial final

Já para indicar **consequência**, usa-se o conectivo em uma oração que é antecedida de expressão de intensidade em outra oração.

[Eles acumulam tanto] [que, no fim, já não sabem o que fazer com tantas coisas].
oração principal ⎯⎯⎯⎯ oração subordinada adverbial consecutiva

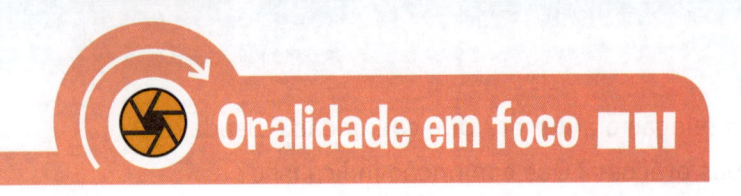

Oralidade em foco ▪▪▪

atividade **oral**

Enquete e exposição oral

Nesta unidade, você conheceu algumas ações que afetam negativamente o meio ambiente e outras que podem reduzir tal impacto. Vamos dar continuidade a esse tema nesta seção e na seguinte. Nesta, você montará e realizará uma enquete, em sua escola ou em seu bairro, sobre hábitos inadequados que agridem o meio ambiente e como as pessoas podem mudar seu comportamento.

> A **enquete** é um gênero que envolve uma pesquisa de opinião, com depoimentos e experiências pessoais, realizada, geralmente, no formato de entrevista. Ela pode ser utilizada para diversos fins; em época de eleições, por exemplo, são realizadas para medir as intenções de votos e a aceitação dos candidatos.

Para realizar sua enquete, siga as etapas a seguir.

Preparação

1. Forme uma dupla com um colega. Em conjunto, definam sobre qual problema ambiental a enquete de vocês tratará:
   - Descarte do lixo, desmatamento, poluição ambiental ou outro?
   - Há um problema ambiental que precisa de resolução urgente em sua cidade ou bairro?
2. Após a definição do problema, pesquisem sobre ele em livros, revistas e na internet e anotem os dados que julgarem mais importantes. Busquem também alternativas para a solução desse problema e, se possível, peçam orientações aos professores de Ciências e Geografia.
3. Ao buscar informações na internet, procurem *sites* confiáveis, de instituições de pesquisa, universidades e ONGs dedicadas à causa ambiental.
4. Com base nos resultados obtidos, reflitam sobre o tema e elaborem algumas perguntas – elas devem ser objetivas, exigindo como resposta apenas **sim** ou **não**.

   - Por exemplo, se escolheram o tema do descarte do lixo, podem fazer perguntas como:
     I. Sua cidade conta com programa de reciclagem do lixo?
     II. O lixo, em sua casa, é separado em orgânico e não orgânico?
     III. Sua escola conta com lixeiras separadas para os diferentes tipos de resíduos?
     IV. O lixo eletrônico, como pilhas e baterias, é descartado em lugar especial?
     V. Em sua cidade, existem pontos de recolhimento de óleo de cozinha?
     VI. Realiza compostagem de cascas de frutas, legumes e verduras, misturando-as com terra e minhocas para fazer adubo orgânico?
5. Muitos *sites* oferecem dicas e sugestões sobre reaproveitamento de materiais descartados, reciclagem, compostagem, como evitar a poluição do solo e do ar, como evitar desperdício de água e de energia, entre outros. Procure consultá-los para enriquecer sua pesquisa. Veja a seguir algumas sugestões de páginas que tratam de educação ambiental:

   - Educação ambiental começa em casa. Disponível em: <www.ecodesenvolvimento.org/noticias/educacao-ambiental-comeca-em-casa>.
   - Onze dicas para consumir e descartar o lixo de forma consciente. Disponível em: <www.curitiba.pr.gov.br/noticias/onze-dicas-para-consumir-e-descartar-o-lixo-de-forma-consciente/31054>.
   - Filmes para educação ambiental. Disponível em: <www.mma.gov.br/informma/item/3966-filmes-para-educacao-ambiental-gratis-na-internet>.

- SOS Mata Atlântica. Educação Ambiental. Disponível em: <www.sosma.org.br/blog-categorias/educacao-ambiental/>.
- WWF Brasil. Disponível em: <www.wwf.org.br>. (Acesso em: 23 nov. 2018).

6. Estruturem as perguntas e as revisem, verificando se são objetivas, de forma que o entrevistado possa responder **sim** ou **não**. Elas devem ser simples para que possam ser tabuladas. Se preciso, peçam orientações ao professor de Matemática sobre como tabular.

Realização

7. Após a elaboração do questionário, definam o universo da pesquisa, isto é:
- onde ela será feita: na comunidade escolar ou na comunidade onde vocês vivem;
- Quem serão os entrevistados? A comunidade escolar, outros colegas, professores e/ou funcionários; ou a comunidade onde vivem, amigos, vizinhos e conhecidos de bairro;
- quantas pessoas serão entrevistadas – o número de pessoas deve ser representativo, constituindo uma amostra expressiva das pessoas atingidas pela questão.

8. Façam cópias do questionário de acordo com o número estipulado de entrevistados.

9. Apliquem a enquete abordando as pessoas com educação, delicadeza e seriedade. Você deverá estar de uniforme escolar ou alguma identificação da escola, pois isso auxilia a qualificar a pesquisa como tarefa da escola e garante boa vontade dos possíveis entrevistados. Apresentem-se, esclareçam o que estão fazendo e perguntem se a pessoa poderia responder a algumas questões. Se ela concordar, realize as questões e anote as respostas. Se ela não concordar, agradeça a atenção e despeça-se com cortesia.

10. Registrem tudo cuidadosamente, disso depende a confiabilidade de sua enquete.

11. Após a realização das entrevistas, tabulem os resultados e façam um pequeno relatório. Apresentem esses resultados oralmente aos demais colegas e ao professor na sala de aula.

12. Guardem o material da pesquisa, porque ele servirá de base para a reportagem que será elaborada na **Oficina de produção**.

Autoavaliação

13. A enquete foi feita com base em perguntas objetivas, claras, que exigiam respostas precisas e concisas?

14. Como entrevistadores, você e seu colega de dupla conseguiram se dirigir aos entrevistados com calma, educação e seriedade?

15. Realizaram a tabulação com facilidade?

16. A tabulação apresentou resultados importantes? Por quê?

17. O relato oral em sala de aula contribuiu para a troca de experiências em torno da atividade e do tema? De que forma?

Isabela Santos

Oficina de produção ■■■

Reportagem

Você escreverá, em conjunto com alguns colegas, uma reportagem sobre natureza e sustentabilidade, tratando dos problemas que mais impactam o meio ambiente em sua cidade ou em sua escola e das ações sociais que podem ajudar a amenizá-los.

Relembre algumas características do gênero.

> A **reportagem** é composta de título, subtítulo ou linha fina, lide e texto, podendo haver intertítulos introduzindo as partes do texto. Pode conter também ilustrações, fotografias, infográficos, tabelas, mapas, entre outros recursos de informação. Trata de temáticas variadas, de relevância social, exigindo do autor pesquisa sobre o tema, entrevistas com especialistas, visitas aos locais envolvidos etc. Usa a norma-padrão, em registro formal, e cita, por meio do discurso direto e indireto, a palavra de especialistas na área de conhecimento envolvida. Os fatos são relatados em 3ª pessoa, de modo imparcial e objetivo, embora possa haver a expressão de um ponto de vista sobre o tema e os assuntos abordados.

Preparação

1. Forme um grupo com mais três colegas e conversem para definir como distribuir as seguintes tarefas: pesquisa; redação; ilustração; revisão; edição; divulgação (circulação em jornal ou *blog* da escola).
2. Ainda que cada um assuma uma tarefa com a qual tenha mais afinidade, todos podem participar de cada uma dessas etapas.

Planejamento

3. Consultem o material das enquetes produzidas na seção **Oralidade em foco** e definam o tema da reportagem. Avaliem se é possível reunir os temas abordados na enquete de cada dupla em um único tema do novo grupo, ou se será preciso escolher um deles.
4. Definam quais recursos visuais irão ilustrar o texto: fotografias, infográficos, tabelas, mapas ou desenhos. A enquete tabulada será aproveitada no texto da reportagem ou será destacada em um quadro ilustrativo? Que legenda acompanhará as ilustrações?
5. Definam a estrutura da reportagem: em que ordem serão apresentados os dados pesquisados, se haverá intertítulos separando as partes do texto etc.
6. Elaborem um roteiro com todas as informações necessárias para a execução, considerando o que foi decidido nas etapas anteriores.

Realização

7. Redijam o texto da reportagem. Embora haja um redator responsável, todos podem participar da escrita do texto, sugerindo frases, organização do relato, corte de dados, inclusão de falas de especialistas, comentários sobre os dados obtidos na enquete.
8. Escolham o título, subtítulo e intertítulos.
9. Definam o lugar de entrada das ilustrações e elaborem as legendas para elas.
10. O redator deve elaborar a redação final do texto.

Revisão e circulação

11. O responsável pela revisão e edição, com a ajuda dos demais, verifica se a reportagem atendeu às exigências do gênero. Observa a organização do conteúdo, a correção linguística, a objetividade e imparcialidade das informações, a citação de especialistas, a relação entre texto e ilustrações.

12. O grupo confere título, subtítulo e intertítulos e verifica se cumprem sua função de chamar a atenção do leitor e resumir os pontos principais do conteúdo informativo.

13. No processo de edição, que pode ser feito em programa de computador, usam-se recursos de formatação, inserção de imagens, espaçamento entre linhas e parágrafos, entre outros.

14. Todos devem ler a reportagem completa, opinar e sugerir ideias sobre as correções a serem feitas. O professor também pode ler e indicar alterações. O editor faz os acertos finais e a reportagem pode ser publicada.

15. Seria interessante também organizar, com a ajuda dos professores de Português, Matemática, Ciências, Arte e Geografia, uma mostra sobre meio ambiente. Nela, podem ser apresentadas as reportagens e também os resultados das enquetes em *slides*, projeções, cartazes e sessões de debate.

Autoavaliação

16. A reportagem feita pelo grupo atende às exigências do gênero textual?

17. A linguagem usada no texto está de acordo com as recomendações da norma-padrão no que se refere a ortografia, pontuação, concordância, organização de períodos e coesão?

18. A reportagem tem relevância social? Por quê?

19. Todos participaram efetivamente do processo de produção do texto? Como?

20. A participação de todos foi importante para o resultado final? Por quê?

21. O grupo aproveitou a atividade para informar-se mais sobre o meio ambiente, conscientizar-se e passar a adotar atitudes sustentáveis?

22. E na escola, qual foi a repercussão da reportagem?

asiseeit/E+/Getty Images

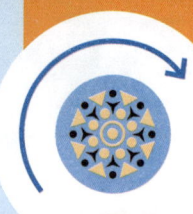

Caleidoscópio

AQUECIMENTO GLOBAL

Aquecimento global é o processo de aumento da temperatura média da atmosfera e dos oceanos ao longo do tempo.

Uma das principais causas do aquecimento global é a intensificação do efeito estufa.

O efeito estufa é um fenômeno natural, porém ele vem se agravando em decorrência da ação humana.

O acúmulo de gases, como o dióxido de carbono e o metano, impede que o calor refletido pela superfície terrestre saia da atmosfera, aumentando, assim, a temperatura do planeta.

Energia solar

Energia que volta ao espaço

Energia solar que atinge a Terra

Atmosfera

Calor que fica retido na atmosfera

Ações humanas que contribuem para o aquecimento global:

- emissão de gases gerados pela queima de combustíveis fósseis (como a gasolina e o óleo *diesel*) decorrente de atividades industriais e agropecuárias e da circulação de veículos;
- derrubada de florestas;
- produção exagerada de lixo.

O aquecimento global vem provocando impactos no planeta. Alguns deles:

- derretimento das calotas polares;
- aumento do nível e da temperatura dos oceanos;
- extinção de espécies animais e vegetais;
- intensificação da ocorrência de eventos extremos, como furacões, *tsunamis*, tornados etc.;
- aumento do risco de inundação de áreas litorâneas.

Christiane S. Messias

Como reduzir os impactos do aquecimento global?

- Diminuir o lançamento de gases poluentes na atmosfera.
- Produzir menos lixo.
- Evitar o desperdício de energia e água.

Atitudes sustentáveis que as pessoas podem adotar:

- utilizar transporte público ou bicicleta;
- reduzir o consumo reaproveitando os produtos;
- reciclar o lixo;
- fechar as torneiras e desligar os aparelhos elétricos quando não estão sendo utilizados;
- ficar atento às ações de empresas e de governos e cobrar deles o respeito ao ambiente.

Agora discuta com os colegas as questões a seguir.

1. Você acredita que o aquecimento global pode impactar diretamente sua vida? Por quê?

2. Você procura tomar atitudes e desenvolver hábitos que evitem o agravamento do efeito estufa? Em caso positivo, quais são eles?

3. Ao perceber que as atitudes de uma pessoa são pouco sustentáveis e que elas podem agravar o efeito estufa, você busca conscientizá-la? De que forma?

Mais de 95% do lixo nas praias brasileiras é composto por plástico, indica estudo

Mais de 95% do lixo encontrado nas praias brasileiras é composto por itens feitos de plástico, como garrafas, copos descartáveis, canudos, cotonetes, embalagens de sorvete e redes de pesca.

Esta é uma das principais conclusões de um trabalho de monitoramento realizado desde 2012, em 12 delas, pelo Instituto Oceanográfico da Universidade de São Paulo (IO-USP), em parceria com o Instituto Socioambiental dos Plásticos (Plastivida), uma associação que reúne entidades e empresas do setor.

As pesquisas sobre a questão do lixo no mar ainda são escassas e **incipientes**, tanto no Brasil como no exterior. Mas, em termos mundiais, sabe-se que os resíduos sólidos nos oceanos possuem diversas **proveniências**.

Até TV já foi encontrada em praias brasileiras: lixo na praia do Catalão, no Rio de Janeiro (RJ), em 2016.

Estima-se que 80% deles tenham origem terrestre. Entre as causas disso estão a gestão inadequada do lixo urbano e as atividades econômicas (indústria, comércio e serviços), portuárias e de turismo. A população também tem parte da responsabilidade pelo problema, devido principalmente à destinação incorreta de seus resíduos que, muitas vezes, são lançados deliberadamente na rua e nos rios, gerando a chamada **poluição difusa**.

Os 20% restantes têm origem nos próprios oceanos, gerados pelas atividades pesqueiras, mergulho recreativo, pesca submarina e turismo, como os cruzeiros, por exemplo.

No **ranking** dos países mais poluidores dos mares, o Brasil ocupa a 16ª posição, segundo um estudo realizado por pesquisadores americanos e divulgado em 2015.

[...]

Resultados

O IO-USP e Plastivida realizaram o levantamento no litoral brasileiro para conhecer em mais detalhes a situação do Brasil.

Ele foi feito em seis praias do Estado de São Paulo (Ubatumirim, Boraceia, Itaguaré, do Uma, Jureia e Ilha Comprida), três da Bahia (Taquari, Jauá e Imbassaí) e três de Alagoas (do Francês, Ipioca e do Toco). No total, foram realizadas seis coletas, inicialmente com intervalos de seis meses e depois de um ano.

"Dessas, as mais poluídas são Boraceia e Itaguaré, Praia do Francês e Taquari", conta o biólogo Alexander Turra, do IO-USP, coordenador do trabalho.

A história que levou à assinatura do convênio entre o IO-USP e a Plastivida começou em 2011, quando foi criado o Compromisso de Honolulu, para discutir a questão de resíduos nos mares em nível global. [...]

Desde então, além do levantamento dos resíduos nas praias, a parceria resultou em vários outros trabalhos. "O convênio é um arranjo inovador, que junta a universidade com a **iniciativa privada** para resolver questões importantes para a sociedade", diz Turra. [...]

Além disso, foi criado o Fórum Setorial dos Plásticos Online - Por Um Mar Limpo, para ampliar os debates sobre os caminhos e as alternativas de **mitigação** para o problema dos resíduos nas praias e nos oceanos.

Trata-se de uma plataforma *online*, que reúne todas as informações e o conhecimento obtidos desde 2012, além das propostas de educação ambiental, prevenção, coleta e reciclagem. [...]

Glossário 🗨

Incipiente: que está no começo, principiante.
Iniciativa privada: atividades feitas sem a presença do Estado.
Mitigação: atenuação, diminuição.
Poluição difusa: tipo específico de poluição de águas que se originam em vários lugares.
Proveniência: lugar de origem, fonte.
Ranking: classificação; listagem.

Daniel Marenco/Agência C Globo

Combatendo o problema

Os participantes do Fórum pretendem pesquisar alternativas para que o setor industrial e a população possam combater o lixo no mar.

"O Instituto Oceanográfico é um moderador desse diálogo", diz Turra. "Nós auxiliamos as empresas a canalizarem as informações científicas corretas e a realizar as melhores ações concretas possíveis."

De acordo com ele, os principais objetivos do IO-USP nesses projetos são a educação ambiental em relação ao consumo consciente e à destinação correta do material descartado. A ideia é que, bem informadas sobre o tema, as pessoas possam ajudar a manter os oceanos e as praias limpas. [...]

Evanildo da Silveira. 23 de janeiro de 2018. BBC Brasil. 23 jan. 2018.
Disponível em: <www.bbc.com/portuguese/brasil-42779388>. Acesso em: 10 out. 2018.

1 Localize no texto as seguintes informações.

a) Autor da reportagem.

b) Data da reportagem.

c) Veículo em que foi divulgada.

d) Tema abordado.

2 Releia o texto e responda às questões propostas.

a) Qual é o problema principal discutido, apresentado no primeiro parágrafo (lide)?

b) Quais são os órgãos que chegaram às conclusões apresentadas?

c) Qual é a importância de citar os órgãos que fizeram as pesquisas?

d) Releia o trecho.

No *ranking* dos países mais poluidores dos mares, o Brasil ocupa a 16ª posição, segundo um estudo realizado por pesquisadores americanos e divulgado em 2015.

- Quem fez o estudo? Quando foi divulgado?

e) Como a fonte de pesquisa contribui para essa informação?

3 Em vários momentos, a reportagem traz a palavra de Alexander Turra, evidenciada por aspas.

a) Qual é a importância das falas dele na reportagem?

b) Releia uma das falas do pesquisador.

O convênio é um arranjo inovador, que junta a universidade com a iniciativa privada para resolver questões importantes para a sociedade.

- Quantas orações há nesse período? Transcreva-as separadamente, destacando os verbos.
- Que sentido a oração "para resolver questões importantes para a sociedade" acrescenta ao período? Explique.

4 Na reportagem, são usadas várias porcentagens.

a) Explique a que são relativos os dados de 95%, 80% e 20%.

b) O uso de porcentagens e outros dados numéricos cria que efeitos no texto? Justifique sua resposta.

c) Que outros recursos criam efeitos semelhantes?

5 Com base no texto, é possível inferir algumas ações concretas para ter águas mais limpas. Pense em uma, explique-a e descreva seus possíveis resultados.

Igualdade e inclusão

araratr.art/Shutterstock.com

Antever

1 Descreva a imagem, caracterizando o elemento que está em destaque.

2 Você costuma ver pessoas com turbantes como esse nas ruas ou na televisão, em revistas e nas redes sociais? Quem costuma usá-lo?

3 Historicamente, o turbante usado pelas mulheres negras era associado à identidade delas. As mulheres africanas escravizadas, no Brasil, amarravam lenços na cabeça de acordo com o grupo étnico ao qual pertenciam, e isso permitia que fosse reconhecida sua nação de origem (Nagô, Jejê etc.). Que significados essa origem histórica atribui ainda hoje ao uso do turbante?

4 O uso de turbantes e penteados que ressaltam os cabelos crespos é uma forma de afirmar uma identidade e de expressar orgulho dela? Por quê?

Nesta unidade, você refletirá sobre um tema importante para a promoção da igualdade no Brasil: o direito de todas as pessoas às mesmas oportunidades. Refletir sobre esse assunto, identificando as raízes de certos tipos de discriminação e suas formas de manifestação, é um passo necessário para o exercício da cidadania.

Silhueta de mulher negra com turbante tradicional.

 atividade **oral**

 **Antes da leitura** ■■▮

Leia o infográfico a seguir, retirado da reportagem "IBGE mostra as cores da desigualdade", publicada no *site* Agência de Notícias, do IBGE, em 11 de maio de 2018.

1 O que esse infográfico representa?

2 Que recursos gráficos foram usados para a apresentação desses dados?

3 Como você fez a leitura desse infográfico? Você leu, inicialmente, a primeira coluna ou a primeira linha? Em sua opinião, há uma forma mais eficiente de ler esse infográfico?

4 O que os dados revelam com relação:

a) à taxa de analfabetismo?

b) ao rendimento médio de todos os trabalhos?

c) ao trabalho de crianças de 5 a 7 anos?

Leia um trecho da notícia que gerou esse infográfico.

Para o professor Otair Fernandes, doutor em Ciências Sociais e coordenador do Laboratório de Estudos Afro-Brasileiros e Indígenas da Universidade Federal Rural do Rio de Janeiro (Leafro/UFRRJ), a realidade do Brasil ainda é herança do longo período de colonização europeia e do fato de ter sido o último país a acabar com a escravidão.

[...] "A questão da escravidão é uma marca histórica. Durante esse período, os negros não tinham nem a condição de humanidade. E, pós-abolição, não houve nenhum projeto de inserção do negro na sociedade brasileira. Mesmo depois de libertos, os negros ficaram à própria sorte."

IBGE mostra as cores da desigualdade. Agência de notícias IBGE, 11 maio 2018. Disponível em: <https://agenciadenoticias.ibge.gov.br/agencia-noticias/2012-agencia-de-noticias/noticias/21206-ibge-mostra-as-cores-da-desigualdade>. Acesso em: 8 nov. 2018.

Taxa de analfabetismo em 2016
PNAD CONTÍNUA 2016

Brancos
4,2%

Pretos ou pardos
9,9%

Rendimento médio de todos os trabalhos
PNAD CONTÍNUA 2017

Brancos
R$ 2814

Pardos
R$ 1606

Pretos
R$ 1570

Em 2016, 1.835 crianças de 5 a 7 anos trabalhavam
PNAD CONTÍNUA 2016

Brancas
35,8%

Pretas ou pardas
63,8%

Taxa de desocupação
PNAD CONTÍNUA - 4º TRI 2017

Brancos
9,5%

Pardos
14,5%

Pretos
13,6%

IBGE mostra as cores da desigualdade. Agência de notícias IBGE, 11 maio 2018. Disponível em: <https://agenciadenoticias.ibge.gov.br/agencia-noticias/2012-agencia-de-noticias/noticias/21206-ibge-mostra-as-cores-da-desigualdade>. Acesso em: 8 nov. 2018.

IBGE - Disponível em https://agenciadenoticias.ibge.gov.br/agencia-noticias/2012-agencia-denoticias/noticias/21206-ibge-mostra-as-cores-da-desigualdade - Acesso em: 17/11/18

5 Em sua opinião, que informações da notícia o conjunto de dados do infográfico confirma?

6 O documento que você estudará na sequência contém as disposições preliminares do Estatuto da Igualdade Racial, sancionado em 20 de julho de 2010. Em sua opinião, com que objetivos foi escrito e sancionado o Estatuto da Igualdade Racial?

Estatuto da Igualdade Racial

www.planalto.gov.br/CclVIL_03/_Ato2007-2010/2010/Lei/L12288.htm

Casa Civil

Subchefia para Assuntos Jurídicos

LEI Nº 12.288, DE 20 DE JULHO DE 2010.

Vigência (Vide Decreto nº 8.136, de 2013)

Institui o Estatuto da Igualdade Racial; altera as Leis nºs 7.716, de 5 de janeiro de 1989, 9.029, de 13 de abril de 1995, 7.347, de 24 de julho de 1985, e 10.778, de 24 de novembro de 2003.

O PRESIDENTE DA REPÚBLICA Faço saber que o Congresso Nacional decreta e eu sanciono a seguinte Lei:

TÍTULO I

DISPOSIÇÕES PRELIMINARES

Art. 1º Esta Lei institui o Estatuto da Igualdade Racial, destinado a garantir à população negra a efetivação da igualdade de oportunidades, a defesa dos direitos étnicos individuais, coletivos e difusos e o combate à discriminação e às demais formas de intolerância étnica.

Parágrafo único. Para efeito deste Estatuto, considera-se:

I - discriminação racial ou étnico-racial: toda distinção, exclusão, restrição ou preferência baseada em raça, cor, descendência ou origem nacional ou étnica que tenha por objeto anular ou restringir o reconhecimento, gozo ou exercício, em igualdade de condições, de direitos humanos e liberdades fundamentais nos campos político, econômico, social, cultural ou em qualquer outro campo da vida pública ou privada;

II - desigualdade racial: toda situação injustificada de diferenciação de acesso e fruição de bens, serviços e oportunidades, nas esferas pública e privada, em virtude de raça, cor, descendência ou origem nacional ou étnica;

III - desigualdade de gênero e raça: assimetria existente no âmbito da sociedade que acentua a distância social entre mulheres negras e os demais segmentos sociais;

IV - população negra: o conjunto de pessoas que se autodeclaram pretas e pardas, conforme o quesito cor ou raça usado pela Fundação Instituto Brasileiro de Geografia e Estatística (IBGE), ou que adotam autodefinição análoga;

V - políticas públicas: as ações, iniciativas e programas adotados pelo Estado no cumprimento de suas atribuições institucionais;

VI - ações afirmativas: os programas e medidas especiais adotados pelo Estado e pela iniciativa privada para a correção das desigualdades raciais e para a promoção da igualdade de oportunidades.

Art. 2º É dever do Estado e da sociedade garantir a igualdade de oportunidades, reconhecendo a todo cidadão brasileiro, independentemente da etnia ou da cor da pele, o direito à participação na comunidade, especialmente nas atividades políticas, econômicas, empresariais, educacionais, culturais e esportivas, defendendo sua dignidade e seus valores religiosos e culturais.

Art. 3º Além das normas constitucionais relativas aos princípios fundamentais, aos direitos e garantias fundamentais e aos direitos sociais, econômicos e culturais, o Estatuto da Igualdade Racial adota como diretriz político-jurídica a inclusão das vítimas de desigualdade étnico-racial, a valorização da igualdade étnica e o fortalecimento da identidade nacional brasileira.

Art. 4º A participação da população negra, em condição de igualdade de oportunidade, na vida econômica, social, política e cultural do País será promovida, prioritariamente, por meio de:

I - inclusão nas políticas públicas de desenvolvimento econômico e social;

II - adoção de medidas, programas e políticas de ação afirmativa;

III - modificação das estruturas institucionais do Estado para o adequado enfrentamento e a superação das desigualdades étnicas decorrentes do preconceito e da discriminação étnica;

IV - promoção de ajustes normativos para aperfeiçoar o combate à discriminação étnica e às desigualdades étnicas em todas as suas manifestações individuais, institucionais e estruturais;

V - eliminação dos obstáculos históricos, socioculturais e institucionais que impedem a representação da diversidade étnica nas esferas pública e privada;

VI - estímulo, apoio e fortalecimento de iniciativas oriundas da sociedade civil direcionadas à promoção da igualdade de oportunidades e ao combate às desigualdades étnicas, inclusive mediante a implementação de incentivos e critérios de condicionamento e prioridade no acesso aos recursos públicos;

VII - implementação de programas de ação afirmativa destinados ao enfrentamento das desigualdades étnicas no tocante à educação, cultura, esporte e lazer, saúde, segurança, trabalho, moradia, meios de comunicação de massa, financiamentos públicos, acesso à terra, à Justiça, e outros.

Parágrafo único. Os programas de ação afirmativa constituir-se-ão em políticas públicas destinadas a reparar as distorções e desigualdades sociais e demais práticas discriminatórias adotadas, nas esferas pública e privada, durante o processo de formação social do País.

[...]

Simone Matias

Brasil. Presidência da República. Casa Civil. Subchefia para assuntos jurídicos. Lei nº 12.288, de 20 de julho de 2010. Brasília, 2010. Disponível em: <www.planalto.gov.br/CcIVIL_03/_Ato2007-2010/2010/Lei/L12288.htm>. Acesso em: 8 nov. 2018.

Estudo do texto ▪▪▪ no caderno

1 Faça uma pesquisa para saber o que são estatutos. Depois, responda às perguntas a seguir.

a) O que são estatutos e qual é sua função?

b) O que estatutos oficiais como o que você acabou de ler visam garantir?

2 Releia o artigo 1º das Disposições Preliminares do Estatuto da Igualdade Racial e identifique quais problemas enfrentados pela população negra no Brasil motivaram a aprovação desse conjunto de leis.

3 As Disposições Preliminares do Estatuto da Igualdade Racial são compostas de cinco artigos. O 1º conta com um parágrafo único, dividido em seis itens. Qual a função desses itens para o estatuto? Por que eles são fundamentais para a compreensão do texto como um todo?

4 Releia os artigos 2º, 3º e 4º.

a) Identifique aquele que apresenta ações concretas do Estado com a finalidade de assegurar a defesa dos direitos da população negra.

b) Releia os tópicos de I a VII do artigo 4º do Estatuto da Igualdade Racial e identifique:

- aquele(s) que protege(m) a população negra de qualquer discriminação;
- aquele(s) que incentiva(m) diferentes setores da sociedade a promover ações que visem à igualdade de oportunidades;
- aquele(s) que visa(m) à garantia da presença do negro nos diferentes grupos profissionais e sociais da sociedade.

5 Ao longo dos artigos, há indicação do principal responsável pela implementação das leis, promoção da igualdade, garantia dos direitos? Se houver, quem seria?

6 Em qual dos artigos toda a população está incluída no dever de garantir a igualdade de oportunidades a todo cidadão? Reescreva o trecho que justifica sua resposta.

7 Além dessa defesa, que outro tipo de ação deve ser assumido pelo Estado e pela população?

8 Por que, em sua opinião, as questões relativas às políticas de promoção da igualdade racial estão ligadas ao Ministério dos Direitos Humanos?

9 Agora que você leu uma parte do Estatuto da Igualdade Racial, volte à questão 2 da seção **Antes da leitura** e responda novamente por que o Estatuto da Igualdade Racial precisou ser criado.

O que são ações afirmativas?

Leia a seguir o trecho de um texto publicado no *site* da Secretaria Nacional de Política de Promoção da Igualdade Racial (Seppir), ligada ao Ministério dos Direitos Humanos.

Ações afirmativas são políticas públicas feitas pelo governo ou pela iniciativa privada com o objetivo de corrigir desigualdades raciais presentes na sociedade, acumuladas ao longo de anos.

Uma ação afirmativa busca oferecer igualdade de oportunidades a todos. As ações afirmativas podem ser de três tipos: com o objetivo de reverter a representação negativa dos negros; para promover igualdade de oportunidades; e para combater o preconceito e o racismo.

As ações afirmativas no Brasil partem do conceito de equidade expresso na Constituição, que significa tratar os desiguais de forma desigual, isto é, oferecer estímulos a todos aqueles que não tiveram igualdade de oportunidade devido à discriminação e ao racismo.

Ministério dos Direitos Humanos. O que são ações afirmativas? Disponível em: <www.seppir.gov.br/assuntos/o-que-sao-acoes-afirmativas>. Acesso em: 8 nov. 2018.

Linguagem, texto e sentidos  no caderno

1 Releia o cabeçalho do estatuto (parte anterior ao Título I) e destaque todos os elementos que fazem o leitor reconhecer que se trata de um documento jurídico, de alto grau de importância e possível em uma república democrática.

2 Releia os incisos I e II do parágrafo único do artigo 1º observando as palavras destacadas:

> I – discriminação racial ou étnico-racial: **toda** distinção, exclusão, restrição ou preferência baseada em raça, cor, descendência ou origem nacional ou étnica [...];
>
> II – desigualdade racial: **toda** situação injustificada de diferenciação de acesso e fruição de bens, serviços e oportunidades [...].

a) Consulte o dicionário e verifique os diferentes sentidos da palavra **todo**.

b) Em qual dos sentidos identificados por você no dicionário a palavra **toda** foi empregada no estatuto?

c) Que efeito de sentido o emprego de **toda** tem nesses trechos do estatuto? Por que isso é aceitável em um documento com os objetivos do Estatuto da Igualdade Racial?

3 No artigo 2º, o mesmo pronome indefinido é empregado novamente.

a) Identifique e copie o trecho no caderno.

b) O que isso revela sobre os compromissos que o Estado declara ter com seus cidadãos?

4 Leia com atenção o que o artigo 4º do estatuto e seus incisos dizem:

> A participação da população negra, em condição de igualdade de oportunidade, na vida econômica, social, política e cultural do País será promovida, prioritariamente, por meio de:
>
> I - inclusão nas políticas públicas de desenvolvimento econômico e social;
>
> II - adoção de medidas, programas e políticas de ação afirmativa;
>
> III - modificação das estruturas institucionais do Estado para o adequado enfrentamento e a superação das desigualdades étnicas decorrentes do preconceito e da discriminação étnica;
>
> IV - promoção de ajustes normativos para aperfeiçoar o combate à discriminação étnica e às desigualdades étnicas em todas as suas manifestações individuais, institucionais e estruturais;
>
> V - eliminação dos obstáculos históricos, socioculturais e institucionais que impedem a representação da diversidade étnica nas esferas pública e privada;
>
> VI - estímulo, apoio e fortalecimento de iniciativas oriundas da sociedade civil direcionadas à promoção da igualdade de oportunidades e ao combate às desigualdades étnicas, inclusive mediante a implementação de incentivos e critérios de condicionamento e prioridade no acesso aos recursos públicos;
>
> VII - implementação de programas de ação afirmativa destinados ao enfrentamento das desigualdades étnicas no tocante à educação, cultura, esporte e lazer, saúde, segurança, trabalho, moradia, meios de comunicação de massa, financiamentos públicos, acesso à terra, à Justiça, e outros.

- Reescreva no caderno o primeiro termo de cada inciso.

- Indique o que há em comum entre eles quanto à classe de palavras.

- O que esses termos têm em comum com o enunciado do artigo 4º?

5 Em sua opinião, em relação ao artigo lido na atividade anterior, sua redação deu-se de forma aleatória e espontânea ou há um protocolo linguístico a ser respeitado?

Ampliar

Histórias cruzadas, direção: Tate Taylor (EUA/ Índia/Emirados Árabes Unidos, 2011).

A história se passa no estado americano do Mississippi, no ano de 1962. Skeeter, uma jovem branca que acaba de voltar à sua cidade, começa a entrevistar mulheres negras para escrever seu primeiro livro. No desenrolar da história, mostra-se o conflito entre essas vidas, que se relacionam de maneira delicada e desigual.

6 Compare o emprego dos tempos verbais nos quadros a seguir.

Quadro 1
Esta Lei institui o Estatuto da Igualdade Racial [...]
Para efeito deste Estatuto, considera-se [...]

Quadro 2
A participação da população negra [...] será promovida, prioritariamente, por meio:
Os programas de ação afirmativa constituir-se-ão em políticas públicas destinadas a reparar distorções [...]

a) Quais trechos destacam o que já está inscrito na lei?

b) Qual tempo verbal foi empregado nesses trechos?

c) Quais trechos destacam o que será instituído com o sancionamento da lei?

d) Qual tempo verbal foi empregado nesses trechos?

Para responder às questões de 7 a 10, leia os artigos do Capítulo IV do Título III do estatuto, "Das ouvidorias permanentes e do acesso à justiça e à segurança".

Art. 51. O poder público federal instituirá, na forma da lei e no âmbito dos Poderes Legislativo e Executivo, Ouvidorias Permanentes em Defesa da Igualdade Racial, para receber e encaminhar denúncias de preconceito e discriminação com base em etnia ou cor e acompanhar a implementação de medidas para a promoção da igualdade.

Art. 52. É assegurado às vítimas de discriminação étnica o acesso aos órgãos de Ouvidoria Permanente, à Defensoria Pública, ao Ministério Público e ao Poder Judiciário, em todas as suas instâncias, para a garantia do cumprimento de seus direitos.

Parágrafo único. O Estado assegurará atenção às mulheres negras em situação de violência, garantida a assistência física, psíquica, social e jurídica.

Art. 53. O Estado adotará medidas especiais para coibir a violência policial incidente sobre a população negra.

Parágrafo único. O Estado implementará ações de ressocialização e proteção da juventude negra em conflito com a lei e exposta a experiências de exclusão social.

Art. 54. O Estado adotará medidas para coibir atos de discriminação e preconceito praticados por servidores públicos em detrimento da população negra, observado, no que couber, o disposto na Lei nº 7.716, de 5 de janeiro de 1989.

Art. 55. Para a apreciação judicial das lesões e das ameaças de lesão aos interesses da população negra decorrentes de situações de desigualdade étnica, recorrer-se-á, entre outros instrumentos, à ação civil pública, disciplinada na Lei nº 7.347, de 24 de julho de 1985.

Brasil. Casa Civil. Subchefia para assuntos jurídicos. Lei nº 12.288, de 20 de julho de 2010, Brasília, 2010. Disponível em: <www.planalto.gov.br/CcIVIL_03/_Ato2007-2010/2010/Lei/L12288.htm>. Acesso em: 8 nov. 2018.

7 Sabemos que uma lei envolvendo acesso à justiça só é criada se as ações a serem coibidas ocorrem na sociedade. Nos artigos apresentados, identifique:

a) termos e expressões relativos ao tema da discriminação;

b) expressões relativas ao tema da violência.

8 Em sua opinião, essas expressões estão relacionadas a fatos da história do Brasil? Se sim, quais?

9 Destaque nos artigos do Capítulo IV os termos e as expressões relacionados ao tema da proteção e da integração social.

10 Destaque desse trecho e também do trecho das Disposições Preliminares apresentado anteriormente palavras e expressões que relacionem as obrigações do Estado com o asseguramento dos direitos da população negra do Brasil.

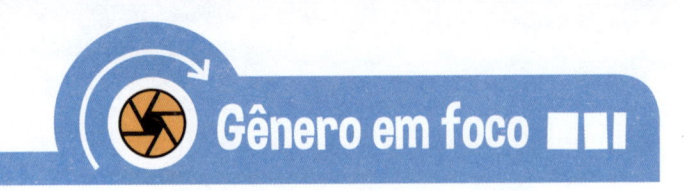

Estatuto

1 No estudo do Estatuto da Igualdade Racial, você já pesquisou o que é um estatuto. Converse com os colegas e o professor e cite mais alguns estatutos com força de lei no Brasil e diga quais são suas finalidades principais.

2 Leia os textos a seguir, retirados de estatutos brasileiros.

Texto 1

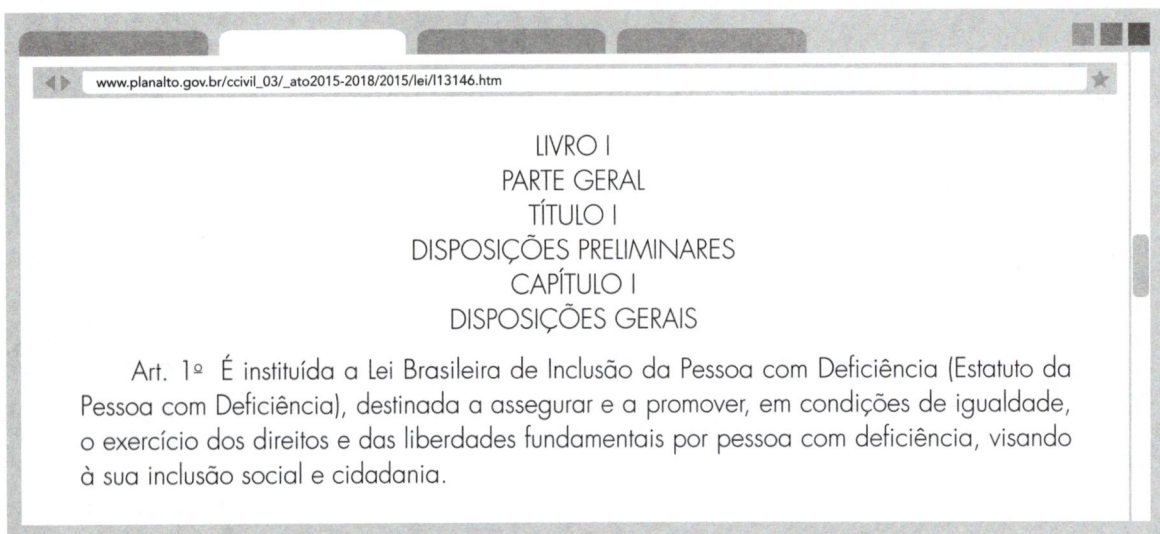

www.planalto.gov.br/ccivil_03/_ato2015-2018/2015/lei/l13146.htm

LIVRO I
PARTE GERAL
TÍTULO I
DISPOSIÇÕES PRELIMINARES
CAPÍTULO I
DISPOSIÇÕES GERAIS

Art. 1º É instituída a Lei Brasileira de Inclusão da Pessoa com Deficiência (Estatuto da Pessoa com Deficiência), destinada a assegurar e a promover, em condições de igualdade, o exercício dos direitos e das liberdades fundamentais por pessoa com deficiência, visando à sua inclusão social e cidadania.

Disponível em: <www.planalto.gov.br/ccivil_03/_ato2015-2018/2015/lei/l13146.htm>. Acesso em: 8 nov. 2018.

Texto 2

www.planalto.gov.br/ccivil_03/leis/2003/L10.741compilado.htm

TÍTULO I
Disposições Preliminares

Art. 1º É instituído o Estatuto do Idoso, destinado a regular os direitos assegurados às pessoas com idade igual ou superior a 60 (sessenta) anos.

Rawpixel.com/Shutterstock.com

Disponível em: <www.planalto.gov.br/ccivil_03/leis/2003/L10.741compilado.htm>. Acesso em: 8 nov. 2018.

Texto 3

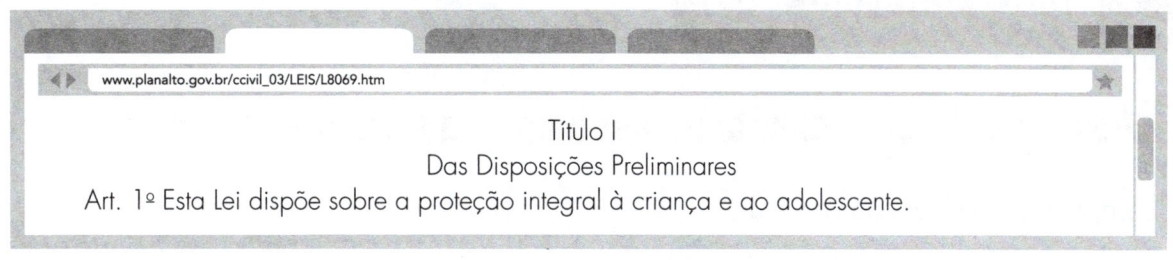

www.planalto.gov.br/ccivil_03/LEIS/L8069.htm

Título I
Das Disposições Preliminares
Art. 1º Esta Lei dispõe sobre a proteção integral à criança e ao adolescente.

Disponível em: <www.planalto.gov.br/ccivil_03/LEIS/L8069.htm>. Acesso em: 8 nov. 2018.

a) Do que trata o artigo 1º dos estatutos?

b) Nas expressões localizadas acima do artigo 1º, que diferença existe entre os três exemplos aqui transcritos?

c) Considerando essa diferença, qual dessas leis você acha que contém uma organização mais complexa e detalhada? Por quê?

d) Pela disposição dessas informações que encabeçam o artigo 10, o que você pode concluir sobre a organização de uma lei como os estatutos aqui citados?

> O estatuto é um regulamento ou código que tem significado e valor de lei ou norma.
> As divisões de um texto legal como o estatuto seguem uma hierarquia, ou seja, organizam-se do mais geral para o mais específico: livro, título, capítulo, seção, subseção, artigo, parágrafo, inciso, alínea e item.

3 Retorne à leitura do Estatuto da Igualdade Racial.

- Como estão organizados os artigos.

O artigo e suas subdivisões

O artigo é a unidade básica dos textos legais. Como você pôde observar nos trechos de estatutos lidos neste capítulo, sua abreviatura é art. Até o nono, os artigos são indicados por números ordinais (1º, 2º, 3º...); depois, são indicados pelos cardinais (10, 11, 12...).

Os artigos podem se dividir em parágrafos, que são indicados por algarismos. Pode haver também os casos de parágrafo único – reveja o trecho do Estatuto da Igualdade Racial.

Os incisos, as alíneas e os itens são usados para enumerar elementos dentro do artigo. O inciso pode estar vinculado diretamente ao artigo ou ao parágrafo e é indicado por números romanos. A alínea é uma subdivisão do inciso e é representada por letras minúsculas. As alíneas, por sua vez, podem ser subdivididas em itens, que são indicados por algarismos.

4 Observando os estatutos e principalmente o que você estudou na seção **Linguagem, texto e sentidos**, responda:

a) Que tipo de registro da língua é usado nos textos legais?

b) Que justificativa se pode apresentar para o uso desse tipo de registro nos gêneros normativos e legais? Considere, em sua resposta, o que esse gênero representa socialmente e quais são suas formas de circulação.

5 Qual é a função principal desses textos?

6 Que outros tipos de textos legais você conhece?

7 Em sua escola, em seu bairro, em sua cidade, você saberia identificar algum texto legal que regulamente comportamentos que você deve assumir no dia a dia?

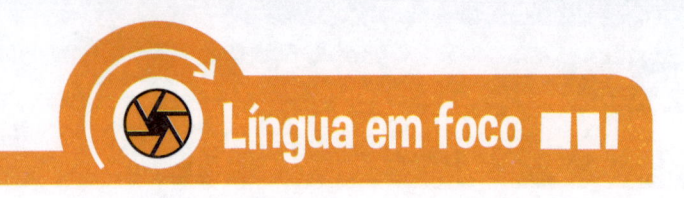

Orações subordinadas substantivas: emprego e efeitos de sentido

1 Compare os dois períodos a seguir.

I. "É dever do Estado e da sociedade garantir a igualdade de oportunidades [...]."
II. É dever do Estado e da sociedade a garantia de igualdade de oportunidades.

a) Classifique os períodos em simples e composto.

b) Que termo exerce a função de sujeito no período II?

c) Qual é o núcleo do sujeito? A que classe gramatical pertence?

d) No período II, qual é o sujeito?

e) Qual é a diferença entre o sujeito do período I e o do período II?

f) Que relação existe entre as orações do período composto identificado?

> Um período formado por duas ou mais orações (blocos que giram em torno de um verbo) é chamado de **período composto**.
>
> Quando as duas orações estão em relação de dependência, ou seja, uma exerce função em relação a outra, esse período será chamado de período composto por subordinação. Um **período composto por subordinação** é formado por uma oração principal e orações subordinadas que completam sintaticamente o sentido de um dos termos da oração principal. Assim, "É dever do Estado e da sociedade" é a oração principal e o sujeito dessa oração é a oração subordinada "garantir a igualdade de oportunidades".

2 Compare mais dois períodos.

I. "[...] o Estatuto da Igualdade Racial adota como diretriz político-jurídica a valorização da igualdade étnica e o fortalecimento da identidade nacional brasileira."
II. O Estatuto da Igualdade Racial adota como diretriz político-jurídica que a igualdade étnica e o fortalecimento da identidade nacional brasileira sejam valorizados.

a) Qual é o sujeito do verbo **adota** no período I?

b) Qual é o sujeito do verbo **adota** no período II?

c) Sabendo que o verbo **adotar** é transitivo direto, identifique o objeto direto:

- do período I;
- do período II.

d) Há diferença sintática entre os sujeitos? Se sim, qual?

e) Há diferença sintática entre os objetos? Se sim, qual?

> Certas funções sintáticas de uma oração podem ser exercidas por um termo simples ou por uma oração. Por exemplo, uma oração subordinada substantiva subjetiva exerce a função de sujeito de uma oração principal. Veja:
> Interessa-me que você compareça à audiência de custódia.
> A oração "que você compareça à audiência de custódia" é subordinada substantiva subjetiva porque funciona como sujeito da oração principal, "Interessa-me".
> O objeto direto também pode ser um termo nominal ou uma oração. Por exemplo:
> Eles não querem que as pessoas vivam em igualdade.
> A oração "que as pessoas vivam em igualdade" é subordinada substantiva objetiva direta, porque funciona como objeto direto do verbo da oração principal, "querem".

3 Ao escrever um texto, o falante da língua portuguesa tem à sua disposição várias possibilidades de construção das frases.

Compare as construções a seguir.

I. Igualdade de oportunidades é dever do Estado.
II. "É dever do Estado e da sociedade garantir a igualdade de oportunidades [...]"

a) Qual das duas construções, em sua opinião, é mais clara e ajusta-se mais ao tom de formalidade exigido por um documento oficial, como é o caso de um estatuto?

b) Em sua opinião, a outra construção seria mais adequada em que gênero textual? Por quê?

Leia o texto a seguir para responder às próximas questões.

Em 14 de setembro de 2017, dois alunos da Faculdade de Direito da Universidade Federal de Santa Maria (UFSM) foram vítimas de racismo. Nas paredes do Diretório Acadêmico da faculdade, foram escritas frases ofensivas contra os dois. O Núcleo de Ações Afirmativas Sociais, Étnico-Raciais e Indígenas da Universidade publicou, na mesma semana, uma nota de repúdio aos atos racistas. Leia a seguir um trecho da nota.

Nota de repúdio aos atos racistas na UFSM

A Declaração Universal dos Direitos Humanos aprovada em 1948 traz no Artigo I que:

Todas as pessoas nascem livres e iguais em dignidade e direitos. São dotadas de razão e consciência e devem agir [...] umas às outras com espírito de fraternidade. Todo ser humano tem capacidade para gozar os direitos e as liberdades estabelecidos nesta Declaração, sem distinção de qualquer espécie, seja de raça, cor, sexo, idioma, religião, opinião política ou de outra natureza, origem nacional ou social, riqueza, nascimento, ou qualquer outra condição.

[...]

Hoje, em pleno século XXI, assistimos a essa manifestação de racismo, preconceito e profundo desrespeito com colegas de curso, que trazem em suas trajetórias de vida histórico de luta e de superação, para estarem ocupando o seu lugar dentro da academia, sendo esse seu lugar de direito.

[...]

Ainda é preciso desmascarar o mito da democracia racial e questionar o discurso e as práticas eurocêntricas, homogeneizadoras e monoculturais dos processos sociais e educativos ainda presentes em nosso país e que nos mostram que nesse cenário precisamos defender uma educação para as relações étnico-raciais em nossa Universidade.

A universidade é minha, é tua e é nossa.

Esperamos que esse fato seja investigado por todos os órgãos competentes e que os responsáveis por essa atitude criminosa sejam devidamente punidos.

Para finalizar:

"Temos o direito de ser iguais quando a nossa diferença nos inferioriza; e temos o direito de ser diferentes quando a nossa igualdade nos descaracteriza. Daí a necessidade de uma igualdade que reconheça as diferenças e de uma diferença que não produza, alimente ou reproduza as desigualdades". Boaventura de Souza Santos

UFSM. Nota de repúdio aos atos racistas na UFSM. Disponível em: <http://coral.ufsm.br/acoesafirmativas/index.php/noticias/24-nota-de-repudio-aos-atos-racistas-na-ufsm>. Acesso em: out. 2018.

4 Com base na leitura do texto, responda ao que se pede.

a) Com que objetivo foi escrita essa nota?

b) Que comportamentos humanos a nota valoriza? Quais são as palavras que justificam sua resposta?

5 Releia atentamente os períodos a seguir considerando os objetivos do texto. Sua tarefa será verificar como o emprego de estruturas com oração principal mais oração subordinada substantiva contribuíram para tornar claras as opiniões dos autores da nota.

    I. "Ainda é preciso / desmascarar o mito da democracia racial / e questionar o discurso e as práticas eurocêntricas [...]"

    II. "[...] precisamos / defender uma educação para as relações étnico-raciais em nossa Universidade."

    III. "Esperamos / que esse fato seja investigado por todos os órgãos competentes / e que os responsáveis por essa atitude criminosa sejam devidamente punidos."

    IV. "Temos o direito / de ser iguais [...]"

a) No período II, em qual das duas partes do período composto por subordinação está declarado o posicionamento dos autores da nota?

b) No período III, em qual das duas partes do período composto por subordinação estão declaradas as ações propriamente a serem vividas, consideradas ou implementadas?

c) Considere o elemento sintático que complementa cada oração principal e classifique as orações subordinadas dos períodos de I a IV.

6 Compare os períodos do quadro a seguir procurando identificar os efeitos de sentido do emprego das orações subordinadas substantivas no Estatuto da Igualdade Racial e na Nota de Repúdio aos Atos Racistas na UFSM.

ESTATUTO	NOTA DE REPÚDIO
É dever do Estado e da sociedade / **garantir** a igualdade de oportunidades	**Precisamos** / **defender** uma educação para as relações étnico-raciais em nossa Universidade. **Esperamos** / que esse fato seja investigado por todos os órgãos competentes e que os responsáveis por essa atitude criminosa **sejam** devidamente punidos.

a) Analise os períodos do estatuto e da nota.

b) Compare as orações principais dos períodos. Em qual caso parece haver mais neutralidade? Por quê?

c) Você considera as estruturas dos períodos adequadas ao gênero em que foram utilizados? Justifique sua resposta.

> A oração subordinada substantiva pode funcionar como sujeito (subjetiva), objeto direto (objetiva direta), objeto indireto (objetiva indireta), predicativo (predicativa), complemento nominal (completiva nominal) ou aposto (apositiva) da oração principal. Para chegar a essa classificação, deve-se analisar sintaticamente a oração principal e verificar qual é o elemento sintático que a completa. Veja um exemplo:
>
> Temos o direito / de ser diferentes.
>
> **Temos**: verbo transitivo direto
>
> **O direito**: objeto direto
>
> O termo "direito" exige um complemento nominal, logo, a oração "de ser diferentes" deve ser classificada como oração subordinada substantiva completiva nominal.
>
> Mais importante do que conhecer a classificação das orações subordinadas substantivas é dominar a construção de suas estruturas para produzir sentidos diversos nos textos, sempre considerando seu contexto de produção (quem fala, para quem, com que intenção).

7 Que tal praticar um pouco? Imagine que você deve criar frases que vão compor o Estatuto da Associação de Moradores de seu bairro. O artigo 1º viria assim encabeçado:

Art. 1º – É dever da Associação de Moradores de...

- Complete o nome da associação e elabore três incisos expressos por meio de uma oração subordinada substantiva. Em seguida, classifique as orações que você criou.

8 Leia o artigo 3 da Declaração Universal dos Direitos Humanos.

> Artigo 3 – Todo ser humano tem direito **à vida**, **à liberdade** e à **segurança pessoal**.
>
> Disponível em: <https://www.unicef.org/brazil/pt/resources_10133.htm>. Acesso em: 21 out 2018.

a) Que função sintática têm os termos destacados?

b) Reescreva a parte destacada da oração. Transforme-a em uma nova oração, com a introdução de um verbo que mantenha o sentido geral do artigo.

c) Classifique a oração criada por você.

d) Por que, em sua opinião, na Declaração Universal dos Direitos Humanos, preferiu-se a redação transcrita acima?

9 Leia algumas dicas para preservar o meio ambiente, retiradas de um *site* educacional.

I. "Preserve as árvores. Não realize podas ilegais e nunca desmate uma área. É importante também não colocar fogo em propriedades, pois isso pode atingir matas preservadas."

II. "Não pesque em épocas de reprodução e obedeça às regras que indicam a quantidade de pescado permitida. Também é importante não realizar a caça ilegal."

III. "Cuide bem do seu lixo. Nunca jogue lixo no chão, importando-se sempre com o destino adequado dele. Separar o lixo reciclável é importante para diminuir a quantidade de lixo nas grandes cidades."

wk1003mike/Shutterstock.com

IV. "Reutilize, reaproveite e recicle tudo o que for possível. Caixas e plásticos, por exemplo, podem ser utilizados para acondicionar alguns objetos. Roupas que você não utiliza mais podem ser doadas. Alguns produtos podem virar itens de decoração. O importante é sempre ter em mente que quanto mais diminuímos a nossa produção de lixo, mais preservamos o meio ambiente."

Disponível em: <https://mundoeducacao.bol.uol.com.br/biologia/10-dicas-importantes-para-preservar-meio-ambiente.htm>.
Acesso em: 21 out. 2018.

a) Compare as orações principais organizadas em torno da palavra **importante**. Em qual delas essa palavra é o núcleo do sujeito da oração?

b) Nas demais orações, qual é a função da palavra **importante**? Explique.

c) Observe agora as orações subordinadas a essas principais. Que função elas exercem na principal?

d) Qual é a função dos períodos analisados nesse texto? Eles foram usados em que tipo de sequência: descritiva, expositiva, narrativa ou injuntiva?

e) Desenvolva mais duas dicas com o mesmo objetivo, uma para cada item a seguir. Use na primeira a oração principal "É fundamental". Na segunda, a oração principal será "O fundamental é".

- Preserve as árvores.
- Cuide bem dos cursos de água.

 **Antes da leitura**

Leia o cartaz ao lado.

> Na minha cidade, Catolé do Rocha no Sertão da Paraíba, eu tinha só dezesseis anos, fui dar parte de um soldado e acabei ficando preso. Eles cortaram meu cabelo, me deram banho de água gelada e, ao invés de punir o soldado, eles me puniram porque sou negro.
>
> *Chico César*

1 Qual é o objetivo dele?

2 Responda:

a) A pessoa no cartaz é o cantor de música popular brasileira Chico César. Por que, em sua opinião, ele está no cartaz da campanha contra o racismo?

b) Que informação está contida no trecho em letras menores, entre aspas?

c) De que forma o racismo se manifesta no trecho entre aspas?

d) Quantas vezes e de que diferentes formas o tema da campanha aparece no cartaz? Em sua opinião, isso acontece com que objetivo?

e) Releia: "Racismo, um crime que se sente na pele". Observe as fontes selecionadas, as cores, os tamanhos e as formas de distribuição. Que dados sobre o racismo essa forma de expor a frase revela?

Cartaz de campanha contra o racismo promovida pelo Governo do Estado da Paraíba, por meio da Secretaria do Estado da Mulher e da Diversidade Humana.

3 Relacione todos os elementos do cartaz e explique os múltiplos sentidos da expressão "que se sente na pele", extraída da frase "Racismo – um crime que se sente na pele".

4 Esse cartaz atende a algum dos artigos do Estatuto da Igualdade Racial? Qual você destacaria?

5 Você já presenciou alguma situação de racismo? Como agiu? Se visse uma, como agiria?

6 Se tivesse que escrever um artigo de opinião recriminando o preconceito racial na escola, que situações descreveria, que argumentos contra o racismo usaria?

Preconceito na escola

Não há um único dia em que vários preconceitos, dos mais diversos tipos, não se expressem em ambiente escolar. Aliás, é no mínimo estranho que tenhamos tantas preocupações e campanhas contra o chamado *bullying* na escola, e pouco ou quase nada contra o preconceito. Afinal, a maior parte dos comportamentos de assédio moral nascem de preconceitos!

Nesta semana tivemos notícia de dois episódios de preconceito na escola: o da mãe que recebeu um bilhete da professora pedindo para aparar ou prender o cabelo dos filhos – fato ocorrido em nosso país –, e o da garota negra lanchando sozinha ao lado de uma mesa com vários colegas brancos juntos – este, ocorrido na África do Sul.

Muita gente se indignou, mas muita gente também não viu nada de mais em ambos os casos. Choveram justificativas e até acusações

Crianças comendo merenda em escola de Porto Seguro (BA), 2014.

para explicar as situações, o que sinaliza como é difícil reconhecer nossos preconceitos e, acima de tudo, conter suas manifestações e colaborar para que a convivência social seja mais digna.

Por que enviamos nossos filhos para a escola? Hoje, não dá mais para aceitar como uma boa razão apenas o ensino das disciplinas do conhecimento. Isso pode acontecer – e tem acontecido muito – em casa, em pequenos grupos informais, na internet, com tutores etc. Para preparar para o vestibular? Essa razão é pobre em demasia para motivar o aluno a aprender. Para que nossos filhos garantam um futuro de sucesso? O estudo escolar não oferece mais essa garantia.

Deveríamos ter como forte razão para enviar nossos filhos à escola o preparo para a cidadania, ou seja, o ensino dos valores sociais que vão colaborar para a formação de um cidadão de bem. Poucos, porém, têm dado valor a isso, mesmo com fortes motivos para valorizar essa justificativa, já que, se a vida social vai bem, a vida pessoal melhora. Por outro lado, quando a vida social não é saudável, a vida pessoal sofre e adoece.

Ensinar a reconhecer os principais preconceitos de nossa sociedade, suas várias formas de manifestação e como combatê-los é função das mais importantes da escola. Mas, pelo que temos visto, ela ignora o senso crítico e, dessa maneira, não estimula o respeito às diferenças, tampouco incentiva a solidariedade entre os colegas, nem ensina a boa convivência.

A boa convivência exige empatia e generosidade, entre outras virtudes, já que conviver com a diferença é doloroso, e por isso há quem tente anular a diferença com manifestações de preconceito, por exemplo. A convivência também precisa, e muito, da tolerância à frustração, porque conviver significa, quase sempre, ter de ceder, já que o outro sempre nos mostra que cada um de nós é apenas um em meio a tantos outros…

Os pais podem – e deveriam – influenciar nos rumos da educação escolar. De nada adianta desejar apenas um bom futuro pessoal aos filhos e desconsiderar que eles viverão em sociedade e dependerão dela. Pais e mães, que tal vocês passarem a se preocupar com outras questões da escola que não apenas o conteúdo a ser ensinado, a colocação em *rankings* etc.?

Que tal apoiarem as escolas que revolucionaram seu ensino para valorizar o ensino da vida cidadã? Que tal repensarem a função social da escola?

Rosely Sayão. *Folha de S.Paulo*, 28 jun. 2016. Disponível em: <www1.folha.uol.com.br/colunas/roselysayao/2016/06/1786295-preconceito-na-escola.shtml>. Acesso em: 30 set. 2018.

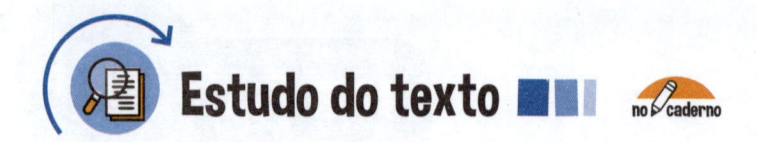

Estudo do texto ▪▪▪ no caderno

1. Segundo Rosely Sayão, por que parece estranho não haver campanha contra o preconceito nas escolas?

2. Pode-se afirmar que parece existir uma relação direta entre assédio moral e preconceito? O que seria assédio moral?

3. Dois fatos de repercussão noticiados na mídia motivaram a produção do artigo de opinião. O que havia em comum entre eles?

4. As pessoas não tiveram o mesmo posicionamento frente a esses acontecimentos.

   a) O que, em sua opinião, leva as pessoas a terem posicionamentos diferentes diante do mesmo fato?

   b) Como a autora justifica a resposta das pessoas frente a essas situações de preconceito?

5. Releia os parágrafos 4 e 5.

   a) Quais seriam, segundo a autora, as razões para os pais enviarem os filhos à escola que hoje não deveriam mais ser aceitas?

   b) Por que essas razões não deveriam mais ser aceitas hoje, segundo a autora?

   c) Qual deveria ser, segundo a autora, a "forte razão" dos pais para levar os filhos à escola? Por que os argumentos anteriores já deveriam ter sido superados?

6. Quais são os argumentos de seus pais a esse respeito? O que eles esperam da escola? E você?

💡 **Ampliar**

Editora Salamandra

Ponte para Terabítia, de Katherine Paterson (Salamandra).

Jess Aarons é um menino que se sente um estranho na escola e passa as férias de verão treinando para ser o campeão de corrida. Quando retorna às aulas, porém, é ultrapassado por uma aluna nova. Eles se tornam grandes amigos e criam um reino imaginário, Terabítia, com o objetivo de se proteger das ameaças e zombarias da vida cotidiana.

Bilinguismo e ensino de línguas indígenas

Você sabia que, de acordo com dados do IBGE, são faladas 274 línguas indígenas no Brasil e, aproximadamente, 130 mil indígenas sequer sabem falar português?

Os estados de Roraima, Amazonas e Mato Grosso do Sul possuem escolas bilíngues. Desde 2015, as línguas macuxi e wapixana foram reconhecidas como línguas co-oficiais e passaram a ser ensinadas nas escolas. Outros municípios brasileiros que aprovaram línguas indígenas como oficiais foram São Gabriel da Cachoeira, no Amazonas, que reconheceu as línguas nheengatu, tukano e baniwa, e o município de Tacuru, no Mato Grosso do Sul, que passou a ter o guarani como segunda língua oficial.

Dessa forma, as cidades e as escolas nelas situadas praticam a inclusão da população indígena e reconhecem a legitimidade das línguas nativas e sua importância para a expressão das culturas e valores dos povos que as falam.

Luciola Zvarick/Pulsar Imagens

Sala de aula em escola indígena, na aldeia Ipavu Kamayurá, em Gaúcha do Norte, Mato Grosso, 2018.

7 Segundo Rosely Sayão, a escola parece deixar de lado fatores importantes para a formação dos alunos.

   a) Você concorda com os argumentos da autora?

   b) Em sua opinião, sua escola contempla esses fatores? Se sim, de que forma?

8 Em sua opinião, quais são as questões importantes a serem trabalhadas na escola de modo geral?

9 Em sua resposta anterior, você mencionou a convivência com os amigos? Por que a escola deve ensinar os alunos a ter melhor convívio social?

10 Considere o último parágrafo do artigo de opinião e responda:

   a) Em que jornal foi publicado esse artigo?

   b) Com quem a autora do artigo de opinião conversa diretamente?

   c) Por que a autora considerou importante conversar diretamente com esse interlocutor?

   d) Em sua opinião, essas perguntas se destinam a toda e qualquer família que tenha filhos na escola?

Ampliar

Entre os muros da escola, direção de Laurent Cantet, França, 2007.

Na periferia de Paris, o professor François Marin chega para ensinar francês a alunos de diferentes países africanos e tem que aprender a lidar com as dificuldades decorrentes dos choques culturais e também com as condições socioeconômicas desfavoráveis em torno da unidade escolar.

Linguagem, texto e sentidos   no caderno

Considere o parágrafo destacado a seguir para responder às questões de 1 a 4.

> Não há um único dia em que vários preconceitos, dos mais diversos tipos, não se expressem em ambiente escolar. **Aliás**, é no mínimo estranho que tenhamos tantas preocupações e campanhas contra o chamado *bullying* na escola, e pouco ou quase nada contra o preconceito. Afinal, a maior parte dos comportamentos de assédio moral nascem de preconceitos!

1 A autora faz uma declaração que servirá de base para sua argumentação. Qual?

2 Que relação a palavra em negrito estabelece entre os períodos? Em que contribui para a autora expor sua opinião?

3 Que expressão é utilizada pela autora para expressar sua opinião sobre o fato de o preconceito não ser combatido nas escolas? O que mostra que a autora se sente envolvida nesse problema?

4 Nesse parágrafo, existe algum fato citado? Se sim, por que foi utilizado?

5 Observe os trechos a seguir.

   I. "**Deveríamos** ter como forte razão para enviar <u>nossos</u> filhos à escola o preparo para a cidadania, ou seja, o ensino dos valores sociais que vão colaborar para a formação de um cidadão de bem. (...)"

   II. "Os pais podem – **e deveriam** – influenciar nos rumos da educação escolar. De nada adianta desejar apenas um bom futuro pessoal aos filhos e desconsiderar que eles viverão em sociedade e dependerão dela. Pais e mães, que tal vocês passarem a se preocupar com outras questões da escola que não apenas o conteúdo a ser ensinado, a colocação em *rankings* etc.?"

a) Ao expressar sua opinião, a autora utiliza a 1ª pessoa do plural. Que contribuição isso traz para o texto? Explique.

b) No exemplo II, a autora volta a usar a 3ª pessoa do plural – os pais – e direciona seu discurso para eles. Como percebemos isso?

6 Observe as alterações.

I. "Deveríamos ter como forte razão (...)"	Temos forte razão para...
II. "Os pais podem – e deveriam – influenciar (...)"	Os pais influenciam...

a) O que acontece quando retiramos os termos destacados?

b) Recupere as seguintes informações:

- Quem escreve o artigo?
- Para quem escreve?
- Que tema o(a) autor(a) aborda?
- Qual é o ponto de vista defendido?
- Todos concordam com essa visão do papel da escola, em sua opinião?

c) Considerando as informações levantadas no item **a**, responda: em sua opinião, por que a autora do artigo optou por empregar esses termos?

> A opinião sobre um tema pode vir marcada por advérbios, como **aliás** ou por modalizadores discursivos, como **deveríamos**. Além disso, a 1ª pessoa do plural demonstra engajamento com o tema e também possibilita o envolvimento dos leitores. O uso de adjetivos é também marca de opinião, porque revela um juízo de valor, um julgamento sobre algo de que se fala.

Liberdade de expressão e discurso de ódio

O artigo de opinião permite a uma pessoa dizer o que pensa sobre determinado assunto. Contudo, seus argumentos precisam estar bem fundamentados para que sejam levados em consideração, apresentando dados ou critérios que norteiem seu artigo. Outra coisa que é preciso levar em conta ao exprimir uma opinião é o chamado discurso de ódio. A liberdade de expressão e, portanto, de opinião não pode ferir a liberdade de expressão de outra pessoa. Sobre isso, leia o trecho a seguir.

O direito ao livre exercício de pensamento e o direito à liberdade de expressão são garantidos pela Constituição Federal e por tratados internacionais que o país assinou. E, da mesma forma, as pessoas têm o direito a ter suas integridades física e psicológica respeitadas. Ou seja, temos que encontrar o equilíbrio entre o direito a ter opinião e o direito a ver garantida a dignidade.

Nessa balança, deve-se considerar que a liberdade de expressão não é um direito fundamental absoluto. (...) Porque, a partir do momento em que alguém abusa de sua liberdade de expressão, espalhando o ódio e incitando à violência contra outro grupo, isso pode trazer consequências mais graves à vida de outras pessoas.

Leonardo Sakamoto. Enem e Direitos Humanos: você sabe diferenciar opinião e discurso de ódio? Disponível em: <https://blogdosakamoto.blogosfera.uol.com.br/2017/11/04/enem-e-direitos-humanos-voce-sabe-diferenciar-opiniao-e-discurso-de-odio>. Acesso em: 19 out. 2018.

Gênero em foco ■■■

Artigo de opinião no caderno

1. Esse texto foi publicado no jornal *Folha de S.Paulo*, e a autora faz referência a duas notícias publicadas anteriormente. De que forma isso pode contribuir para a construção da argumentação?

2. Releia os seguintes parágrafos:

   I. "Nesta semana tivemos notícia de dois episódios de preconceito na escola: o da mãe que recebeu um bilhete da professora pedindo para aparar ou prender o cabelo dos filhos – fato ocorrido em nosso país –, e o da garota negra lanchando sozinha ao lado de uma mesa com vários colegas brancos juntos – este, ocorrido na África do Sul."

   II. "Muita gente se indignou, mas muita gente também não viu nada de mais em ambos os casos. Choveram justificativas e até acusações para explicar as situações, o que sinaliza como é difícil reconhecer nossos preconceitos e, acima de tudo, conter suas manifestações e colaborar para que a convivência social seja mais digna."

   a) Em qual dos trechos destacados são apresentados fatos?

   b) Em qual dos trechos destacados é apresentada a opinião da autora?

   c) Qual dos trechos destacados poderia exemplificar uma sequência expositiva? E uma sequência argumentativa? Justifique.

3. Para defender um posicionamento, é importante, além das notícias, trazer a fala de um especialista, o chamado argumento de autoridade. Há especialistas citados no texto? Leia o quadro ao lado, com a apresentação da autora do artigo, e indique o que garante a argumentação de autoridade do texto.

4. Para organizar sua argumentação, a autora faz uso de argumentos bastante presentes na fala das famílias a respeito do papel da escola – argumentos de consenso. Quais são esses argumentos e como ela os discute?

5. A produção de um artigo pode, além de defender um ponto de vista, também trazer propostas de ação para resolver o problema abordado, buscando a adesão do leitor ao ponto de vista defendido. Você reconhece isso no texto de Rosely Sayão?

6. O artigo de opinião de Rosely Sayão apresenta a estratégia de diálogo direto com o interlocutor para maior adesão ao seu ponto de vista. Você considera essa uma boa estratégia de convencimento? Seria adequada para outros artigos de opinião?

> **Rosely Sayão**
>
> Rosely Sayão é psicóloga e consultora educacional com mais de 30 anos de experiência com docência e atendimento clínico. Já escreveu para os jornais *Folha de S.Paulo* e *Notícias Populares*. Tem livros publicados e presta consultoria para empresas e escolas sobre cidadania e educação de crianças e adolescentes.

Raquel Cunha/Folhapress

> O artigo de opinião é um gênero da ordem do argumentar, que associa sequências expositivas (na apresentação de fatos, dados) e sequências argumentativas (que marcam explicitamente a opinião do autor). Nesse gênero, o uso da primeira pessoa do singular ou do plural pode contribuir para a aproximação com o leitor, possibilitando maior engajamento. Um artigo de opinião discute temas de interesse social, de preferência polêmicos, não consensuais. Ele é escrito em registro formal, já que se trata de texto que circula publicamente, nos meios de comunicação.

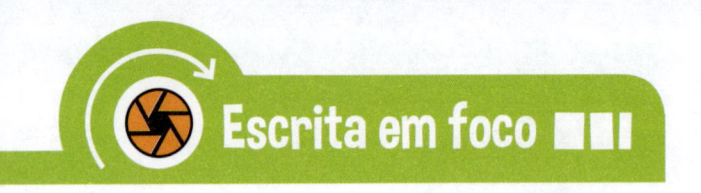

Escrita em foco ■■■

Diferenças entre mas e mais

Releia as frases a seguir, extraídas do artigo de opinião, verificando as diferenças de sentido entre o **mas** e o **mais**

A. "Muita gente se indignou, **mas** muita gente também não viu nada demais em ambos os casos."

B. "[...] e colaborar para que a convivência social seja **mais** digna."

C. "Hoje, não dá **mais** para aceitar como uma boa razão apenas o ensino das disciplinas do conhecimento."

D. "O estudo escolar não oferece **mais** essa garantia."

E. "Ensinar a reconhecer os principais preconceitos de nossa sociedade, suas várias formas de manifestação e como combatê-los é função das **mais** importantes da escola. **Mas**, pelo que temos visto, ela ignora o senso crítico e, dessa maneira, não estimula o respeito às diferenças, tampouco incentiva a solidariedade entre os colegas, nem ensina a boa convivência."

1 Se você tivesse que substituir todos os **mais** e **mas** por outras palavras ou expressões que não alterassem o sentido de cada uma das frases transcritas, por quais palavras os substituiria? Reescreva as frases em seu caderno, fazendo as alterações necessárias. Verifique, dentre as possibilidades a seguir, quais seriam as mais adequadas para cada frase.

I. importantíssima	IV. já não é possível
II. como já ofereceu	V. contudo
III. porém	VI. como ainda não foi

2 Leia agora os significados de cada uma das duas palavras empregadas por Rosely Sayão em seu artigo de opinião, de acordo com o dicionário.

Mas: conj. Exprime contraste; oposição: porém, todavia, contudo, etc.

Mais: 1. adv. Designa maior quantidade ou intensidade; s.m. 2. Os demais, os restantes; Pron. indef. 3. Em maior número ou quantidade.

Que regra você estabeleceria para diferenciar em seus textos escritos o **mas** do **mais**? Depois de resolvida a questão, compartilhe a resposta com um colega e verifique se as regras encontradas por vocês se assemelham.

3 Os títulos a seguir foram extraídos de artigos de opinião. Com base no que você viu até aqui, complete-os com **mas** ou **mais**, de acordo com o sentido de cada um.

a) Rússia avança no combate ao racismo, **** número de casos ainda preocupa

Disponível em: <https://globoesporte.globo.com/futebol/futebol-internacional/noticia/russia-avanca-no-combate-ao-racismo-mas-numero-de-casos-ainda-preocupa.ghtml>. Acesso em: 13 out. 2018.

b) Estamos num momento em que o racismo não é **** permitido. Vamos rebater

Disponível em: <https://brasil.elpais.com/brasil/2018/07/03/politica/1530647086_544200.html>. Acesso em: 13 out. 2018.

Debate regrado

Rosely Sayão, em seu artigo "Preconceito na escola", afirma que a escola deve combater o preconceito e incentivar o bom convívio social. Mas como isso pode se dar? Que ações podem ajudar a discutir o tema e a transformar comportamentos? A família deve ser mobilizada a participar? Ou se trata de um tema a ser trabalhado apenas pela escola?

Você e seus colegas farão um debate regrado em que apresentarão respostas a essas perguntas baseadas em dados, exemplos e argumentos de autoridade. O debate, que tem como objetivo propor soluções para uma boa convivência social e a forma de ensiná-la, será realizado na sala de aula, tendo a mediação de um grupo de colegas encarregado disso.

Preparação

Organizem-se em grupos de cinco ou seis alunos.

1. Considerando que a proposta do debate é conseguir entrar em um acordo sobre as ações para melhorar o convívio entre as pessoas em sua escola, que pesquisas vocês fariam para produzir uma proposta fundamentada?

2. Conversem no grupo sobre as estratégias corporais que podem ser adotadas para convencimento do outro.

3. Conversem sobre o papel da escola no ensino do bom convívio social e do combate ao preconceito racial.

a) Convivência social e combate ao preconceito são temas possíveis de serem debatidos?

b) Que ações a escola pode promover para ajudar os alunos a superar preconceitos, a pensar uns nos outros e a ser empáticos?

c) As famílias devem ser envolvidas nessas ações ou se trata de responsabilidade da escola apenas?

d) Iniciativas para melhoria do convívio na escola também podem partir dos alunos? Que iniciativas seriam essas?

Agora escolham as funções de cada integrante do grupo.

Stigur Már Karlsson/iStockphoto.com

Organizador geral	Responsável pela organização geral do debate, cuida do desenvolvimento das interações.
Mediador	Responsável por garantir a unidade da discussão – organiza a tomada dos turnos, conclui e sintetiza um texto que é construído coletivamente e corrige os desalinhos temáticos criados pelas digressões.
Debatedores	Aqueles que apresentarão e sustentarão seus argumentos.
Plateia	Conjunto de participantes fundamental – registra ou formula oralmente perguntas, ou faz comentários que contribuam para o debate.
Auxiliares	Pessoas que recebem perguntas por escrito da plateia, que filmam ou gravam a realização do debate.

4. Retomem as reportagens e os artigos científicos pesquisados, leiam-nos, discutam os temas destacados, tecendo comentários sobre os fatos.

5. Escolham um integrante para registrar as opiniões e o consenso do grupo. Esse registro será compartilhado com a turma.

6. Após o levantamento das notícias e opiniões do grupo, elejam um integrante para o compartilhamento com a turma.

7. Com o auxílio do professor, organizem os dados – excluindo os que se repetirem – num mural da sala.

Realização

8. Para participar do debate, além de escolher sua função no grupo, deve-se atentar para as inscrições de turno de fala.

9. Organizem o espaço da sala de aula, ordenando as carteiras para os mediadores e os debatedores de modo que estes fiquem de frente para a plateia.

10. Definam o tempo de duração total do debate e o tempo de fala de cada debatedor.

11. Estabeleçam as regras do debate:
    - os turnos de fala devem ser respeitados;
    - todos devem ouvir ativamente o ponto de vista de outro;
    - as discordâncias devem ser expostas de forma respeitosa. Lembrem-se de que o debate visa encontrar uma solução para um problema, e essa solução beneficiará a todos.

12. O debate deve ser iniciado com a apresentação do tema e dos objetivos do debate pelo representante do grupo de mediadores: soluções para melhorar o convívio social na escola e acabar com as situações de discriminação e preconceito.

13. A plateia deve receber uma folha de registro para anotar as propostas dos colegas e os argumentos de defesa e uma folha para indicar o grupo que defendeu as melhores propostas.

    Ao final do debate, ainda que um grupo vença, a proposta a ser implementada na escola pode contar com as melhores ideias de cada proposta.

14. Durante o debate, reflita:
    - As propostas apresentadas podem ser viabilizadas, ou seja, podem ser postas em prática?
    - Quem são os agentes dessas propostas?

Autoavaliação

15. Reflita sobre sua postura durante o desenvolvimento de toda essa proposta, com base nas questões a seguir.
    - Atuei adequadamente de acordo com minha função no debate?
    - Mantive uma atitude de respeito às diferentes opiniões?
    - Respeitei os turnos de fala?
    - Fiz anotações e registrei minhas conclusões sobre o tema?
    - Expressei-me de maneira clara e organizada?
    - Esforcei-me para compreender o ponto de vista de cada colega?

Artigo de opinião

Você produzirá um artigo de opinião, que será publicado no mural da escola e poderá ser lido por toda a comunidade escolar.

Preparação

Antes de partir para sua produção, leia a reportagem a seguir.

Discriminação na escola, não!

Estudantes do interior do Ceará criam coletivo para combater discriminação contra os cabelos crespos e mudam ambiente escolar

22 Fevereiro 2018

É comum os jovens vivenciarem momentos de descoberta da própria identidade enquanto cursam o Ensino Médio. Nesse contexto, a diversidade, seja étnica, de orientação sexual ou de gênero, muitas vezes acaba se deparando com um cenário de preconceito e discriminação inclusive dentro da escola. Assim, para alcançar a meta de universalização dessa etapa, o Plano Nacional de Educação (PNE) estabeleceu a estratégia de combate ao preconceito e discriminação como forma de evitar a evasão escolar.

Os dados mostram que essa estratégia é fundamental. A Pesquisa Nacional por Amostra de Domicílios (Pnad) de 2015, por exemplo, revela que enquanto 71% dos brancos entre 15 a 17 anos estavam matriculados no Ensino Médio, esse índice era de 57,8% e 56,8% entre pardos e negros, respectivamente.

Na Escola de Educação Profissional José Augusto Torres, em Senador Pompeu, no interior do Ceará, a situação não era diferente, como conta a ex-aluna Yasmin Lima, de 18 anos. "Quando o aluno sofre preconceito, ele deixa de participar das atividades da escola, excluindo-se. Ele não mostra o que pode fazer devido ao medo da discriminação", afirma.

Tendo isso em mente, Yasmin e mais duas colegas, Joyce Silva e Giselle Viana, juntaram-se ao professor de sociologia Denis Lima para pensar no que fazer para, dentro do ambiente escolar, debater padrões estéticos ligados a questões raciais. O incômodo com a ausência de discussões desse tipo surgiu durante a semana da Consciência Negra de 2015.

"Muitas vezes, tratamos o crespo como 'cabelo ruim' – e isso vem desde a infância, porque muitas mães não sabem cuidar do cabelo das filhas. A menina cresce achando que o seu cabelo é ruim, mesmo sem ser", explica Giselle.

Ao procurarem o professor Denis, as alunas receberam informações teóricas sobre o tema e, depois, orientações sobre como promover ações práticas. Nascia, ali, o coletivo Crespinianas.

Criação

Para a concepção do coletivo, as garotas fizeram uma pesquisa de campo em salões de beleza. Segundo Yasmin, o preconceito quanto ao crespo estava dentro dos salões, em que cabeleireiros apontavam o alisamento como única forma de cuidar desses tipos de fios.

Após essa "coleta de dados", as meninas iniciaram debates na escola, realizando rodas de conversa durante os intervalos das aulas. "Abordamos vários temas, mas sempre enfatizamos a aceitação da mulher. A nossa intenção era que as meninas enxergassem sua beleza, sem precisar de mudança", explica Yasmin. "Nunca censuramos o alisamento, o objetivo era que elas se sentissem bem com quem elas eram", afirma. A estudante conta ainda que rodas de conversas não eram restritas às garotas, incluindo todos os interessados no debate.

Reconhecimento

Yasmin destaca que logo no primeiro ano de atuação do coletivo, uma garota negra e de cabelo crespo ganhou o concurso de miss da escola. "Quando venceu, ela nos contou que a família dela a pressionava para tirar os seus cachos. Depois das nossas conversas, ela passou a ter coragem de mostrar quem era. Isso foi muito gratificante", conta.

Apesar dessas ações, o movimento não se restringiu ao ambiente escolar. "Uma coisa é a realidade de uma grande cidade, em que as pessoas estudam e conhecem o assunto, mas a realidade de um município do interior do Ceará é diferente", comenta Yasmin. Assim, o coletivo buscou sensibilizar a comunidade em torno da escola, a cidade e a própria região sobre suas pautas. Sempre com o apoio da direção escolar, o movimento passou a participar de feiras regionais e estaduais.

O professor Denis explica que seu papel foi o de orientar o projeto das alunas. "Minha preocupação foi podar, dentro dos limites, até onde elas queriam ir e tirar a ansiedade das meninas", diz. "Quem sofre preconceito todos os dias pode ter ansiedade de partir para cima e fazer um enfrentamento. A ideia era acalmar os ânimos e trabalhar tanto o lado social quanto o teórico. Com o apoio da escola nós conseguimos o reconhecimento e até outros segmentos viram a escola como responsável pela propagação e repercussão da causa", explica.

Dessa forma, o trabalho do coletivo Crespinianas foi reconhecido além dos muros da escola e um dos pontos altos da divulgação foi a participação na Semana Pedagógica de 2017 do Instituto Federal do Ceará (IFCE). "Foi uma oportunidade de mostrar aquilo que estudamos e vivemos. Nós pudemos abordar a diversidade étnica que existe no próprio grupo. Enquanto a Giselle é branca e crespa, eu sou negra e crespa, por exemplo", explica Yasmin. "Falamos da importância da iniciativa vindo dos alunos e os professores do instituto gostaram do fato de que nós, estudantes, mudamos a escola para melhor", afirma.

Mudança do ambiente escolar

Embora Joyce, Yasmin e Giselle tenham completado o Ensino Médio em 2017, o movimento se mantém dentro e fora da escola. "Temos várias atividades para colocar em prática e a ideia é levá-las para a escola, mesmo que não sejamos mais alunas. As meninas lá dentro precisam continuar sendo incentivadas", explica Yasmin.

3-de-julho-dia-nacional-de-combate-a-discriminacaoracial/ – Acesso em 29/10/18
Gerar Memes – http://www.radioclubejoinville.com.br/

03 DE JULHO
DIA NACIONAL DE COMBATE À DISCRIMINAÇÃO RACIAL

"Ninguém nasce odiando outra pessoa pela cor de sua pele, por sua origem ou ainda por sua religião. Para odiar, as pessoas precisam aprender e, se podem aprender a odiar, podem ser ensinadas a amar."
Nelson Mandela

Cartaz da Campanha do Dia Nacional de Combate à Discriminação Racial. A data 3 de julho faz referência à lei aprovada em 1951 que determina como infração penal o preconceito por raça ou cor.

Ela destaca a importância de ações como essa serem realmente coletivas. "A coletividade mostra que o preconceito não atinge uma garota só. O objetivo do coletivo é que todas possam ter a liberdade de se expressar sem precisar temer o que os outros vão pensar", afirma. "Não se pode esperar para que alguma coisa aconteça, é preciso coragem para ir em frente. Se não há um grupo que te represente, você precisa agir, mesmo que seja para representar a si mesmo", enfatiza.

O professor Denis, que ainda leciona na unidade, é testemunha da mudança de ambiente que a escola vivenciou. "O convívio e o respeito entre os estudantes melhorou pelo surgimento do sentimento de pertencimento e união. Como professor, eu tive uma oportunidade única. O coletivo entrou num ambiente que, querendo ou não, é muito hostil, mas consegui conquistar o respeito e carinho dentro da escola", afirma. "Aos poucos, tentamos mudar a realidade de garotas que sofrem todos os dias no interior e com pouca visibilidade. Hoje já temos o apoio de outros segmentos da sociedade", explica.

Por Lázaro Campos Junior, do Todos Pela Educação. Disponível em: <https://educacao.estadao.com.br/blogs/educacao-e-etc/discriminacao-na-escola-nao-estudantes-do-interior-do-ceara-contra-o-racismo/>. Acesso em: 30 set. 2018.

A reportagem mostra uma ação afirmativa de enfrentamento do preconceito racial presente nas escolas. As "crespianas" buscaram criar uma identidade de grupo para o acolhimento do problema enfrentado.

1. Que outras ações foram indicadas ao longo desta unidade?
2. Como o coletivo criado pelas alunas da escola do Ceará expandiu suas ações para além dos muros da escola?

Realização

Com base na reportagem "Discriminação na escola, não!" e nos outros textos lidos ao longo da unidade, produza um artigo de opinião sobre o tema: Qual é o papel da escola na formação de uma sociedade não racista?

Para desenvolver seu texto, lembre-se de:

- apresentar uma tese, mostrando seu posicionamento sobre o tema;
- elencar argumentos que podem ser baseados em fatos (notícias pesquisadas anteriormente), consenso e dados estatísticos;
- encerrar com uma conclusão que contenha proposta de intervenção para o problema.

Seu texto deve ter entre 20 e 30 linhas e ser escrito na norma-padrão da língua portuguesa.

Autoavaliação

1. Apresentei um posicionamento sobre o tema?
2. Meus argumentos estavam baseados em fatos (notícias), dados estatísticos e/ou consenso?
3. Intercalei sequências expositivas e argumentativas?
4. Apresentei proposta de intervenção plausível e citei os agentes responsáveis pela ação?
5. Empreguei estruturas linguísticas que marcam o posicionamento do autor, como: "É preciso...", "É necessário...", "É fundamental..." ou, ainda, "Deveríamos..." ou "Seria necessário..."?
6. Empreguei corretamente, de acordo com a norma-padrão, os termos **mas** e **mais**?

Leia o artigo a seguir, escrito em 2012, dois anos após o sancionamento do Estatuto da Igualdade Racial.

Eliminar a discriminação contra negros

Cotas, lei do ensino da história afro-brasileira nas escolas e o reconhecimento de quilombos foram vitórias, mas o racismo ainda impede a igualdade

Há 52 anos, em 21 de março de 1960, cerca de vinte mil negros protestavam contra a lei do passe na cidade de Joanesburgo, na África do Sul. Lutavam contra um sistema que os obrigava a portar cartões de identificação que especificava os locais por onde podiam circular. Era uma das lutas contra o *apartheid*.

No bairro negro de Shaperville, os manifestantes se defrontaram com tropas de segurança daquele sistema odioso. O que era para ser uma manifestação pacífica se transformou em uma tragédia. As forças de segurança atiraram sobre a multidão, deixando 186 feridos e 69 mortos. Esse episódio ficou conhecido como o massacre de Shaperville.

Em memória às vítimas do massacre, em 1976, a ONU (Organização das Nações Unidas) instituiu o dia 21 de março como o Dia Internacional de Luta pela Eliminação da Discriminação Racial.

Destacar esse acontecimento é importante para que nunca esqueçamos dessa face cruel do racismo, que não hesita em atirar em pessoas indefesas. Assim, há 36 anos, o dia 21 de março é um marco para a comunidade negra na luta contra o racismo e as discriminações. Ainda hoje, a influência do racismo impede que negros vivam em condições de igualdade com os não negros.

As ações afirmativas de cotas na universidade para os jovens negros, o Prouni, o programa de saúde para a população negra, o reconhecimento das terras dos remanescentes de quilombos, o combate à intolerância religiosa em face das religiões de matriz africana, entre outras ações, trazem para ordem do dia um pouco dos desafios que ainda temos de enfrentar para construir uma sociedade mais igualitária.

Contudo, podemos nos orgulhar pelos avanços dados nos últimos anos. Um deles foi a lei 10.639/2003, que torna obrigatório o ensino sobre história e cultura afro-brasileira nos ensinos fundamental e médio das escolas pública e particular de todo o país.

Outro foi a lei 12.288, que dispõe sobre o Estatuto da Igualdade Racial. Essa é a primeira lei desde a abolição da escravidão que reúne inúmeras possibilidades para que o Estado brasileiro repare, de uma vez por todas, as desigualdades que são resquícios da escravidão.

[...]

É a hora do fortalecimento das ações pela igualdade em todos os países que tenham tido mão de obra escrava como base de seu desenvolvimento capitalista, algo que originou desigualdades raciais de natureza histórica.

O mundo é melhor com as diferenças e diversidades. Vamos continuar avançando na construção da cidadania e do acesso igualitário aos bens econômicos e culturais para negros, indígenas, ciganos e todos os segmentos minoritários da sociedade.

O massacre dos jovens negros de Shaperville será lembrado para sempre. A luta deles nos inspira a caminhar pela igualdade de oportunidades e por sociedades livres do racismo e do preconceito.

Eloi Ferreira Araújo. Eliminar a discriminação contra negros. *Folha de S.Paulo*, 21 mar. 2012. Disponível em: <www1.folha.uol.com.br/fsp/opiniao/32460-eliminar-a-discriminacao-contra-negros.shtml>. Acesso em: 30 set. 2018.

Manifestantes concentrados em Sharpeville, na África do Sul, em 21 de março de 1960.

Cape Argus/AP Photo/Glow Images

1 Que evento do calendário internacional motivou a produção do artigo?

2 De que forma o articulista aproxima o leitor desse evento?

3 Ao longo da leitura, percebe-se que a data motivadora da produção do artigo se torna pretexto para o articulista expor seu ponto de vista sobre outras questões relativas ao tema. Identifique:

a) a tese defendida pelo articulista;

b) os desafios a serem enfrentados para a construção de uma sociedade mais igualitária;

c) os avanços já alcançados;

d) o que ainda precisa ser feito.

4 Releia os trechos a seguir.

a) "Em memória às vítimas do massacre, em 1976, a ONU (Organização das Nações Unidas) instituiu o dia 21 de março como o Dia Internacional de Luta pela Eliminação da Discriminação Racial.

Destacar esse acontecimento é importante para que nunca esqueçamos dessa face cruel do racismo, que não hesita em atirar em pessoas indefesas."

b) "Contudo, podemos nos orgulhar pelos avanços dados nos últimos anos. Um deles foi a lei 10.639/2003, que torna obrigatório o ensino sobre história e cultura afro-brasileira nos ensinos fundamental e médio das escolas pública e particular de todo o país."

c) "É a hora do fortalecimento das ações pela igualdade em todos os países que tenham tido mão de obra escrava como base de seu desenvolvimento capitalista, algo que originou desigualdades raciais de natureza histórica."

- Separe, nesses trechos, o que é fato (sequências expositivas) do que é opinião (sequências argumentativas).

5 Releia as opiniões e os fatos destacados dos trechos selecionados na questão 4.

a) Os fatos que predominam são positivos ou negativos?

b) A leitura que o articulista faz dos fatos é otimista ou pessimista? Justifique sua resposta.

6 Esse texto foi publicado no jornal *Folha de S.Paulo*, no dia 21 de março de 2012.

a) Para quem foi escrito esse texto?

b) O que, em sua opinião, pode gerar maior reflexão por parte do leitor: os fatos ou a opinião?

7 Releia.

I. "Destacar esse acontecimento <u>é importante</u>"

II. "Ainda hoje, <u>a influência do racismo impede</u> que negros vivam em condições de igualdade com os não negros."

a) Separe a oração principal da subordinada e classifique-as.

b) Que sentido a oração principal acrescenta à subordinada:

- na frase I?

- na frase II?

c) Qual das duas construções parece tornar mais marcada a opinião do articulista?

UNIDADE 7

Histórias inventadas

Cristina Garcia Rodero/Magnum Photos/Fotoarena

Adolescentes em praia da cidade de Baracoa, em Cuba. Fotografia de 2011.

Antever

1. O que essa imagem mostra? Descreva a cena.

2. Quem você imagina que são essas pessoas? Qual é a relação entre elas?

3. Se você fosse escrever uma história inspirada nessa imagem, como seria? Conte brevemente o que pode ter acontecido antes e depois do momento captado pelo fotógrafo.

4. Existem muitos modos de contar uma história, em diferentes linguagens. Quais você conhece? De quais gosta mais?

Nesta unidade, você vai ler contos – narrativas de ficção breves – que podem ter a extensão de uma frase ou de algumas páginas.

Observe, ao lado, a capa do livro do qual foi retirado o conto que você vai ler a seguir.

1 O que, em sua opinião, são "contos mais que mínimos"?

2 Leia o texto publicado no catálogo da editora Tinta Negra para divulgar o livro *Contos mais que mínimos*, da escritora Heloisa Seixas.

> Sessenta microtextos ilustrados. Em histórias de temas como amor, solidão, literatura, fantasmas e o universo, Heloisa Seixas revela uma enorme capacidade de dizer muito em pouquíssimo espaço. Cheios de surpresas, reflexões, fantasias, tragédias, lirismo, os contos representam recortes afiados do espaço urbano contemporâneo, com suas idiossincrasias e contradições.

> Tinta Negra. *Catálogo 2014*. Disponível em:
> <https://issuu.com/editoras.com/docs/cat__logo_tinta_negra_e_nossa_casa_>.
> Acesso em: 10 out. 2018.

a) Com base nessas informações, a que público você acha que esse livro se destina?

b) Destaque do texto do catálogo:

- os temas abordados no livro;
- as qualidades atribuídas aos contos.

c) Retome sua resposta à questão 1. O texto do catálogo confirma sua hipótese?

d) Imagine que você foi convidado a participar da elaboração de um livro de "contos mínimos", ou seja, minicontos, voltados para o público jovem, com interesses semelhantes aos seus. Quais das características atribuídas ao livro de Heloisa Seixas você gostaria de ver em seus textos? E que outras você acrescentaria?

3 Explore a imagem que ilustra a capa do livro.

a) O que está representado nela?

b) Que relações você faria entre esse elemento e a ideia de "contos mais que mínimos"?

A seguir, você lerá o miniconto "A solidão no mar". Considere as informações do texto de apresentação do livro no catálogo da editora e converse com os colegas: De que provavelmente tratará um conto com esse título? Depois de ler o miniconto, verifique se suas hipóteses se confirmaram.

A solidão no mar

Quieto, o menino espiava o pescador acocorado sobre a pedra, as mãos calosas mexendo em linhas e **chumbadas**. Era um velho, com muita prática de pescaria, e o menino admirava sua destreza, encantado. Mas, de repente, num gesto de impaciência, o velho pescador atirou à água um pedaço de fio de náilon que o atrapalhava, enrolado a um dos anzóis. E o menino ficou olhando aquele fio suspenso na água, pequena enguia solitária. Sentiu pena. Tinha lido no jornal que um fio de náilon leva 600 mil anos para se dissolver no mar. Era tempo demais. Demasiada solidão.

Heloisa Seixas. *Contos mais que mínimos*. Rio de Janeiro: Tinta Negra, 2010. p. 44.

Simone Matias

Glossário

Chumbada: pedacinho de chumbo, ou pedrinha, que se prende à rede ou à linha de pescar.

Heloisa Seixas

Marcos Ramos/Agência O Globo

Heloisa Seixas nasceu em 1952, na cidade do Rio de Janeiro (RJ), onde vive ainda hoje. Ela se formou em Jornalismo pela Universidade Federal Fluminense e trabalhou como jornalista durante vários anos. Autora de romances, contos, crônicas e peças de teatro, Heloisa escreveu obras voltadas para o público adulto e para o infantojuvenil. Foi quatro vezes finalista do Prêmio Jabuti, uma das mais importantes premiações brasileiras no campo da literatura.

Estudo do texto ▮▮▯ 🖊 no caderno

1. Destaque do miniconto:
   a) as personagens;
   b) a situação inicial;
   c) a ação que quebra o equilíbrio da situação inicial.

2. O narrador apresenta o menino e o velho e destaca a relação entre eles. Explicite essa relação.

3. Que reação a atitude de impaciência do velho, que atira à água um pedaço de fio de náilon que o atrapalhava, provoca no menino?

4. Considerando a expectativa criada pelo título e o desenvolvimento do miniconto, explique o que torna o final surpreendente.

5. Retome no texto as expressões empregadas para fazer referência ao fio de náilon.
   a) Reescreva-as no caderno.
   b) Em qual dessas expressões pode-se observar o uso do recurso da personificação, ou seja, em qual delas o menino atribui ao fio de náilon sensações próprias dos humanos?

6. Há uma informação científica no miniconto.
   a) Identifique-a.
   b) Essa informação pode provocar algum tipo de reflexão no leitor? Se sim, qual?

7. Você destacaria alguma oposição entre o menino e o velho? Qual(is)? Explique sua resposta.

💡 **Ampliar**

Edições SM Brasil

Leituras de escritor, organizado por Moacyr Scliar (Edições SM).

Nessa obra, o escritor gaúcho Moacyr Scliar selecionou contos de diferentes autores, estilos e épocas. São histórias de amor, suspense, terror, drama e crítica social comentadas por ele.

Comparando textos ▮▯▯

1. Leia o microconto a seguir, publicado no Twitter, rede social em que circulam mensagens de até 280 caracteres – cada caractere corresponde a uma letra do alfabeto, um algarismo, um sinal de pontuação ou um símbolo.

https://twitter.com/contoscurtos

Menino, eu sou seu pai, então desligue esse *capslock* quando for falar comigo!

@contoscurtos. Disponível em: <https://twitter.com/contoscurtos>. Acesso em: 10 out. 2018.

   a) Em que o conto acima se diferencia do conto de Heloisa Seixas em relação à forma de organizar a história?
   b) Observe agora o local de publicação dos dois contos. Em que eles se diferenciam?

2 Observe o uso da letra maiúscula nos textos a seguir e explique os efeitos que provoca em cada caso.

Texto 1

Texto 2

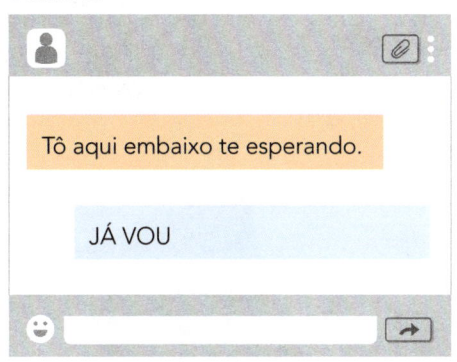

Texto 3

a) Indique qual dos textos expressa:

- surpresa;
- admiração;
- aborrecimento.

b) Que outros sentimentos podem ser comunicados por meio do uso das letras maiúsculas em meios digitais?

3 Em meios digitais, a letra maiúscula é acionada pela tecla Caps Lock. Sabendo disso, o que o emprego da palavra **capslock** no conto revela sobre a relação entre o pai e o filho?

4 A relação entre o menino e o pescador no conto "A solidão no mar" se parece com a relação entre pai e filho do conto do Twitter? Explique.

5 Quais são os elementos de uma narrativa tradicional?

6 Que elementos de uma narrativa tradicional foram selecionados para a composição do conto do Twitter?

7 No caderno, transforme o miniconto "A solidão no mar" num microconto de até 280 caracteres – como se você fosse publicá-lo no Twitter. Faça também o inverso: transforme o microconto da atividade 1 num miniconto com extensão semelhante à do conto de Heloisa Seixas.

8 Indique as adaptações feitas na transformação de uma forma de composição da narrativa em outra.

9 Qual adaptação de texto você considerou mais difícil? Em sua opinião, essa adaptação alterou os sentidos possíveis de cada texto? Explique sua resposta.

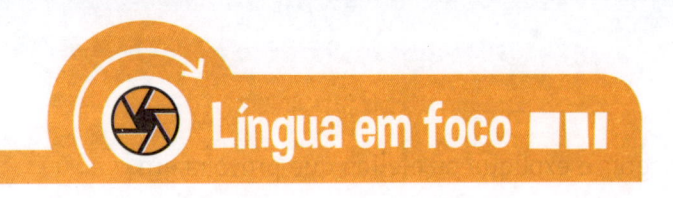

Articuladores textuais e organização de períodos

1 Releia o microconto.

> Menino, eu sou seu pai, **então** desligue esse *capslock* **quando** for falar comigo!

a) Releia o texto omitindo os termos destacados.

b) Esse exercício de supressão dos termos destacados permite deduzir o papel deles nesse texto. Indique qual é esse papel.

2 Para compreender a função de cada um dos termos destacados, responda.

a) Que argumento o pai usa para fazer o filho desligar o *capslock*?

b) Ao empregar o termo **então** no trecho "Menino, eu sou seu pai, então [...]", o que o pai espera do filho?

c) Qual é o sentido do termo **então** nesse contexto?

- Oposição, podendo ser substituído por **mas**.
- Comparação, podendo ser substituído por **como seu irmão**.
- Adição, podendo ser substituído por **e**.
- Conclusão, podendo ser substituído por **portanto**.

d) O termo **quando**, em "[...] quando for falar comigo!", indica que o pai delimitou:

- o lugar em que o filho deverá desligar o *capslock*.
- as situações em que o filho deverá desligar o *capslock*.
- o momento em que o filho deverá desligar o *capslock*.
- o modo como o filho deverá desligar o *capslock*.

e) Qual é a função do **quando** nesse contexto?

- Marcador de modo, podendo ser substituído por **calmamente**, desde que "for falar comigo" seja cortado.
- Marcador de tempo, podendo ser substituído por "no momento em que".
- Marcador de lugar, podendo ser substituído por "perto de mim", desde que "for falar comigo" seja cortado.
- Marcador de alternância, podendo ser substituído por **ou** em "ou fale comigo".

3 Releia um trecho do conto de Heloisa Seixas.

> **Mas**, **de repente**, num gesto de impaciência, o velho pescador atirou à água um pedaço de fio de náilon que o atrapalhava, enrolado a um dos anzóis.

a) Em textos em geral, qual é a função do **mas**?

b) Observe como ficaria o trecho se a autora tivesse suprimido o **mas**: "De repente, num gesto de impaciência [...]". Com essa supressão, que relação deixa de ser construída nesse trecho do conto?

Droidworker/Shutterstock.com

Menino, eu sou seu pai...

c) Há outras palavras que poderiam substituir o **mas** nesse trecho, sem grande alteração do sentido?

d) Volte ao conto "A solidão no mar" e explique o emprego do **mas** nessa frase.

e) Compare "Mas, de repente, num gesto de impaciência [...]" e "Mas num gesto de impaciência". Que sentido o termo **de repente** acrescenta a esse trecho?

f) Que palavras poderiam substituir o termo **de repente** sem prejuízo do sentido da frase?

g) Que função têm esses dois marcadores em relação ao desenvolvimento da narrativa? Que efeito o uso dos dois sucessivamente reforça?

> As palavras **então**, **quando**, **mas** e **de repente** são exemplos de termos que estabelecem relações entre partes de uma frase, entre frases ou entre parágrafos. Essas relações possibilitam a construção de sentidos diversos, como os de conclusão, adição, oposição, tempo, explicação, causa ou comparação.
>
> As palavras que marcam essas relações denominam-se **articuladores textuais**. Elas organizam, articulam o encadeamento entre as partes do texto.

4 Releia estes trechos.

I. "Era um velho, com muita prática de pescaria, e o menino admirava sua destreza, encantado."

II. "Mas, de repente, num gesto de impaciência, o velho pescador atirou à água um pedaço de fio de náilon que o atrapalhava, enrolado a um dos anzóis. **E** o menino ficou olhando aquele fio suspenso na água, pequena enguia solitária."

a) Em geral, a conjunção **e** é usada com qual finalidade?

b) Em qual dos trechos acima, o **e** destacado indica adição, ou seja, marca o acréscimo de uma informação a outra?

c) Que relação o **e** destacado no trecho II estabelece entre as partes que ele liga?

- Oposição.
- Explicação.
- Sequência.
- Marcação espacial.

d) Confirme sua resposta substituindo o **e** no trecho II por uma expressão de sentido equivalente.

e) O **e** sempre vai estabelecer a mesma relação entre as partes da frase? O que é preciso observar para identificar o tipo de relação estabelecida por um termo como a conjunção **e**?

> As palavras **e** e **mas** são exemplos de conjunções coordenativas, palavras que ligam duas orações ou duas palavras de mesma função na frase.
>
> As conjunções coordenativas também funcionam como articuladores textuais e podem estabelecer diferentes relações de sentido entre duas orações: adição (**e**, **nem**); oposição (**mas**, **contudo**, **no entanto**, **porém**, **todavia**); alternância (**ou**, **ora**); conclusão (**logo**, **portanto**, **por isso**); e explicação (**porque**, **que**, **pois**).
>
> Como a língua é dinâmica, diferentes relações de sentido podem ser observadas nos textos. Exemplo disso são os valores semânticos da conjunção **e** nos períodos analisados: ora ela estabeleceu relação de consequência, ora de sequência temporal.

5 Leia os dois microcontos a seguir. Observe como os articuladores discursivos destacados são decisivos para a construção do sentido dos textos.

I. "Nascido no deserto, ainda com sede."

Georgene Nunn. Disponível em: <www.revistabula.com/1787-30-contos-de-ate-100-caracteres>. Acesso em: 11 out. 2018.

II. "Eu escolhi paixão. Agora sou pobre."

Kathleen E. Whitlock. Disponível em: <www.revistabula.com/1787-30-contos-de-ate-100-caracteres>. Acesso em: 11 out. 2018.

a) Leia os sentidos do advérbio **ainda**, segundo o *Minidicionário Luft*.

Isabela Santos

> ▶ **ainda. adv. 1.** Até agora. **2.** Até então. **3.** Novamente. **4.** Mais. **5.** Além de. **6.** Afinal. **7.** Ao menos. **8.** Algum dia (futuro). **Ainda agora**: há pouco tempo. **Ainda assim**: mesmo assim. **Ainda bem**: felizmente. **Ainda quando, ainda que**…: embora, felizmente.

Celso Pedro Luft. *Minidicionário Luft*. São Paulo: Ática, 2013.

Com qual desses sentidos foi empregado o **ainda** do microconto I?

b) O que o uso de **ainda** revela sobre a situação em que se encontra a personagem?

c) Ao ler esse texto, o que podemos concluir sobre a personagem?

d) A palavra **agora** pode ser classificada como advérbio de tempo. No microconto II, entretanto, essa palavra estabelece entre as duas orações mais do que uma relação de tempo. Identifique que relação é essa.

- Simultaneidade.
- Causa.
- Consequência.
- Modo.

e) Que sentimento está implícito na declaração dessa personagem? Explique sua resposta.

> Articuladores textuais são os **advérbios**, **conjunções** e **preposições** que ligam palavras, períodos, parágrafos ou sequências textuais maiores.
>
> Eles interferem significativamente na construção de sentido dos textos ao atribuir, às relações entre os termos que conectam, sentidos diversos: tempo, finalidade, causa, consequência, oposição, explicação, comparação, concessão, modo etc.

6 Leia outra micronarrativa.

Perda irreparável

Tanto a dizer, de sonhos a compartilhar. Mas de repente você se foi, qual aragem das manhãs. Antes que eu formulasse os termos do discurso.

Edival Lourenço. Disponível em: <www.revistabula.com/1939-20-micro-romances-em-140-caracteres>. Acesso em: 11 out. 2018.

Isabela Santos

a) Qual é a situação inicial da narrativa?

b) O que quebra o equilíbrio dessa situação inicial e, ao mesmo tempo, é desfecho do conto?

c) Quais são os marcadores textuais que relacionam essas duas partes da história? O que eles expressam?

d) O que o narrador-personagem gostaria de ter feito antes da partida da pessoa com quem ele fala?

e) O que, em sua opinião, significa a expressão "formular os termos do discurso"?

f) Que marcador textual expressa que ele fracassou nesse desejo? Explique sua resposta destacando a frase com a qual esse marcador se relaciona.

7 Leia mais uma micronarrativa.

Vida sem vírgulas

A vida hoje aboliu vírgulas nos livros e no cotidiano. Amores se esvaem pois falta oxigênio nas declarações. Todos falam sem parar. E morrem.

Graça Taguti. Disponível em: <www.revistabula.com/1939-20-micro-romances-em-140-caracteres>. Acesso em: 11 out. 2018.

a) Que relação a conjunção **pois** estabelece entre as orações que ela liga na narrativa?

b) Cite outra palavra que poderia substituir o **pois** sem alterar a relação estabelecida entre as orações.

c) Releia o título da narrativa. Explique o efeito da ausência de vírgula e sua relação com a falta de oxigênio nas declarações.

d) Que outra palavra poderia, sem prejuízo do sentido, substituir o termo **e** do último período do texto ("E morrem")?

e) Que sentido, portanto, pode-se atribuir a essa conjunção?

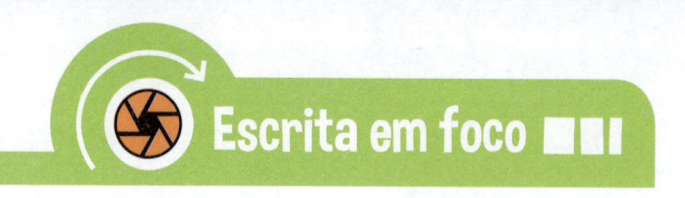
Escrita em foco ■■■

no caderno

Escrita em meios digitais

1 É provável que você já tenha enviado ou recebido mensagens por algum meio digital. Ao lê-las, certamente percebeu que a grafia das palavras, em geral, é diferente da adotada em textos que circulam nos suportes mais tradicionais, como livros ou jornais.

a) Você saberia apresentar dois ou três exemplos de escrita própria da comunicação em meios digitais?

b) Em sua opinião, há regras para esse tipo de escrita? Qual é a relação entre a regra e o propósito comunicativo desses textos?

c) Essa forma de escrever nos meios digitais seria aceita nas publicações de suportes tradicionais de circulação de textos? Em sua opinião, o que impediria a incorporação desse tipo de linguagem por esses meios?

2 Leia o texto a seguir, sobre a escrita de palavras que se tornou comum em conversas por aplicativos de mensagens instantâneas.

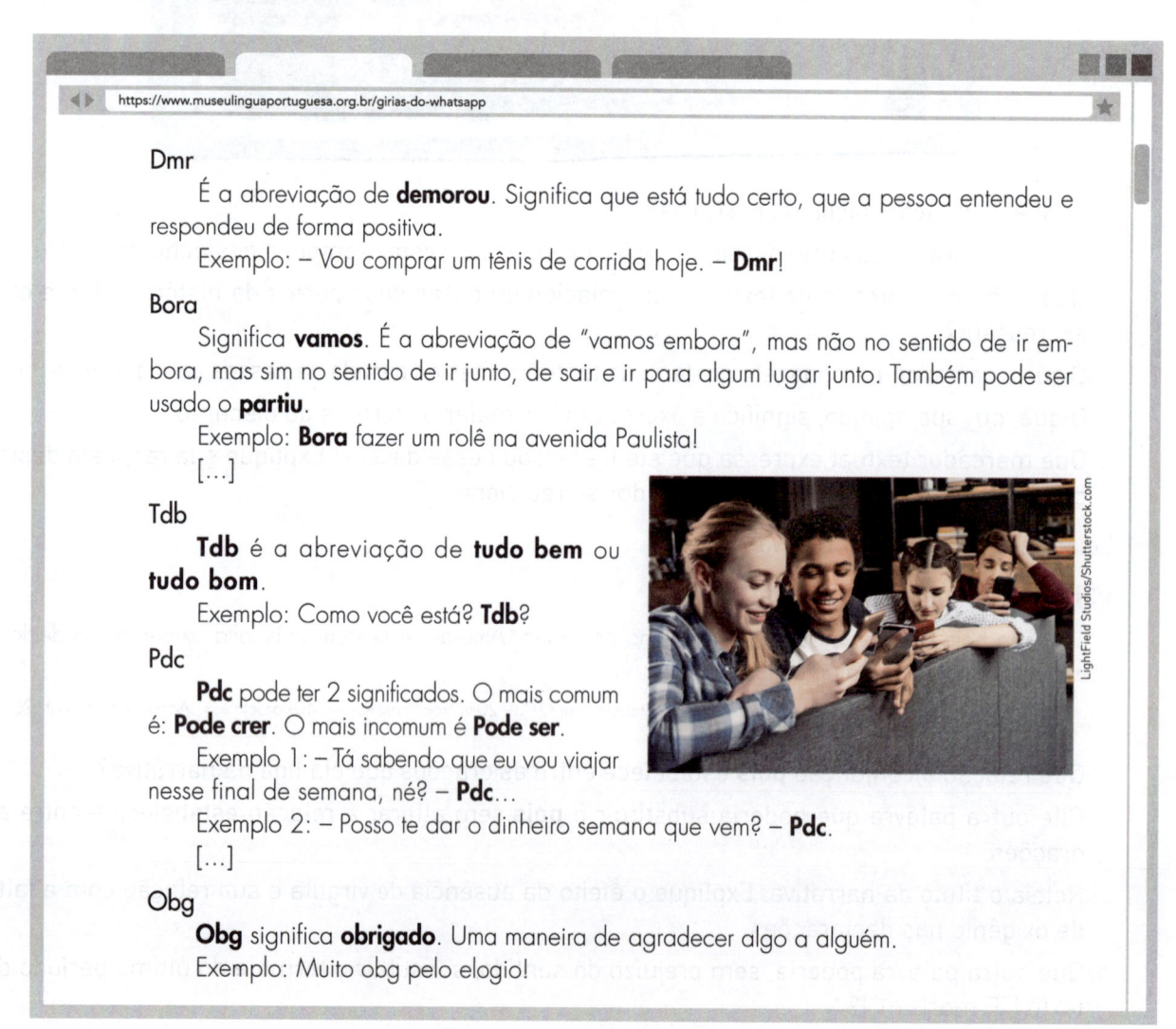

https://www.museulinguaportuguesa.org.br/girias-do-whatsapp

Dmr

É a abreviação de **demorou**. Significa que está tudo certo, que a pessoa entendeu e respondeu de forma positiva.

Exemplo: – Vou comprar um tênis de corrida hoje. – **Dmr**!

Bora

Significa **vamos**. É a abreviação de "vamos embora", mas não no sentido de ir embora, mas sim no sentido de ir junto, de sair e ir para algum lugar junto. Também pode ser usado o **partiu**.

Exemplo: **Bora** fazer um rolê na avenida Paulista!

[...]

Tdb

Tdb é a abreviação de **tudo bem** ou **tudo bom**.

Exemplo: Como você está? **Tdb**?

Pdc

Pdc pode ter 2 significados. O mais comum é: **Pode crer**. O mais incomum é **Pode ser**.

Exemplo 1: – Tá sabendo que eu vou viajar nesse final de semana, né? – **Pdc**...

Exemplo 2: – Posso te dar o dinheiro semana que vem? – **Pdc**.

[...]

Obg

Obg significa **obrigado**. Uma maneira de agradecer algo a alguém.

Exemplo: Muito obg pelo elogio!

LightField Studios/Shutterstock.com

Disponível em: <www.museulinguaportuguesa.org.br/girias-do-whatsapp>. Acesso em: 11 out. 2018.

a) Você usa alguma(s) das abreviações apresentadas no texto? Quais?

b) Junte-se a um colega e faça uma lista de dez palavras que circulam em meios digitais. O critério para a seleção delas deve ser o enquadramento na regra da economia de letras. Ao lado da palavra, anote seus diferentes significados e apresente um exemplo de uso de cada um deles.

c) Em sua opinião, essas palavras devem ser usadas em qualquer mensagem de meios digitais? Justifique sua resposta.

> A circulação de textos em meios digitais levou a uma **nova forma de escrita**. Orientada pela regra da redução do tamanho das palavras, pois o objetivo é digitar mensagens com rapidez, a escrita dos meios digitais acabou por influenciar radicalmente a maneira como escrevemos e lemos.
>
> Se autor e leitor do texto compartilham dos mesmos códigos, isto é, conhecem os significados das palavras, essa forma de escrita torna-se um registro que favorece a velocidade e a eficácia da comunicação.
>
> Se não compartilham os mesmos códigos, a comunicação pode se tornar truncada e, consequentemente, ineficiente.

 ## Estudo e pesquisa   no caderno

Seleção de textos

Nesta seção, a atividade proposta é uma seleção de contos curtos para serem lidos em voz alta. Nela, você não deve considerar apenas se gosta ou não das narrativas, mas deve estabelecer critérios que o ajudem a escolher textos que atendam aos objetivos já determinados e ao público a que vão se destinar.

1 Você conhece outros contos curtos ou microcontos além dos que foram lidos neste capítulo? Quais?

2 Sua tarefa será selecionar três contos curtos para uma atividade de oralização (leitura em voz alta) a ser realizada na seção **Oralidade em Foco**. Para isso, seguem algumas orientações:

- Delimite um tema. Isso vai ajudá-lo a descartar textos que não atendam a seu critério.

- Considere que o texto selecionado será lido em voz alta. Isso significa escolher um texto de narrativa mais fluida, mais apropriado para a oralização do que para a leitura silenciosa.

- Leve em conta o público ao qual você destinará o texto – adolescentes de sua idade, colegas que estudam em anos anteriores ou adultos (educadores da escola e famílias).

- Se for pesquisar na internet, certifique-se de que os *sites* pesquisados são *sites* oficiais dos autores ou de revistas de publicação de textos literários. Evite textos publicados em *blogs* porque estes nem sempre apresentam informações confiáveis, consultadas em fontes fidedignas.

3 Após essas definições, selecione três textos que correspondam aos critérios estipulados.

4 Junte-se a dois ou três colegas que tenham optado pelo mesmo tema. Leiam todos os contos e, se o grupo tiver mais do que três integrantes, selecionem os três melhores contos para a oralização. Copiem os contos e escrevam um texto apresentando as razões por que merecem ser lidos e informando a que público se destinam e o tema selecionado. Guardem esse material, pois será utilizado na seção **Oralidade em foco**.

Neste capítulo, você vai ler um conto do escritor moçambicano Mia Couto. Ele foi retirado do livro *A menina sem palavra*, uma antologia de contos do autor.

1 Você já ouviu falar nesse escritor? Conheça-o lendo o texto a seguir.

Filho de imigrantes portugueses, Mia Couto (1955) nasceu na Beira, uma das cidades mais afetadas pela guerra civil moçambicana (1976 a 1992). Aos catorze anos, publicou seus primeiros poemas no jornal *Notícias da Beira*. Estudou medicina antes de se formar em biologia e atualmente dedica-se a estudos de impacto ambiental, além da literatura. Na década de 1970, foi repórter de *A Tribuna*, na capital, Maputo. Trabalhou ali por um ano, até o jornal ser fechado por forças opostas à independência. Tornou-se batalhador pela libertação de seu país. É um dos principais escritores africanos. [...] Em 2013, ganhou o Prêmio Camões, conhecido como a mais importante premiação da língua portuguesa.

Horacio Villalobos/Corbis/Getty Images

O escritor Mia Couto durante entrevista concedida em Lisboa, Portugal, em 2018.

In: Mia Couto. *A menina sem palavra*: histórias de Mia Couto. São Paulo: Boa Companhia, 2013. p. 157.

2 Leia agora um trecho do texto de apresentação da coletânea.

A ficção a serviço da esperança

Os dezessete contos desta antologia foram escritos em fases distintas da carreira do escritor Mia Couto e compõem um panorama surpreendente do universo infantil em Moçambique. Acostumado a reconhecer nos povos africanos a violência e a miséria, o leitor encontrará nesta seleção uma delicadeza que não se vê nos relatos oficiais. As histórias mostram a complexidade que move as relações familiares, a orfandade em um país que viveu por anos em guerra, a realidade das crianças submetidas ao trabalho infantil e impedidas de estudar, e os resquícios da luta pela independência, simbolizados pelas minas, que continuam ativadas e matando os "miúdos" que brincam no areal.

Mia Couto é um prosador bastante sensível às complexidades da vida e um escritor que constrói as narrativas inspirado na linguagem oral [...]. Sem contar a presença do fantástico e do religioso em suas histórias.

[...]

In: Mia Couto. *A menina sem palavra*: histórias de Mia Couto. São Paulo: Boa Companhia, 2013. p. 7.

Nesse texto de apresentação, menciona-se a presença do fantástico. Quando em uma narrativa há elementos como ações improváveis ou sobrenaturais, magia ou seres míticos, isto é, elementos sem correspondência exata com os eventos da realidade conforme percebida pela maioria das pessoas, temos a presença do fantástico.

A leitura da biografia do autor e do texto de apresentação da coletânea de contos pode ajudar a levantar hipóteses sobre os tipos de história que serão encontradas no livro *A menina sem palavra*. Que tipos de personagens, cenários e enredos você acha que estão presentes nessa antologia?

Leia agora o conto "O dia em que explodiu Mabata-bata" observando a escolha das palavras e a construção das frases. Imagine os cenários descritos e relacione as metáforas aos sentimentos das personagens – e aproveite a leitura.

O dia em que explodiu Mabata-bata

De repente, o boi explodiu. Rebentou sem um muuu. No capim em volta choveram pedaços e fatias, grãos e folhas de boi. A carne eram já borboletas vermelhas. Os ossos eram moedas espalhadas. Os chifres ficaram num qualquer ramo, balouçando a imitar a vida, no invisível do vento.

O espanto não cabia em Azarias, o pequeno pastor. Ainda há um instante ele admirava o grande boi malhado, chamado de Mabata-bata. O bicho pastava mais vagaroso que a preguiça. Era o maior da manada, régulo da chifraria, e estava destinado como prenda de **lobolo** do tio Raul, dono da criação. Azarias trabalhava para ele desde que ficara órfão.

Despegava antes da luz para que os bois comessem o **cacimbo** das primeiras horas.

Olhou a desgraça: o boi poeirado, eco de silêncio, sombra de nada.

"Deve ser foi um relâmpago", pensou.

Mas relâmpago não podia. O céu estava liso, azul sem mancha. De onde saíra o raio?

Ou foi a terra que relampejou?

Interrogou o horizonte, por cima das árvores. Talvez o ndlati, a ave do relâmpago, ainda rodasse os céus. Apontou os olhos na montanha em frente. A morada do ndlati era ali, onde se juntam os todos rios para nascerem da mesma vontade da água. O ndlati vive nas suas quatro cores escondidas e só destapa quando as nuvens rugem na rouquidão do céu. É então que o ndlati sobe aos céus, enlouquecido. Nas alturas se veste de chamas, e lança o seu voo incendiado sobre os seres da terra. Às vezes atira-se no chão, buracando-o. Fica na cova e aí deita a sua urina.

Uma vez foi preciso chamar as ciências do velho feiticeiro para escavar aquele ninho e retirar os ácidos depósitos. Talvez o Mabata-bata pisara uma réstia maligna do ndlati. Mas quem podia acreditar? O tio, não. Havia de querer ver o boi falecido, ao menos ser apresentado uma prova do desastre. Já conhecia bois relampejados: ficavam corpos queimados, cinzas arrumadas a lembrar o corpo. O fogo mastiga, não engole de uma só vez, conforme sucedeu-se.

Reparou em volta: os outros bois, assustados, espalharam-se pelo mato. O medo escorregou dos olhos do pequeno pastor.

– Não apareças sem um boi, Azarias. Só digo: é melhor nem apareceres.

Glossário

Cacimbo: umidade semelhante ao orvalho. Também se chama de cacimbo o período do ano em que a temperatura cai e a atmosfera fica mais úmida, o inverno.

Despegava: levantava.

Lobolo: dote que o noivo paga aos familiares da noiva para se casar com ela. Esse valor leva em conta que, a partir do casamento, a mulher entregará sua força de trabalho a outro grupo familiar. A cerimônia em que se faz a oferta também é chamada de lobolo.

Cibele Queiroz

A ameaça do tio soprava-lhe os ouvidos. Aquela angústia comia-lhe o ar todo. Que podia fazer? Os pensamentos corriam-lhe como sombra mas não encontravam saída. Havia uma só solução: era fugir, tentar os caminhos onde não sabia mais nada. Fugir é morrer de um lugar e ele, com os seus calções rotos, um saco velho a tiracolo, que saudade deixava? Maus-tratos, atrás dos bois. Os filhos dos outros tinham direito da escola. Ele não, não era filho. O serviço arrancava-o cedo da cama e devolvia-o ao sono quando dentro dele já não havia resto de infância. Brincar era só com os animais: nadar o rio na boleia do rabo do Mabata-bata, apostar nas brigas dos mais fortes.

Em casa, o tio adivinhava-lhe o futuro:

– Este, da maneira que vive misturado com a criação há-de casar com uma vaca.

E todos se riam, sem quererem saber da sua alma pequenina, dos seus sonhos maltratados. Por isso, olhou sem pena para o campo que ia deixar. Calculou o dentro do seu saco: uma fisga, frutos do djambalau, um canivete enferrujado. Tão pouco não pode deixar saudade. Partiu na direcção do rio. Sentia que não fugia: estava apenas a começar o seu caminho. Quando chegou ao rio, atravessou a fronteira da água. Na outra margem parou à espera nem sabia de quê.

Ao fim da tarde a avó Carolina esperava Raul à porta de casa.

Quando chegou ela disparou a aflição:

– Essas horas e o Azarias ainda não chegou com os bois.

– O quê? Esse malandro vai apanhar muito bem, quando chegar.

– Não é que aconteceu uma coisa, Raul? Tenho medo, esses bandidos…

– Aconteceu brincadeiras dele, mais nada.

Sentaram na esteira e jantaram. Falaram das coisas do lobolo, preparação do casamento. De repente, alguém bateu à porta. Raul levantou-se interrogando os olhos da avó Carolina. Abriu a porta: eram os soldados, três.

– Boa noite, precisam alguma coisa?

– Boa noite. Vimos comunicar o acontecimento: rebentou uma mina esta tarde. Foi um boi que pisou. Agora, esse boi pertencia daqui.

Outro soldado acrescentou:

– Queremos saber onde está o pastor dele.

– O pastor estamos à espera – respondeu Raul. E vociferou: – Malditos bandos!

– Quando chegar queremos falar com ele, saber como foi sucedido. É bom ninguém sair na parte da montanha. Os bandidos andaram espalhar minas nesse lado.

Despediram. Raul ficou, rodando à volta das suas perguntas. Esse sacana do Azarias onde foi? E os outros bois andariam espalhados por aí?

– Avó: eu não posso ficar assim. Tenho que ir ver onde está esse malandro. Deve ser talvez deixou a manada fugentar-se. É preciso juntar os bois enquanto é cedo.

– Não podes, Raul. Olha os soldados o que disseram. É perigoso.

Mas ele desouviu e meteu-se pela noite. Mato tem subúrbio? Tem: é onde o Azarias conduzia os animais. Raul, rasgando-se nas **micaias**, aceitou a ciência do miúdo. Ninguém competia com ele na sabedoria da terra. Calculou que o pequeno pastor escolhera refugiar-se no vale.

Chegou ao rio e subiu às grandes pedras. A voz superior, ordenou:

– Azarias, volta. Azarias!

Só o rio respondia, desenterrando a sua voz corredeira. Nada em toda à volta. Mas ele adivinhava a presença oculta do sobrinho.

– Apareça lá, não tenhas medo. Não vou-te bater, juro.

Jurava mentiras. Não ia bater: ia matar-lhe de porrada, quando acabasse de juntar os bois. No enquanto escolheu sentar, estátua de escuro. Os olhos, habituados à penumbra, desembarcaram na outra margem. De repente, escutou passos no mato. Ficou alerta.

– Azarias?

Não era. Chegou-lhe a voz de Carolina.

– Sou eu, Raul.

Maldita velha, que vinha ali fazer? Trapalhar só. Ainda pisava na mina, rebentava-se e, pior, estoirava com ele também.

– Volta em casa, avó!

– O Azarias vai negar de ouvir quando chamares. A mim, há-de ouvir.

E aplicou sua confiança, chamando o pastor. Por trás das sombras, uma silhueta deu aparecimento.

– És tu, Azarias. Volta comigo, vamos para casa.

– Não quero, vou fugir.

O Raul foi descendo, gatinhoso, pronto para saltar e agarrar as goelas do sobrinho.

– Vais fugir para onde, meu filho?

– Não tenho onde, avó.

– Esse gajo vai voltar nem que eu lhe **chamboqueie** até partir-se dos bocados – precipitou-se a voz rasteira de Raul.

– Cala-te, Raul. Na tua vida nem sabes da miséria. – E voltando-se para o pastor:

– Anda meu filho, só vens comigo. Não tens culpa do boi que morreu. Anda ajudar o teu tio juntar os animais.

– Não é preciso. Os bois estão aqui, perto comigo.

Raul ergueu-se, desconfiado. O coração batucava-lhe o peito.

– Como é? Os bois estão aí?

– Sim, estão.

Enroscou-se o silêncio. O tio não estava certo da verdade do Azarias.

– Sobrinho: fizeste mesmo? Juntaste os bois?

A avó sorria pensando no fim das brigas daqueles os dois. Prometeu um prémio e pediu ao miúdo que escolhesse.

– O teu tio está muito satisfeito. Escolhe. Há-de respeitar o teu pedido.

Raul achou melhor concordar com tudo, naquele momento.

Depois, emendaria as ilusões do rapaz e voltariam as obrigações do serviço das pastagens.

– Fala lá o seu pedido.

– Tio: próximo ano posso ir na escola?

Já adivinhava. Nem pensar. Autorizar a escola era ficar sem guia para os bois. Mas o momento pedia fingimento e ele falou de costas para o pensamento:

– Vais, vais.

– É verdade, tio?

– Quantas bocas tenho, afinal?

– Posso continuar ajudar nos bois. A escola só frequentamos da parte de tarde.

– Está certo. Mas tudo isso falamos depois. Anda lá daqui.

O pequeno pastor saiu da sombra e correu o areal onde o rio dava passagem. De súbito, deflagrou um clarão, parecia o meio-dia da noite. O pequeno pastor engoliu aquele todo vermelho, era o grito do fogo estourando. Nas migalhas da noite viu descer o ndlati, a ave do relâmpago. Quis gritar:

– Vens pousar quem, ndlati?

Mas nada não falou. Não era o rio que afundava suas palavras: era um fruto vazando de ouvidos, dores e cores. Em volta tudo fechava, mesmo o rio suicidava sua água, o mundo embrulhava o chão nos fumos brancos.

– Vens pousar a avó, coitada, tão boa? Ou preferes no tio, afinal das contas, arrependido e prometente como o pai verdadeiro que morreu-me?

E antes que a ave do fogo se decidisse Azarias correu e abraçou-a na viagem da sua chama.

Mia Couto. *A menina sem palavra*. São Paulo: Boa Companhia, 2013. p. 9-16.

Glossário

Chamboquear: usar o "chamboco", um pedaço de madeira parecido com uma matraca, para dar uma surra.
Micaia: árvore nativa da África tropical, coberta de ramos espinhosos.

 # Estudo do texto

1. O conto se inicia com a explosão do boi Mabata-bata. Descreva como acontece essa explosão.

2. Qual foi a reação do pequeno pastor Azarias ao ver a explosão?

3. O boi diferenciava-se dos demais – o narrador chega a chamá-lo de "régulo da chifraria". Veja uma das definições da palavra **régulo** no dicionário.

▶ **régulo**

2. chefe de povo indígena ou de pequeno Estado na África [...].

Dicionário Houaiss da Língua Portuguesa. Rio de Janeiro: Objetiva, 2009. Versão eletrônica.

Considerando essa definição e esse apelido, qual era a importância de Mabata-bata?

4. O menino pensou que os bois poderiam ter sido relampejados, mas logo descartou essa hipótese. Que outra hipótese ele formulou?

5. Azarias foi tomado pelo medo do tio, pois este havia dito que ele não poderia perder nenhum boi. Neste momento da narrativa, ficamos conhecendo um pouco mais o pequeno pastor Azarias. Como era a vida do menino?

6. Ao dizer que "os filhos dos outros tinham direito da escola. Ele não, não era filho". Que informação o narrador nos dá sobre o menino?

7. Como "não filho", o menino não tinha direito à infância. Transcreva o trecho em que o leitor reconhece isso.

8. O que Azarias decide fazer para não ser castigado pelo tio?

9. Releia o excerto do conto.

> Abriu a porta: eram os soldados, três.
> – Boa noite, precisam alguma coisa?
> – Boa noite. Vimos comunicar o acontecimento: rebentou uma mina esta tarde. Foi um boi que pisou. Agora, esse boi pertencia daqui.

Cibele Queiroz

a) Nesse diálogo entre os soldados e o tio de Azarias, é possível perceber usos da linguagem que não ocorrem no português do Brasil? Explique-os.

b) Qual pode ser a justificativa para essa variação?

10 Com a chegada dos soldados à casa do tio Raul, ficamos sabendo o que havia acontecido com o boi. Que informação os soldados trouxeram?

11 Releia o trecho:

> – Queremos saber onde está o pastor dele.
> – O pastor estamos à espera – respondeu Raul. E vociferou: – Malditos bandidos!

a) Inicialmente o tio Raul "responde" e depois "vocifera". Explique essa diferença.

b) Se o narrador tivesse usado "gritou", teríamos o mesmo sentido?

12 O tio não obedeceu à orientação dos soldados e foi encontrar o sobrinho. O tio estava preocupado com o sumiço do menino?

13 Quando o tio e a avó o encontram, Azarias impõe uma condição para voltar com eles para casa. Qual?

14 Como você explicaria esse desejo tão grande de Azarias de ir à escola?

15 No momento em que o tio Raul finge aceitar as condições do menino e o pequeno pastor vai ao encontro da avó Carolina, o que acontece? Descreva esse acontecimento.

A guerra civil em Moçambique

O escritor Mia Couto tematizou, em muitas de suas obras, a guerra civil que ocorreu em Moçambique entre 1976 e 1992. Em 1975, o país africano conseguiu sua independência de Portugal, mas entrou em guerra civil logo em seguida, por causa da disputa pelo poder entre dois grupos políticos. A guerra terminou em 1992, mas causou a morte de milhares de pessoas e também o deslocamento de grandes contigentes da população, que fugiam do conflito. Além disso, minas terrestres que foram enterradas em diversos locais acabaram sendo abandonadas, o que causou, mesmo após a guerra, mais ferimentos e mortes nos moçambicanos que acidentalmente pisavam nelas e as detonavam.

Linguagem, texto e sentidos

1 Releia o trecho.

> De repente, o boi explodiu. Rebentou sem um muuu. No capim choveram pedaços e fatias, grãos e folhas de boi.
> A carne eram já borboletas vermelhas. Os ossos eram moedas espalhadas.
> O espanto não cabia em Azarias, o pequeno pastor. Ainda há um instante ele admirava o grande boi malhado, chamado de Mabata-bata.

a) O que explica o espanto de Azarias diante da explosão?

b) Como é feita a descrição das partes do corpo do boi, durante a explosão?

c) Explique a metáfora "Os ossos eram moedas espalhadas".

Cibele Queiroz

d) Copie a(s) alternativa(s) correta(s) no caderno. Os recursos usados para a descrição da explosão do boi:

- criam impacto no leitor, por meio de imagens fortes e poéticas.
- transformam uma cena violenta em relato sensível, com impacto poético.
- provocam repulsa no leitor, porque descrevem minuciosamente o estado de decomposição do boi.
- aproximam-se da notícia de jornal, pelo caráter de verdade da cena, descrita em linguagem puramente informativa.

> Comparação: figura de linguagem em que se estabelece uma relação de proximidade entre elementos de forma explícita, normalmente com o uso da conjunção comparativa "como" ou de locuções conjuntivas: **assim como**, **tal qual**. Exemplo: A carne era como borboletas vermelhas, espalhando-se no ar.
>
> Metáfora: figura de linguagem em que se estabelece uma associação entre características de dois termos comparados. Exemplo: "A carne eram já borboletas vermelhas".
>
> Veja como se faz uma metáfora:
>
> | Termo A | Termo B | Metáfora |
> |---|---|---|
> | Carne do boi em explosão: vermelha, em pedaços, voando pelos ares. | Borboletas vermelhas: vermelhas, pequenas como pedaços de alguma coisa fragmentada, voam pelos ares. | A carne eram já borboletas vermelhas. |
>
> No uso diário também usamos metáforas: "João é um gato"; "Marcinha é uma flor"; "Tenho um abacaxi para resolver" etc. Essas são metáforas já incorporadas à linguagem cotidiana. Na linguagem literária, a força da metáfora está em sua novidade, no impacto poético que produz.

2 Considere o trecho:

> O medo escorregou dos olhos do pequenos pastor.
> – Não apareças sem um boi, Azarias. Só digo: é melhor nem apareceres. A ameaça soprava-lhe os ouvidos. Aquela angústia comia-lhe o ar todo.

a) O que significa o "medo escorregou dos olhos" de Azarias? E o trecho "aquela angústia comia-lhe o ar", como pode ser entendido?

b) Se o narrador optasse por nos dizer: "Azarias ficou com medo e sentiu angústia", poderíamos afirmar que a expressividade e o sentido seriam os mesmos? Justifique.

> A **personificação** ou **prosopopeia** é uma figura de linguagem em que são atribuídas características humanas a seres inanimados, a animais, a sentimentos, a elementos da natureza. Ao dizer que o medo escorregava dos olhos e que a angústia comia o ar do menino, o narrador personifica os sentimentos da personagem (medo e angústia), como se eles ganhassem vida própria e agissem com autonomia (escorregava, comia).

3 Reconte com suas palavras o final do conto.

a) O que acontece com Azarias?

b) Com relação a essa cena, que impacto causa no leitor a narrativa poética do conto?

4 A forma de contar a história também contribui para a construção de sentido do texto. Releia.

> Em casa, o tio adivinhava-lhe o futuro:
> – Este, da maneira que vive misturado com a criação há-de-casar com uma vaca.
> E todos se riam, sem quererem saber da sua alma pequenina, dos seus sonhos maltratados. Por isso, olhou sem pena para o campo que ia deixar. Calculou o dentro do seu saco: uma fisga, frutos do djambalau, um canivete enferrujado. Tão pouco não pode deixar saudade. Partiu na direção do rio. Sentia que não fugia: estava apenas a começar o seu caminho.

a) Que vozes aparecem nos dois primeiros parágrafos do trecho acima?

b) Por meio de que recursos está demarcada no texto a separação entre essas vozes?

c) No terceiro parágrafo, que voz se mistura à do narrador? Quem pensa o que ele diz?

d) Nessa mistura de vozes, há demarcação, separação marcada no texto entre uma fala e outra?

5 Examine mais uma passagem do texto.

> Outro soldado acrescentou:
> – Queremos saber onde está o pastor dele.
> – O pastor estamos à espera – respondeu Raul. E vociferou: – Malditos bandos!

a) Que verbos introduzem ou comentam a fala das personagens em discurso direto?

b) Esses verbos aparecem antes ou depois de cada parte da fala do tio?

c) Essas escolhas do narrador deixam os dois verbos mais próximos um do outro e marcam uma diferença de sentido entre eles. Copie no caderno a alternativa que explica por que isso ocorre.

- Ao aproximar os verbos **respondeu** e **vociferou**, o narrador cria o efeito de que as falas se sucederam rapidamente e que houve, entre elas, uma gradação, um crescendo de raiva.

- Os verbos mostram a gradação dos sentimentos do narrador em relação à personagem.

- A ordem dos verbos que introduzem ou comentam as falas é indiferente para o sentido do texto, porque isso não altera o que a personagem diz ou sente.

d) Como ficariam os dois primeiros parágrafos em discurso indireto? Explique as mudanças.

Discurso direto é o discurso no qual o narrador reproduz a fala das personagens, que falam diretamente. Em geral, o narrador introduz ou comenta a voz das personagens por meio de **verbos de dizer**, como **falar**, **responder**, **comentar**, **vociferar**. A pontuação também marca o discurso direto. Os dois-pontos indicam a interrupção da voz do narrador e as aspas ou travessões assinalam a voz da personagem. Por exemplo:

> A voz superior ordenou:
> – Azarias, volta, Azarias!

Discurso indireto é o discurso no qual o narrador conta o que as personagens dizem, ou seja, há somente a voz do narrador. Usa-se, nesse tipo de construção, um verbo de dizer e um conector (em geral, **que** ou **se**) que liga esse verbo à oração que reproduz a fala da personagem. Por exemplo:

> A voz superior **ordenou que** Azarias voltasse.

Discurso indireto livre é o discurso em que a voz do narrador soma-se à voz da personagem, sem marcas de separação entre elas. O narrador parece incorporar os pensamentos, emoções e sentimentos da personagem. Por exemplo:

> Tão pouco não pode deixar saudade.

O discurso direto, em geral, dá mais vivacidade às cenas, porque cria um efeito de verdade, já que a personagem fala por ela mesma. O discurso indireto submete as falas das personagens ao discurso do narrador, que ganha, com isso, maior controle sobre a narrativa. O discurso indireto livre, sendo uma mistura dos dois anteriores, cria efeito de verdade ao manifestar a vida interior da personagem ao mesmo tempo que pode conferir ambiguidade à narrativa, deixar em suspenso quem estaria dizendo ou pensando o que se narra.

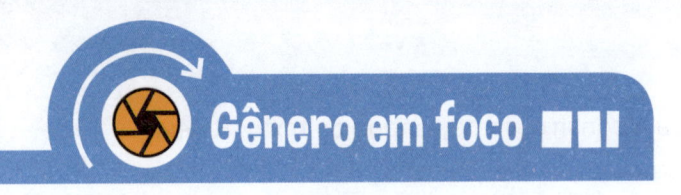

Conto

1 Releia o início do conto de Mia Couto.

De repente, o boi explodiu. Rebentou sem um muuu. No capim em volta choveram pedaços e fatias, grão e folhas de boi. A carne eram já borboletas vermelhas. Os ossos eram moedas espalhadas. Os chifres ficaram num qualquer ramo, balouçando a imitar a vida, no invisível do vento.

O espanto não cabia em Azarias, o pequeno pastor. Ainda há um instante ele admirava o grande boi malhado, chamado de Mabata-bata. O bicho pastava mais vagaroso que a preguiça. Era o maior da manada, régulo da chifraria, e estava destinado como prenda de lobolo do tio Raul, dono da criação. Azarias trabalhava para ele desde que era órfão. Despegava antes da luz para que os bois comessem o cacimbo das primeiras horas.

Olhou a desgraça: o boi poeirado, eco de silêncio, sombra de nada.

"Deve ser foi um relâmpago", pensou.

Cibele Queiroz

a) Qual é o foco narrativo da história? Como se reconhece isso?

b) Se Azarias contasse a própria história, qual seria o foco narrativo? Reescreva o trecho destacado nesse foco.

c) Com base nos itens **a** e **b**, é possível reconhecer a diferença entre esses focos narrativos?

2 No fragmento examinado na atividade anterior, analise agora a construção da personagem Azarias. O que o leitor fica sabendo sobre ele?

3 A apresentação das ações, dos sentimentos e dos pensamentos das personagens traz que contribuições à narrativa?

4 No mesmo fragmento do conto transcrito na atividade 1, identifique a localização da cena no tempo e no espaço.

5 Que relação se pode estabelecer, na narrativa, entre personagens, espaço e tempo? Por que isso é importante para a história desenvolvida no conto de Mia Couto?

6 O conto é uma narrativa que apresenta uma situação inicial. Ela indica o ritmo da história e dá início à passagem do tempo. Que expressões habitualmente indicam a passagem do tempo em gêneros narrativos?

7 Considere os contos lidos nesta unidade, o miniconto e os microcontos lidos no capítulo 1 e o conto de Mia Couto. Todos apresentam um ou mais conflitos? Justifique sua resposta.

8 Os conflitos apresentados nos contos estudados nesta unidade fazem referência a algum dado da realidade? Ao momento em que foram escritos?

9 Releia o excerto.

Aquela angústia comia-lhe o ar todo. Que podia fazer? Os pensamentos corriam-lhe como sombra mas não encontravam saída. Havia uma só solução: era fugir, tentar os caminhos onde não sabia mais nada. Fugir é morrer de um lugar [...]

Em casa, o tio adivinhava-lhe o futuro:

– Este, da maneira que vive misturado com a criação há-de casar com uma vaca.

Cibele Queiroz

a) O que o narrador informa ao leitor sobre o menino?

b) O conto pode trazer, como vimos, a narração apenas das ações das personagens. Selecione do conto "O dia em que explodiu Mabata-bata" uma sequência em que haja também o pensamento das personagens.

10 Releia os dois primeiros parágrafos do conto de Mia Couto. Examine as sequências que constroem o desenvolvimento da narrativa.

a) Elas são de que tipo? Descritivas, narrativas, expositivas ou argumentativas? Justifique sua resposta.

b) Qual a importância, no conto, da alternância de sequências desse tipo?

11 Como vimos, a situação inicial, no conto de Mia Couto, apresenta o tom da narrativa, mostrando qual deverá ser o encaminhamento do enredo.

a) No conto de Heloisa Seixas, a narrativa também se desenvolve de uma situação inicial que sofre transformação? Justifique sua resposta.

b) No conto do Twitter, em que o pai se dirige ao filho, ocorre também a sequência de situação inicial, transformação e situação final? Por quê?

c) Como uma história pode ser contada? Há só uma forma?

> O conto é uma narrativa curta, em geral desenvolvido em torno de um conflito principal. Ele é composto de sequências narrativas e descritivas que são apresentadas por um narrador, com foco narrativo em 1ª pessoa (narrador-personagem) ou em 3ª pessoa (narrador-observador). O narrador apresenta as personagens e o conflito num tempo e espaço definidos.
>
> Os contos de menor extensão, como os minicontos e os microcontos, condensam o conflito em poucas linhas e exigem do leitor a dedução de momentos que antecedem a situação exposta ou se seguem a ela. Eles também trazem narrador, personagens, tempo e espaço definidos.
>
> Um conto se organiza com base numa sequência de situação inicial, conflito e situação final. Todas as etapas podem aparecer ou o leitor pode ter de pressupor as etapas que não tenham sido contempladas.

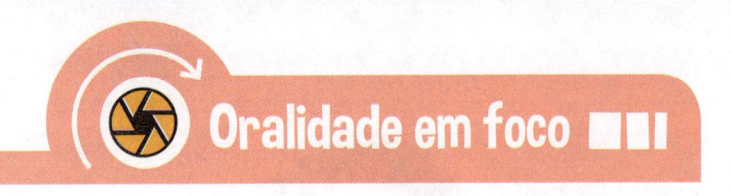

Áudio: leitura de poema

A proposta, nesta seção, é que você retome o grupo formado para a atividade proposta na seção **Estudo e pesquisa**, na página 205, para, juntos, vocês gravarem em áudio a leitura expressiva de contos selecionados nessa seção e a apresentarem aos colegas da turma. Com a orientação do professor, também poderão divulgá-la em formato de *podcast* no *site* ou *blog* da escola ou da turma.

Preparação

1. Recuperem da pesquisa realizada na seção **Estudo e pesquisa** os três contos curtos selecionados e o texto que justifica suas escolhas.

Realização

2. Definam o conto que cada um de vocês vai ler. Se houver mais de três integrantes no grupo, o mesmo conto poderá ser lido por mais de uma pessoa.
3. Individualmente, façam ensaios para memorizar trechos importantes do texto e para marcar pausas, alternâncias de entonação e outros movimentos de leitura que considerem relevantes para dar maior expressividade ao texto.
4. Preparem a gravação do trabalho, de modo que o áudio seja formado pela oralização da justificativa de seleção dos contos e pela oralização de cada um dos contos curtos selecionados.

Autoavaliação

5. Antes da apresentação do trabalho, verifiquem se:
   - a gravação do conto está audível;
   - a leitura está fluida e envolvente;
   - a pontuação do texto foi respeitada;
   - a dicção está clara e todas as palavras estão compreensíveis.

Steve Debenport/E+/Getty Images

Microconto

Você escreverá agora um microconto para ser publicado numa rede social. Ele deve ter no máximo 280 caracteres. Relembre as características do gênero conto.

> O conto é uma história breve que gira em torno de um único conflito. Apresenta, em geral, situação inicial, conflito e situação final. Quando uma dessas partes não está explícita, o texto oferece ao leitor indícios que lhe permitem imaginá-la. Mesmo que de forma sucinta, deve haver a caracterização física e/ou psicológica das personagens.
>
> O conto costuma ter foco em 1ª ou 3ª pessoa, e o narrador pode lançar mão dos discursos direto, indireto e indireto livre, de acordo com os efeitos que pretende produzir.

Planejamento

1. Para escrever seu conto, registre no caderno as seguintes informações:
   - Em torno de que tema gostaria de desenvolver a história?
   - Quantas personagens haverá na história?
   - Qual será a situação inicial e o conflito? E a situação final?
   - Qual será o foco narrativo?

Realização e publicação

2. Escreva a primeira versão do seu conto. Nesse momento não é preciso se preocupar com o número de caracteres (só cuide para que não seja muito extenso).
3. Leia o conto que você escreveu procurando reduzi-lo a 280 caracteres. Em seguida, troque de texto com um colega. Verifique se os cortes que você fez no texto comprometeram o entendimento dele. Reescreva-o se necessário, considerando as observações do colega.
4. Faça a revisão final. Digite o microconto para que ele seja veiculado numa rede social, como o próprio Twitter. Além da escolha de palavras, você poderá pensar na forma de organizá-lo graficamente, com espaços maiores entre as palavras ou mesmo mudança de linha.

Autoavaliação

5. Seu conto começa com uma situação de equilíbrio inicial ou com um conflito?
6. Há personagens em um tempo e espaço definidos?
7. Você condensou a narrativa em 280 caracteres?
8. Você publicou seu texto numa rede social? Qual?

©Hishiapply/Shutterstock.com

Leia o conto a seguir.

As paradas

O Norberto, que a princípio aceitou com entusiasmo as paradas dos bondes de Botafogo, é hoje o maior inimigo delas. Querem saber por quê? Eu lhes conto:

O pobre rapaz encontrou uma noite, na Exposição, a mulher mais bela e mais fascinante que os seus olhos ainda viram, e essa mulher – oh, felicidade!... oh, ventura!... –, essa mulher sorriu-lhe meigamente e com um doce olhar convidou-o a acompanhá-la.

O Norberto não esperou repetição do convite: acompanhou-a.

Ela desceu a Avenida dos Pavilhões, encaminhou-se para o portão e saiu como quem ia tomar o bonde; ele seguiu-a, mas estava tanto povo a sair, que a perdeu de vista. Desesperado, correu para os bondes, que uns seis ou sete havia prontos a partir, e subiu a todos os estribos, procurando em vão com os olhos esbugalhados a formosa desconhecida.

– Provavelmente foi de carro, pensou o Norberto, que logo se pôs a caminho de casa. Deitou-se mas não pôde conciliar o sono: a imagem daquela mulher não lhe saía da mente. Rompia a aurora quando conseguiu adormecer para sonhar com ela, e no dia seguinte não se passou um minuto sem que pensasse naquele feliz encontro.

Daí por diante foi um martírio. O desditoso namorado começou a emagrecer, muito admirado de que lhe causassem tais efeitos um simples olhar e um simples sorriso.

Passaram-se alguns dias e cada vez mais crescia aquele amor singular, quando uma tarde – oh, que ventura!... oh, que felicidade!... –, uma tarde passeando no Catete, o Norberto vê, num bonde das Laranjeiras, a dama da Exposição. Ela não o viu.

O pobre diabo fez sinal ao condutor para parar, mas por fatalidade o poste da parada estava muito longe e o bonde não parou. E não haver ali à mão um tílburi, uma caleça, um automóvel!...

O Norberto deitou a correr atrás do bonde, mas só conseguiu esfalfar-se. Que pernas humanas haverá tão rápidas como a eletricidade?

Esse novo encontro acendeu mais viva chama no peito do Norberto, e não tiveram conta os passeios que ele deu do Largo do Machado às Águas Férreas, na esperança de ver a sua amada e falar-lhe.

Simone Matias

Oito dias depois, o Norberto percorria de bonde, pela centésima vez, as Laranjeiras, quando, nas alturas do Instituto Pasteur, viu passar – oh, felicidade!... oh, ventura!... –, viu passar na rua a mulher que tanto o sobressaltava.

– Pare! pare!... gritou ele ao condutor.

– Aqui não posso; vamos ao poste de parada!

O Norberto quis descer, mas a rapidez com que o bonde rodava era tamanha, que não se atreveu.

Chegando ao poste de parada, ele atirou-se à rua, e deitou a correr para o lugar onde vira a mulher, mas onde estava ela? Tinha desaparecido!

Aí está por que o Norberto é hoje o maior inimigo das paradas.

Artur Azevedo. Disponível em: <www.dominiopublico.gov.br/download/texto/bi000060.pdf>. Acesso em: 16 out 2018.

1 Artur Azevedo nasceu no Maranhão, em 1855, e morreu no Rio de Janeiro, onde passou a maior parte de sua vida, em 1908. Que elementos do conto permitem localizar a história em determinada época? Que época seria essa?

2 No conto, a personagem de Norberto repete algumas vezes certas expressões exclamativas.

a) Que expressões são essas e em que situações são repetidas?

b) Que efeito essa repetição causa no conto?

3 Caracterize as personagens de Norberto e da mulher.

4 Identifique no texto marcadores textuais que indiquem:

a) sequência temporal;

b) localização no espaço;

c) contraste entre duas ideias.

5 Analise o período.

O desditoso namorado começou a emagrecer, muito admirado de que lhe causassem tais efeitos um simples olhar e um simples sorriso.

a) Pelo contexto em que está empregada, qual deve ser o significado da palavra **desditoso**? Observe, em sua resposta, o prefixo que a forma.

b) Destaque uma expressão verbal que mostre uma ação em progresso, contínua. Que sentido ela confere ao comportamento do rapaz?

c) Que oração completa o sentido do adjetivo **admirado**?

d) Explique o sentido das duas orações no contexto.

6 Em sua opinião, um contista contemporâneo criaria hoje uma história parecida? Por quê?

Artur Azevedo

Artur Nabantino Gonçalves de Azevedo foi professor, jornalista, contista, poeta e teatrólogo. Com seu irmão, o também escritor Aluísio de Azevedo (1857-1913), participou da fundação, em 1897, da Academia Brasileira de Letras. Além de ter feito intensa campanha pela construção do Theatro Municipal do Rio de Janeiro, Artur Azevedo foi também grande defensor do fim da escravatura no Brasil, ideia que sustentou em artigos jornalísticos e em peças de teatro.

UNIDADE

Histórias de vida

Bettmann/Getty Images

Antever

1 Observe a fotografia e leia a legenda. Por que, em sua opinião, essa imagem se tornou histórica e circulou pelo mundo, causando comoção?

2 No centro da imagem, duas pessoas se destacam: Elizabeth Eckford e, logo atrás dela, Hazel Bryan. Ambas tinham 15 anos na época. O que pode ter acontecido na vida delas? Como esse episódio as terá afetado?

3 Em sua opinião, o fato histórico mostrado na fotografia, que é de 1957, já foi superado? Você tem notícias sobre como o racismo é tratado hoje nos Estados Unidos? E no Brasil?

4 O momento em que você vive também poderia render uma fotografia histórica? Como a biografia de cada pessoa pode ser marcada pela história?

Toda pessoa tem uma biografia, uma história de vida determinada pelo contexto histórico, por suas próprias escolhas e pelas oportunidades de que desfruta. Você acompanhará, nesta unidade, a história de vida de duas meninas que se tornaram referência no teatro e na poesia.

Momento em que a estudante afro-americana Elizabeth Eckford, de 15 anos, primeira negra a frequentar uma escola de brancos nos Estados Unidos, tentava dirigir-se à sala de aula na escola local. Little Rock (EUA), 4/9/1957. Fotografia de Will Counts.

 atividade oral

 **Antes da leitura**

Observe a capa do livro de onde foi extraído o texto que você lerá neste capítulo.

1 Pelo título é possível observar que o livro abordará histórias de mulheres.

a) Que características dessas mulheres ganham destaque no título?

b) Quem seriam essas mulheres? Por que foram caracterizadas dessa maneira?

c) Que aspectos sobre essas mulheres devem ser contados no livro? Por quê?

2 *Best-seller* é uma palavra inglesa que designa um livro que tem grande sucesso de vendas.

O título do livro de Débora Thomé retoma o do *best-seller 1000 lugares para conhecer antes de morrer*, escrito pela jornalista estadunidense Patricia Schultz.

a) Pelo título, a quem se dirige o livro de Patricia Schultz? Por quê?

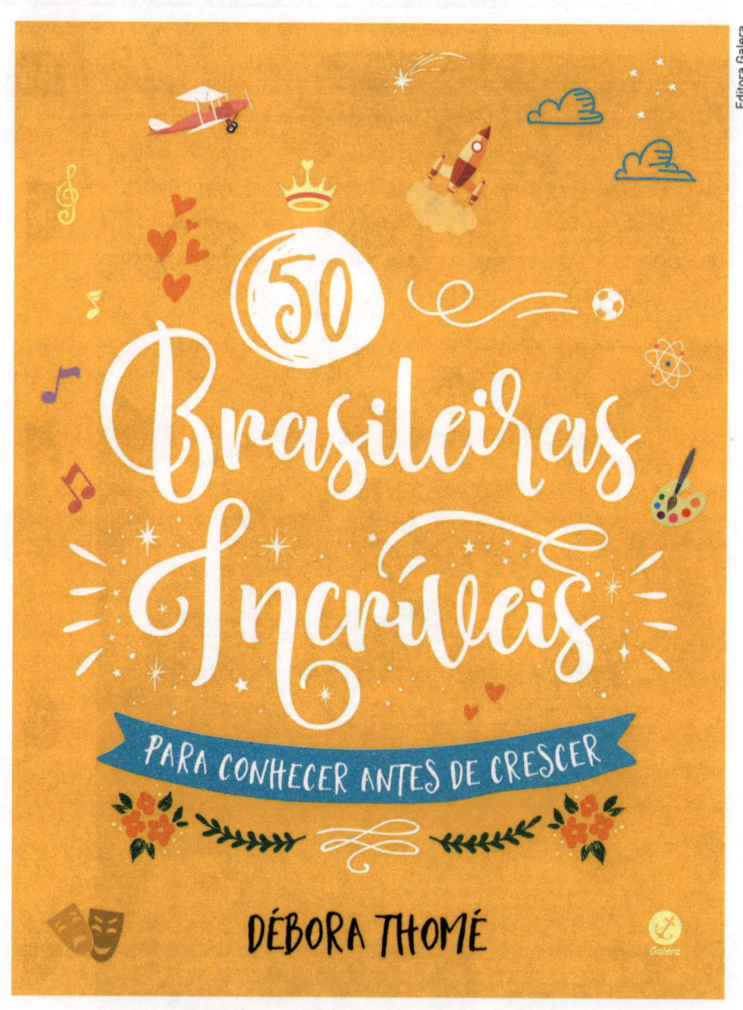

Editora Galera

b) E o livro de Débora Thomé? De acordo com o título, quem é o público-alvo desse livro? Justifique sua resposta.

3 Observe o projeto gráfico da capa.

a) Descreva as cores usadas.

b) O que tem maior destaque na capa? Explique sua resposta.

c) Que desenhos aparecem? Como são feitos? O que representam?

4 Para você, por que existe um livro dedicado somente às histórias de mulheres?

5 Que brasileiras incríveis você conhece? Em sua casa, escola e comunidade há alguma mulher que você ache incrível? Por quê?

6 A seguir, você lerá a história de Ruth de Souza, publicada nesse livro.

a) Você já ouviu falar dela?

b) Pode imaginar alguns motivos pelos quais ela seria considerada uma brasileira incrível?

Ruth de Souza

1921

O dia 8 de maio de 1945 marcaria para sempre a história do Theatro Municipal do Rio de Janeiro. Nesse dia, pela primeira vez, uma artista negra subiria naquele palco. O nome dela era Ruth.

Quando morava no interior de Minas Gerais, Ruth ouvia a mãe falar de uma cidade iluminada. Fazia, então, filas no chão com os vaga-lumes, tentando imitar o que a mãe contava. Sonhava com as luzes. Com 9 anos, mudou-se para a tal cidade, o Rio de Janeiro. Assim que chegou, a mãe a levou ao cinema. Era o filme do Tarzan, e Ruth se encantou ali mesmo.

Todos os domingos, esperava a hora de sair novamente. Às vezes, conseguia o ingresso com alguma patroa da mãe para ir ao teatro. Um dia, a mãe fez um convite especial: iriam ver os bastidores da ópera. Ruth ficou reparando em tudo e viu como a artista se transformava quando entrava no palco. "Eu vou é ser atriz".

Ilustração de Carol Carvalhal.

Porém, quando contava para os outros, muita gente ria: "Ora, não existe artista preto." As pessoas achavam que, por ser negra, ela não podia sonhar como outras meninas da sua idade. Mas Ruth nem te ligo farinha de trigo. Estava certa, certíssima, da sua decisão.

Foi quando teve notícias do Teatro Experimental do Negro. Aprendeu a fazer teatro com eles. Em 1948, foi a vez da sua estreia no cinema. Nesse mesmo ano, ganhou uma bolsa de estudos e lá foi ela para os Estados Unidos aprender. Tinha medo de estar sozinha, mas os amigos diziam: "Vá com medo, Ruth, mas vá."

Ruth percebeu que, poucas vezes, os artistas negros conseguiam os papéis principais. Mas decidiu persistir, sempre denunciando o preconceito. Em 1954, foi indicada ao prêmio de melhor atriz, no Festival de Veneza, por sua atuação no filme *Sinhá Moça*.

Ruth de Souza em fotografia de 1976.

Ao longo da carreira, fez mais de vinte novelas, trinta filmes, além de muitas peças de teatro. Em 1968, foi a primeira atriz negra a protagonizar uma novela. É considerada uma das grandes damas das artes no Brasil.

Débora Thomé. *50 brasileiras incríveis para conhecer antes de crescer.* Rio de Janeiro: Galera, 2017. p. 43.

A atriz caracterizada para uma minissérie, em 1994.

Estudo do texto ◼◼◼ no caderno

1. Ruth de Souza nasceu no Rio de Janeiro, mas bem pequena foi morar no interior de Minas.

   a) Como a menina ouvia falar da cidade onde nascera?

   b) O que mais chamava sua atenção sobre o Rio de Janeiro? Como ela reagia?

   c) O modo como a menina reage a essas histórias deixa subentendida uma informação sobre a cidade onde morava em sua primeira infância. Qual?

   d) O que a mudança para o Rio significou na vida de Ruth de Souza? Por quê?

2. Releia um trecho do último parágrafo.

   > Ao longo da carreira, fez mais de vinte novelas, trinta filmes, além de muitas peças de teatro.

   a) A que momento da carreira de Ruth de Souza se refere o trecho? De que modo o texto informa isso ao leitor?

   b) A atriz teve uma carreira produtiva? Por quê?

   c) A autora fala sobre cada uma das atuações de Ruth de Souza? O relato conta detalhes de cada período da vida da atriz? Justifique sua resposta.

3. Releia um trecho do quarto parágrafo.

   > As pessoas achavam que, por ser negra, ela não podia sonhar como outras meninas da sua idade. Mas Ruth nem te ligo farinha de trigo. Estava certa, certíssima, da sua decisão.

   a) Que preconceito Ruth de Souza enfrentou por sua decisão de ser atriz?

   b) Que expressão popular, geralmente usada por crianças, mostra de que modo a atriz reagiu? Explique o sentido dessa expressão.

   c) Que tom essa expressão constrói no texto?

   d) O que ela indica sobre o leitor a que o texto se destina?

Ópera

A ópera é um gênero dramático que une música, texto e encenação em diálogos cantados. Surgida na Itália do século XVII, a ópera se propagou nos séculos seguintes pelo resto da Europa e pelos outros continentes. Em geral, é encenada por cantores líricos, acompanhados de uma orquestra sinfônica. Em 1934, o compositor e pianista norte-americano George Gershwin criou uma obra intitulada *Porgy and Bess*, com libreto de DuBoise Heyward e letras de Heyward e Ira Gershin, que trazia apenas cantores negros com formação clássica, exceto um branco que atuaria como policial. A obra causou polêmica na época porque trazer negros como protagonistas não era comum. Hoje, ela já foi interpretada em muitas partes do mundo, inclusive no Brasil.

Britta Pedersen/picture-alliance/dpa/AP Photo/Glow Images

Apresentação da ópera *Porgy and Bess* em Dresden, Alemanha, em julho de 2016.

4 Ao longo do texto, são dadas algumas pistas sobre as condições socioeconômicas e sócio-histó-ricas em que Ruth de Souza viveu a infância e o início da carreira.

a) Como foi a infância de Ruth de Souza em termos financeiros? De que modo o texto informa isso ao leitor?

b) Releia o trecho:

Todos os domingos, esperava a hora de sair novamente. Às vezes, conseguia o ingresso com alguma patroa da mãe para ir ao teatro. Um dia, a mãe fez um convite especial: iriam ver os bastidores da ópe-ra. Ruth ficou reparando em tudo e viu como a artista se transformava quando entrava no palco. "Eu vou é ser atriz".

Porém, quando contava para os outros, muita gente ria: "Ora, não existe artista preto. [...]"

- Que marca do contexto sócio-histórico fica evidente nesse trecho?

5 O Theatro Municipal do Rio de Janeiro foi inaugurado no dia 14 de julho de 1909 e, em 8 de maio de 1945, Ruth de Souza encenou a peça *O imperador Jones*, montagem do grupo Teatro Experimental do Negro.

a) O que o intervalo entre essas datas revela?

b) Que fator influenciou a ocorrência desse intervalo?

c) Volte ao glossário e explique o uso da palavra **experimental** no nome do grupo de teatro em que Ruth de Souza aprendeu a atuar.

6 Observe a ilustração do texto.

a) Que cores são usadas? O que revelam?

b) E a figura humana, como foi retratada? Como está a expressão do rosto dela? Para onde se dirige seu olhar?

c) Descreva o fundo da ilustração e os elementos que circulam a figura humana. Que efeitos constroem?

Teatro Experimental do Negro (TEN)

O Teatro Experimental do Negro (TEN) foi fundado por Abdias do Nascimento em 1944 e surpreendeu a crítica da época com a montagem de *O Imperador Jones*. O TEN era um grupo que, além de fazer teatro, almejava mudanças sociais no Brasil. Foi uma das primeiras iniciativas com o intuito de formar intérpretes negros e repensar o perfil das personagens interpretadas por artistas negros.

Verbete NEGRO (TEATRO DO) In. Jacó Guinsburg, João Roberto Faria e Mariangela Alves de Lima. *Dicionário do teatro brasileiro*: temas, formas e conceitos. São Paulo: Perspectiva: Edições Sesc SP, 2009. p. 226-229.

Atores do TEN em cena da peça *Rapsódia negra*, 1952.

7 Releia a última frase do texto e as informações do quadro.

> É considerada uma das grandes **damas** das artes no Brasil.

> A palavra **dama** é usada no teatro e nas artes com o mesmo sentido de **prima-dona**. **Prima-dona** é uma palavra italiana que se refere à protagonista de uma ópera. Hoje emprega-se "dama" em referência a atrizes que representam papéis de destaque no teatro, que são protagonistas de grandes momentos da cena teatral. Sua atuação serve de exemplo a outras atrizes e atores.

a) Com base na leitura do texto, que motivos levam Ruth de Souza a ser considerada hoje uma das grandes damas das artes no Brasil?

b) Que relação a ilustração analisada na atividade anterior estabelece com essa frase?

8 O penúltimo parágrafo mostra que, mesmo quando já era atriz, Ruth de Souza continuou a enfrentar preconceitos.

> Ruth percebeu que, poucas vezes, os artistas negros conseguiam os papéis principais. Mas decidiu persistir, sempre denunciando o preconceito. Em 1954, foi indicada ao prêmio de melhor atriz, no Festival de Veneza, por sua atuação no filme *Sinhá Moça*.

a) Como se revelava o preconceito com os artistas negros?

b) A escolha de palavras como **persistir** e **denunciando** constrói que imagem de Ruth de Souza?

c) O modo como a biografia foi relatada ajuda o leitor a considerar Ruth de Souza uma brasileira incrível? Por quê?

Linguagem, texto e sentidos  no caderno

1 Releia o segundo parágrafo do texto.

> Quando morava no interior de Minas Gerais, Ruth ouvia a mãe falar de uma cidade iluminada. Fazia, então, filas no chão com os vaga-lumes, tentando imitar o que a mãe contava. Sonhava com as luzes. Com 9 anos, mudou-se para a tal cidade, o Rio de Janeiro. Assim que chegou, a mãe a levou ao cinema. Era o filme do Tarzan, e Ruth se encantou ali mesmo.

a) Em que pessoa do discurso o relato é escrito?

b) Comprove sua resposta com elementos do texto.

c) Que relação esse tipo de relato cria entre a autora e os fatos relatados?

d) Explique por que os verbos são empregados no pretérito.

Ampliar

Extraordinárias: mulheres que revolucionaram o Brasil, de Aryane Cararo e Duda Porto de Souza (Seguinte).

Neste livro, as autoras reuniram perfis biográficos de 40 mulheres de diferentes regiões do Brasil e cinco estrangeiras "abrasileiradas" que tiveram um papel importante na história do país ou se destacaram em suas áreas de atuação. Por meio dessas histórias de vida, as autoras também tratam de episódios importantes da história brasileira, desde o século XVI até a atualidade.

Editora Seguinte

2 No texto são usadas duas formas de expressar o tempo passado. Compare as formas destacadas no segundo parágrafo e explique a mudança ocorrida respondendo às questões.

> Quando **morava** no interior de Minas Gerais, Ruth **ouvia** a mãe falar de uma cidade iluminada. **Fazia**, então, filas no chão com os vaga-lumes, tentando imitar o que a mãe **contava**. **Sonhava** com as luzes. Com 9 anos, **mudou-se** para a tal cidade, o Rio de Janeiro.

a) Que verbos indicam acontecimentos duradouros no passado? Em que tempo estão empregados?

b) Que forma verbal indica uma ação pontual no passado? Em que tempo foi usada?

c) Que efeito é produzido na relação entre fatos duradouros e um fato pontual? Como essa série de verbos caracteriza o que ocorreu no passado da atriz?

3 Releia o terceiro parágrafo e continue a observar o emprego dos tempos verbais.

> Todos os domingos, esperava a hora de sair novamente. Às vezes, conseguia o ingresso com alguma patroa da mãe para ir ao teatro. Um dia, a mãe fez um convite especial: iriam ver os bastidores da ópera. Ruth ficou reparando em tudo e viu como a artista se transformava quando entrava no palco. "Eu vou é ser atriz".

a) Que expressões adverbiais temporais são usadas para iniciar os dois primeiros períodos? O que elas indicam?

b) Com que tempo verbal essas expressões se combinam nos dois primeiros períodos? Que efeitos são construídos?

c) Observe o terceiro período do parágrafo: "Um dia, a mãe fez um convite especial: iriam ver os bastidores da ópera".

- Qual expressão adverbial temporal abre o período? Que tipo de fato ela introduz?
- Que tempo verbal se combina a essa expressão?
- Por que o uso desse tempo indica uma mudança em relação aos dois períodos anteriores?
- Como é formada a locução verbal do último período? Que efeito constrói no trecho?

> Como você já sabe, chama-se locução verbal a combinação de um verbo auxiliar com uma forma nominal (gerúndio, infinitivo e particípio) do verbo principal. Os principais verbos auxiliares são **ter**, **ser**, **haver** e **estar**, com os quais se formam tempos compostos. Veja alguns exemplos.
>
> > **Tenho ido** ao cinema.
> > **Sou formada** em dança.
> > **Estou indo** ao teatro.
> > **Hei de conseguir** ser atriz.
>
> Em alguns casos, pode haver uma preposição entre os dois verbos, o auxiliar e o principal. Nas locuções verbais, só o verbo auxiliar varia em tempo e pessoa (**tenho** ido, **tem** ido, **temos** ido).
>
> Outros verbos podem formar locução com um principal. Na combinação entre um verbo auxiliar e um principal, indicam-se diferentes aspectos da ação verbal. Compare as frases:
>
> > A mãe disse que **veriam** um filme. → Informação sobre um fato futuro que poderia ocorrer num momento passado.
> > A mãe disse que **iriam ver** um filme. → Informação sobre um fato futuro que poderia ocorrer num momento passado, com ênfase numa ideia de ação em curso, em andamento.

4 O texto traz algumas citações entre aspas, observe-as.

I. "Eu vou é ser atriz."

II. "Ora, não existe artista preto."

III. "Vá com medo, Ruth, mas vá."

a) As falas se associam a que pessoas? E a que momentos?

b) Por que o relato usa o discurso direto? Que efeitos esse recurso ajuda a construir?

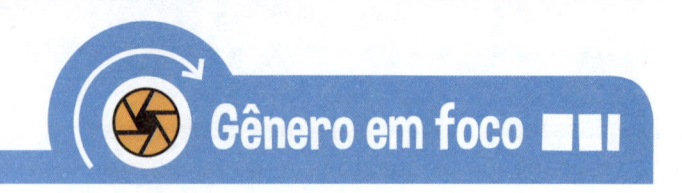

Biografia

1 Releia o primeiro parágrafo da biografia de Ruth de Souza.

> O dia 8 de maio de 1945 marcaria para sempre a história do Theatro Municipal do Rio de Janeiro. Nesse dia, pela primeira vez, uma artista negra subiria naquele palco. O nome dela era Ruth.

a) Que data é citada?

b) Por que essa data foi escolhida para iniciar o relato?

c) Que impacto teve o fato ocorrido nessa data na carreira de Ruth de Souza e na de outros atores negros?

2 Ao longo da biografia de Ruth de Souza, outras datas são citadas.

a) A que se refere a data abaixo do nome da atriz, no título do texto?

b) Releia as referências bibliográficas do livro e calcule a idade de Ruth no ano em que o livro *50 brasileiras incríveis para conhecer antes de crescer* foi lançado.

c) A biografia cita ainda fatos ocorridos em 1948, 1954 e 1968. Por que todas essas datas são citadas?

d) A citação de datas é um recurso usado na biografia para localizar no tempo fatos ocorridos na vida da biografada.

- Esses fatos são de ordem íntima, pessoal, ou estão ligados à carreira e ao papel social da atriz?

- Justifique sua resposta com um exemplo do texto.

A luta pelos direitos civis

O escritor estadunidense James Baldwin (Nova York, 1924-Saint-Paul de Vence, França, 1987) escreveu ensaios, peças de teatro e romances em que tematizava a questão do preconceito. Um desses escritos, o manuscrito inacabado em que falava da vida e dos assassinatos de três homens negros americanos de grande importância histórica, transformou-se em documentário premiado com o Oscar em 2017.

Eu não sou seu negro é um filme dirigido pelo haitiano Raoul Peck, que, inspirado no manuscrito de Baldwin, acompanha a luta de Medgar Evers, Malcolm X e Martin Luther King contra o racismo e a discriminação dos mais pobres na sociedade americana.

Misturando a narrativa poética de Baldwin com o panorama da história do racismo norte-americano, o documentário traz à tona episódios de segregação racial e mostra a luta pelos direitos civis

Velvet Film, Artemis Productions e Close Up Films

Cartaz do filme *Eu não sou seu negro*, do diretor Raoul Peck.

3 Para relatar o percurso da atriz, a biografia marca a passagem do tempo.

a) Ao iniciar a biografia com um fato ocorrido a Ruth de Souza já na idade adulta, que efeito se cria a respeito da biografada? Como isso caracteriza sua vida?

b) Que fase da vida da atriz é relatada no segundo e no terceiro parágrafos?

c) Por que a biógrafa não citou datas nesse trecho? Que aspectos são aí focalizados?

d) Que característica sobre a personalidade infantil de Ruth de Souza é dada no trecho?

e) Essa característica, em sua opinião, foi importante para a escolha da carreira da biografada?

4 Sobre a apresentação dos fatos nessa biografia, responda:

a) Ela segue uma sequência cronológica, isto é, apresenta os fatos na ordem temporal em que aconteceram? Justifique.

b) Que efeito isso causa no relato?

> Biografias são relatos escritos, orais ou filmados sobre a vida de uma pessoa. São narradas, em geral, em 3ª pessoa e criam efeito de imparcialidade e objetividade em relação ao ponto de vista que o biógrafo tem sobre o biografado.
>
> Uma biografia pode relatar os fatos em ordem cronológica, ou pode ressaltar algum fato principal e depois voltar no tempo, ou mesmo misturar os tempos. A biografia mais tradicional relata os acontecimentos em ordem cronológica, criando o efeito de uma sequência lógica, em que acontecimentos passados justificam ou explicam os futuros.
>
> Em geral, as biografias relatam a trajetória de vida de pessoas que têm certa relevância social, como é o caso da atriz Ruth de Souza, que se destacou na sua área de atuação.

5 Leia o trecho de outra biografia de Ruth de Souza. Vamos chamá-la de biografia II, para diferenciá-la da biografia I, de Débora Thomé, que você já leu.

www.funarte.gov.br/brasilmemoriadasartes/acervo/atores-do-brasil/biografia-de-ruth-de-souza/

Ruth Pinto de Souza nasce no Rio de Janeiro em 12 de maio de 1921. Até os 9 anos de idade vive com a família em uma fazenda em Porto do Marinho, pequena cidade do interior de Minas Gerais. Com a morte do pai, ela e a mãe voltam a morar no Rio de Janeiro, em uma vila de lavadeiras e jardineiras, no bairro de Copacabana. Interessa-se por teatro ainda menina, quando assiste a récitas no Municipal. Pela Revista Rio, toma conhecimento do grupo de atores liderados por Abdias do Nascimento, o Teatro Experimental do Negro. Une-se ao grupo e faz sua estreia em *O imperador Jones*, de Eugene O'Neill, em 8 de maio de 1945, no palco do Municipal.

André Horta/Fotoarena

Ruth de Souza em fotografia de 2018.

Disponível em: <www.funarte.gov.br/brasilmemoriadasartes/acervo/atores-do-brasil/biografia-de-ruth-de-souza/>. Acesso em: 2 ago. 2018.

a) Que período de tempo é relatado no trecho da biografia II?

b) Que detalhes da infância de Ruth, na biografia II, não apareceram na biografia I?

6 Compare os trechos a seguir.

I. "Um dia, a mãe fez um convite especial: iriam ver os bastidores da ópera. Ruth ficou reparando em tudo e viu como a artista se transformava quando entrava no palco."

II. "Interessa-se por teatro ainda menina, quando assiste a récitas no Municipal."

a) O que os dois trechos relatam?

b) Pelo tom adotado nos textos, em qual deles o(a) biógrafo(a) procura identificar-se com o ponto de vista da criança que vivenciou a experiência relatada? Por quê?

7 Compare mais dois trechos das duas biografias.

I. "Com 9 anos, mudou-se para a tal cidade, o Rio de Janeiro. Assim que chegou, a mãe a levou ao cinema."

II. "Com a morte do pai, ela e a mãe voltam a morar no Rio de Janeiro, em uma vila de lavadeiras e jardineiras, no bairro de Copacabana."

a) Em qual dos dois trechos o motivo da mudança de Ruth para o Rio é omitido? Por quê?

b) Qual dos dois é mais específico em relação à chegada ao Rio de Janeiro?

c) Em qual dos trechos a história da menina mostra-se mais dura e difícil?

d) Por que o outro texto não enfatizou esses aspectos?

> Diferentes estilos podem ser adotados na escrita de uma biografia. Alguns autores escrevem biografias romanceadas, ou seja, apesar de tomarem como base os dados factuais da vida do biografado, usam, por exemplo, recursos literários para relatar de maneira poética esses fatos. Outros autores escrevem biografias ligadas aos acontecimentos de determinada época, valorizando o pano de fundo histórico. Há ainda aqueles que, ao escrever a biografia de um artista, analisam também a obra que criou relacionando-a às situações vividas por ele.

Conquistas na ciência

O filme *Estrelas além do tempo* (EUA, 2016, 127 min), escrito e dirigido por Theodore Melfi, baseia-se em fatos reais. Ele se passa na década de 1960, época da chamada Guerra Fria e, consequentemente, da disputa na corrida espacial entre os Estados Unidos e a antiga União Soviética. Ao mesmo tempo que tentava lançar satélites, a sociedade norte-americana passava por um período de profunda separação racial entre brancos e negros. Na agência governamental de pesquisa espacial norte-americana, a Nasa, a situação não era diferente. Funcionárias negras eram segregadas e trabalhavam em lugar separado do que era destinado aos homens e às mulheres brancas. O filme narra o esforço de três dessas mulheres negras para se integrar à equipe e ter seu trabalho reconhecido. A obra retrata, de maneira emocionante e sem exibir as mulheres negras como vítimas, a superação dessas personagens, e seu empoderamento dentro da Nasa.

Cartaz do filme *Estrelas além do tempo*.

8 Observe a biografia do escritor Machado de Assis em formato de linha do tempo.

■— Episódios da vida de Machado

●— Acontecimentos importantes na época

Nasce Machado de Assis ■	1839
Maioridade de Dom Pedro II ●	1840
Fim do tráfico de africanos para o Brasil ●	1850
Começa a trabalhar como aprendiz de tipógrafo na Tipografia Nacional ■	1856
Trabalha como redator do *Diário do Rio de Janeiro* ■	1860
Publica *Crisálidas*, seu primeiro livro de poesia ■ Início da Guerra do Paraguai ●	1864
Começa a trabalhar como funcionário público ■	1867
Casa-se com Carolina Xavier de Novais ■	1869
Lei do Ventre Livre ●	1871
Publica *Memórias póstumas de Brás Cubas* ■	1879
Publica *Papéis avulsos* ■	1882
Abolição da Escravatura ●	1888
Proclamação da República ●	1889
Publica *Quincas Borba* ■	1891
Fundação da Academia Brasileira de Letras ●	1897
Publica *Dom Casmurro* ■	1899
Falecimento de Carolina ■ Publica *Esaú e Jacó*	1904
Publica *Relíquias da casa velha* ■	1906
Publica *Memorial de Aires* ■ Falece no Rio de Janeiro	1908

Machado de Assis aos 25 anos.

Biblioteca Nacional, Rio de Janeiro

Acervo Iconographia

Fotografia de 1901. Machado de Assis é o segundo, da esquerda para a direita, sentado.

Fonte: <https://zahar.com.br/sites/default/files/arquivos//t0867.pdf>. Acesso em: 2 ago. 2018.

a) A que se referem os números que aparecem na linha do tempo? Em que ordem são colocados?

b) O que indicam a primeira e a última datas da linha do tempo?

c) Que aspectos da vida pessoal de Machado de Assis são registrados? Quando aconteceram?

d) A linha não se concentra apenas nos acontecimentos ligados à vida pessoal e à obra do escritor.

- Que outros aspectos são abordados?
- Por que esses aspectos foram considerados?

e) As linhas do tempo, como você pôde observar na linha do tempo sobre Machado de Assis, não apresentam detalhes sobre os fatos. Qual é o objetivo de uma linha do tempo?

9 Uma biografia pode compor um livro inteiro, ser apenas um verbete em uma enciclopédia ou uma nota na contracapa de um livro. Pode aparecer em formato de linha do tempo, como biografia romanceada ou em formato de história em quadrinhos.

Machado de Assis aos 57 anos.

a) Por que as biografias não se apresentam sempre da mesma maneira?

b) Considerando as biografias lidas neste capítulo, a linha do tempo da vida de Machado de Assis e outras biografias que conheça, você saberia dizer que outros temas podem ser abordados em biografias, além dos aspectos pessoais da vida do biografado?

c) A quem pode interessar uma biografia?

d) Você costuma ler biografias? Tem curiosidade de saber mais a respeito das pessoas que conheceu nesta unidade? Por quê?

e) Que outros autores, artistas, personalidades públicas mereceriam uma biografia, em sua opinião?

Biografias podem circular em diferentes suportes, como livros, *sites*, revistas. Destinam-se a um público-alvo particular e servem a objetivos de comunicação variados.

O biógrafo de Leonardo da Vinci, por exemplo, saberá registrar a inventividade e participação social do pintor na vida da Itália do século XV, destacar suas obras de arte e seus inventos, falar de sua relação com a nobreza e a Igreja, grandes patrocinadores das artes na época em que ele viveu. O público-alvo dessa biografia pode ser formado por amantes das artes de modo geral, bem como por curiosos a respeito da vida de celebridades. O objetivo de sua publicação seria relatar fatos da vida do pintor, relacionando-os ao contexto sócio-histórico em que viveu, a fim de apresentar sua contribuição para a história da arte no mundo ocidental.

O modo de apresentar um biografado pode variar de acordo com o público e os objetivos. Pode-se enfatizar a figura pública e sua contribuição a uma carreira ou a uma causa. Também é possível chamar a atenção do leitor para aspectos mais pessoais e curiosos da vida do biografado.

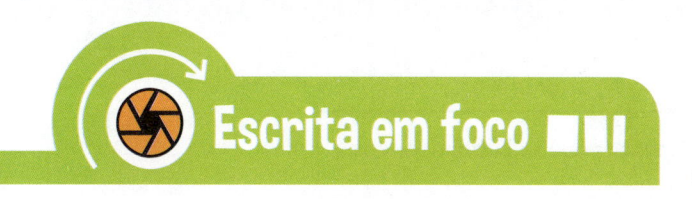

Pontuação em períodos compostos

1 Releia trechos da biografia de Ruth de Souza.

I. "**Quando morava no interior de Minas Gerais**, Ruth ouvia a mãe falar de uma cidade iluminada."

II. "**Assim que chegou**, a mãe a levou ao cinema."

III. "Ruth ficou reparando em tudo e viu como a artista se transformava **quando entrava no palco**."

a) Que tipo de informação as orações em destaque acrescentam em cada período?

b) Tais orações são coordenadas ou subordinadas? Explique sua resposta.

c) Como podem ser classificadas com base em seu funcionamento nos períodos?

d) Compare os trechos e considere a função das orações em destaque. Com base no que já estudou sobre o uso da vírgula, tente explicar por que o sinal de pontuação foi usado em I e em II, e não em III.

> Usa-se a vírgula para separar orações adverbiais, que funcionam como adjuntos adverbiais, quando usadas no início ou no meio do período. Veja:
> **Assim que chegou**, a mãe a levou ao cinema.
> A mãe, **assim que chegou**, a levou ao cinema.

2 Observe mais um trecho da biografia de Ruth de Souza.

Tinha medo de estar sozinha, **mas os amigos diziam**: "Vá com medo, Ruth, **mas vá**."

a) Observe as orações em destaque. Estão coordenadas ou subordinadas a outras no período?

b) Com base na análise das orações destacadas, explique por que a vírgula foi empregada.

3 Leia uma fala de Ruth de Souza ao tratar da sua profissão.

"Escolhi uma profissão difícil, que foi regulamentada em 24 de maio de 1978. [...] Sempre trabalhei e nunca parei. Outro milagre, **porque o ator sempre para** e eu não", contou Ruth.

Disponível em: <www.brasildefato.com.br/2017/10/26/atriz-ruth-de-souza-primeira-protagonista-negra-da-tv-e-homenageada-no-rio/>. Acesso em: 2 ago. 2018.

a) Em "Outro milagre, porque o ator sempre para e eu não", que verbos estão subentendidos?

b) Que relação a oração em destaque tem com o que foi dito antes: coordenação ou subordinação?

4 Leia a declaração de Ketty Valencio, fundadora da livraria Africanidades, em São Paulo, totalmente dedicada aos escritores negros. Ela fala sobre a importância da literatura.

Para Ketty, a literatura é exatamente isso, "emancipadora, mágica e acolhedora. Ela cria e transforma caminhos e pessoas. Cada pessoa tem a possibilidade de embarcar e escolher a sua viagem, **portanto ela é democrática** [...]"

Disponível em: <www.hypeness.com.br/2018/07/candidatura-de-conceicao-evaristo-a-abl-e-afirmacao-da-intelectualidade-negra/>. Acesso em: 2 ago. 2018.

a) Que relação de sentido a oração em destaque estabelece com a anterior?

b) Trata-se de uma oração coordenada? Por quê?

c) Compare o uso da vírgula nesse caso ao que se viu nas atividades 2 e 3. Com base no que há em comum entre as orações em destaque, explique o uso da vírgula.

5 Leia trechos da reportagem sobre a atriz Ruth de Souza quando estava prestes a completar 96 anos e voltava a trabalhar na televisão.

> [...] Ruth já tem outra aparição na TV garantida: em "Se eu fechar os olhos agora" [...], ela será Madalena, idosa **que morre** ao guardar um segredo.
>
> — Não penso na morte, meu desejo é trabalhar — afirma ela, **que vive com uma cuidadora**, mas rodeada de parentes e amigos: — Não posso reclamar.

Disponível em: <https://extra.globo.com/tv-e-lazer/ruth-de-souza-volta-tv-aos-96-anos-sonho-realizado-22641631.html>.
Acesso em: 1º jul. 2018.

a) Quanto à sua estrutura, o que as orações em destaque têm em comum?

b) A que cada oração em destaque se relaciona por meio do conector **que**?

c) Qual das orações é importante para especificar ou delimitar o termo a que se refere e qual delas acrescenta uma informação que não é essencial para reconhecê-lo?

d) Com base no que observou, classifique as orações destacadas.

e) Com base na função de cada oração, explique por que a vírgula não foi usada no primeiro caso e foi usada no segundo, antes da oração em destaque.

6 Vamos praticar? Leia trechos da reportagem sobre Ruth de Souza e sua carreira, no ano em que a atriz completou 96 anos. As vírgulas foram retiradas dos trechos. Com base no que já estudou sobre o assunto, copie o texto em seu caderno, empregando o sinal de pontuação adequadamente.

> [...] Na televisão foi uma das pioneiras. Passou pela TV Tupi pela Record TV Excelsior e em 1968 Ruth de Souza foi contratada pela Globo para atuar na novela Passo dos Ventos [...].
>
> Com Grande Otelo fez uma dupla inesquecível em "Sinhá moça" (1986) de Benedito Ruy Barbosa. "Do meio para o fim eu e o Otelo tomamos conta da novela porque os personagens eram muito divertidos. Eram dois maluquinhos escravinhos maluquinhos" conta.
>
> Fez mais de 30 filmes incluindo "Sinhá moça" [...] que a levou a concorrer ao prêmio de Melhor Atriz do Festival de Veneza de 1954. [...]
>
> Sua admiração pelo cinema vem também do fato de conceder mais espaço em sua opinião para atores negros. Para Ruth de Souza o preconceito sempre foi uma realidade com a qual precisou lidar. "O cinema sempre deu mais oportunidade para o negro desde o Grande Otelo. Eu tive sorte na continuidade de trabalho tanto no teatro quanto na televisão: não parei nunca nesses 50 anos. Sempre tive trabalho mas são poucos os negros que têm. Isso foi benção de Deus."

Disponível em: <https://extra.globo.com/tv-e-lazer/ruth-de-souza-completa-96-anos-reveja-fatos-marcantes-da-carreira-da-atriz-21330622.html>.
Acesso em: 1º ago. 2018.

CAPÍTULO 2

Antes da leitura

1. Observe, na tela do leitor de livros digitais a capa do livro do qual você lerá um trecho. Você já leu livros digitais? Em caso positivo, o que achou?

2. Que funções você acha que os suportes para leitura digital oferecem? Troque ideias com os colegas e o professor.

3. Identifique o título do livro e o nome da autora.

4. Observe a fotografia que está na capa. De quem provavelmente é o reflexo da figura no espelho? Como é essa pessoa?

5. Repare na moldura do espelho e no tipo de tecido que aparece à esquerda, criando uma espécie de margem. Faça uma breve descrição desses objetos decorativos. Que relação eles estabelecem, na capa, com a fotografia da mulher refletida no espelho?

6. O que as palavras do título indicam sobre a pessoa a ser biografada?

7. Formule uma hipótese sobre o gênero a ser desenvolvido nesse livro.

Karla Cristina de Araújo Faria/Arquivo pessoal

Você conhece Cora Coralina? Já leu poemas e textos dela? Seu nome de batismo era Anna Lins dos Guimarães Peixoto Bretas, mas ela escolheu chamar-se Cora Coralina aos 14 anos e adotou de vez esse nome literário aos 50 anos. Segundo a poeta, Cora vem de coração e Coralina sugere a cor vermelha. O nome que escolheu significava, para ela, "coração vermelho". Ela nasceu em 1889 e faleceu em 1995, aos 96 anos. E publicou seu primeiro livro aos 75 anos.

A seguir, você conhecerá um trecho da biografia dessa poeta. Ele foi retirado de uma biografia romanceada, escrita pela filha dela, com marcas de afetividade e subjetividade, apresentando, portanto, maior liberdade de criação. Ficção e realidade se interpenetram, aproximando o leitor da obra, que tem escrita simples, num estilo de conversa, de contação de história.

Aninha

[...]

Aninha tem agora dez anos. Suas irmãs Vicência, a mais velha, fez catorze, Helena tem doze, e a caçula, Ada, seis anos.

Aninha teve dois anos de escola. Escola nos moldes antigos – do tempo da mãe. Cada aluno com sua lousa de escrever, sentados em bancos sem encosto, de um lado os meninos, do outro as meninas. Entre eles a mesa encardida, suja de tinta das escritas. A mestra impondo disciplina através de castigos, os mais variados, desde a **palmatória** para os casos mais graves, aos grãos de milho no chão, ferindo os joelhos dos rebeldes que sobre eles tinham que passar um bom tempo ajoelhados. A carta assustadora, no fim do mês, que deve ser entregue aos pais e que precisa ser assinada, onde tudo é relatado: comportamento, aprendizagem, assiduidade. O terror ao levar para casa, esperando a reação do "Senhor Seu Pai" ou "Senhora Sua Mãe".

Por maior que fosse o empenho do aluno, jamais era recebido um elogio, uma frase animadora. Apenas exigências e mais exigências.

[...] Aninha, após o primeiro ano na escola, onde sofreu muito, **abestada** com o **palavreado** adequado, direto e solene da mestra, começa a se integrar, a compreender.

Um mundo novo chega através das figuras, no primeiro momento, e depois através das letras, onde descobre o quanto há de novo e belo nos velhos almanaques empilhados no quartinho de despejo, onde a mãe tem amontoado **relíquias**, coisas mil que um dia, pensa, terão utilidade.

A partir desse momento, Aninha se transforma numa leitora apaixonada. Seu mundo não está mais na casa, na mãe, nas irmãs, na avó. Extrapola os paredões, as serras de sua cidade.

Sua cabeça fervilha.

– Vive no ar, como dizem os mais velhos.

Ninguém compreende sua mudança, sua descoberta. Continuam alheios aos seus anseios, não entendendo sua paixão pelos livros e revistas, se bem que achando muito bom, pois enquanto lê ou faz suas lições não está incomodando com perguntas que, na maioria das vezes, ficam sem resposta.

– Ô menina **petulante**! Tanta pergunta! Vamos para a cozinha aprender a enrolar os quitutes. Anda!

– Só moça **prendada** arranja casamento. Ou você quer ficar **vitalina** como sua Vó Dindinha?

O medo que essas palavras produzem dá-lhe uma dorzinha funda no estômago, uma secura na boca. Aprendeu desde cedo que o casamento é a coisa mais importante na família. É o "estado maior" ser casada.

Põe o livro no seu cantinho apropriado e lá vai para a cozinha, na saudável e correta atitude de uma jovem de família que deve conhecer todos os afazeres domésticos, e começa a enrolar os pãezinhos de queijo, com cuidado, para que fiquem todos do mesmo tamanho.

A todo instante, a **admoestação** materna:

– O homem se pega pelo estômago. "Quem não é boa dona de casa, cedo não casa."

Vivência Brêtas Tahan. *Cora coragem, Cora poesia.*
São Paulo: Global, 2002. E-book.

Glossário

Abestado: confuso.
Admoestação: conselho, aviso.
Palavreado: vocabulário.
Palmatória: instrumento de madeira usado para castigar com golpes nas mãos, usado antigamente nas escolas.
Petulante: atrevido.
Prendado: com qualidades domésticas.
Relíquia: objeto raro, lembrança.
Vitalina: mulher que não casou, solteirona.

Simone Matias

Estudo do texto ▪▪▪ no caderno

1. Você já sabe que Cora Coralina se chamava Anna Lins. Por que a narradora a chama de Aninha, nesse trecho da biografia?

2. A narrativa fala do ambiente escolar. Compare-o com a organização da sala de aula hoje.

   a) Em lugar de cadernos, onde os alunos escreviam? Imagine o motivo para o uso desse objeto.

   b) Em relação à organização dos alunos no espaço escolar, o que mudou nos dias de hoje? O que você acha da organização apresentada no texto?

   c) Reveja no glossário o que é a palmatória. Relacione o nome do objeto e a parte do corpo em que costumava ser aplicado. Descreva, com suas palavras, como era o castigo. Você acha que esse tipo de castigo surtia efeito?

   d) O que esse método disciplinar revela sobre a relação dos alunos com a escola na época?

3. Releia.

   > Aninha, após o primeiro ano na escola, onde sofreu muito, abestada com o palavreado adequado, direto e solene da mestra, começa a se integrar, a compreender.

   a) O que a forma verbal **sofreu** indica sobre a adaptação? Que palavra reforça esse sentido?

   b) Consulte o glossário e explique o que o vocabulário, nesse trecho, revela sobre a linguagem usada pela professora.

   c) Com base nesse trecho, comente os efeitos causados pelo uso da linguagem na comunicação entre pessoas que vivem uma mesma situação social.

4. Analise este trecho.

   > Um mundo novo chega através das figuras, no primeiro momento, e depois através das letras, onde descobre o quanto há de novo e belo nos velhos almanaques empilhados no quartinho de despejo ...

   a) A expressão "um mundo novo" está sendo usada no sentido conotativo ou denotativo? O que representa?

   b) Observe a repetição da palavra **novo**. O que essa repetição indica?

   c) Que palavra de sentido contrário a **novo** é usada nesse trecho? Que efeito é criado com esse contraste?

   d) De que modo os hábitos de leitura transformaram Aninha? Você sentiu algo parecido quando aprendeu a ler?

5. Observe esta passagem.

   > – Ô menina petulante! Tanta pergunta! Vamos para a cozinha aprender a enrolar os quitutes. Anda!

   a) Em que tipo de discurso aparece?

   b) Quem fala isso para a menina? Está identificado antes ou depois da fala?

   c) Recorra ao glossário para explicar o sentido do adjetivo **petulante**. Por que foi usado para qualificar Aninha?

Ampliar

Cora Coralina – Todas as vidas, direção de Renato Barbieri (Brasil, 2017).

O documentário retrata as várias facetas de Cora Coralina, entre elas, as de mãe, doceira e poeta. Traz também poemas da autora declamados por diversas atrizes.

6 Ao dizer que "ninguém compreende sua mudança, sua descoberta", a narradora apresenta que ponto de vista em relação ao modo como os adultos viam Aninha? Por que eles agiam assim?

7 A narrativa, ao mencionar a relação de Aninha com as demais personagens, permite que o leitor perceba o que se esperava de uma menina ou uma moça naquela época. Como você definiria o papel social da mulher naquele tempo?

8 Com base em sua observação do papel da mulher naquele tempo, reflita: que conquistas as mulheres alcaçaram daquela époa para os dias de hoje?

9 Reveja a composição do título do livro.

Karla Cristina de Araújo Faria/Arquivo pessoal

a) Que elemento se destaca dos demais? Por meio de que recursos?

b) Que palavra é formada com base no nome Cora? Que sentido essa palavra terá na obra? É possível determinar isso pela leitura do trecho?

10 Numa biografia, as experiências do passado servem, muitas vezes, para explicar o comportamento futuro do biografado. Em sua opinião, é possível compreender a escritora Cora Coralina, em sua vida adulta, com base nas experiências da menina Aninha? Justifique sua resposta.

11 Após ler o boxe abaixo, responda: você acha que Cora Coralina conseguiu conciliar sua vocação para a poesia com a educação familiar que recebeu? Como?

A doceira poeta

Embora tenha publicado seu primeiro livro aos 75 anos, ao longo da vida, Cora Coralina escreveu poemas e contos divulgados em jornais e revistas. Mudou-se para São Paulo, onde continuou a escrever, mesmo contra a vontade do marido, e executou outros trabalhos, como o de vendedora de livros.

Quando ficou viúva, em 1934, ela se tornou doceira para sustentar os quatro filhos. Preparava doces cristalizados de caju, abóbora e figo, que faziam sucesso entre vizinhos e amigos. Em seus últimos anos de vida, após receber elogios do poeta Carlos Drummond de Andrade, sua obra foi reconhecida e premiada.

Luiz Gevaerd/Estadão Conteúdo/AE

Linguagem, texto e sentidos

1 Releia os dois primeiros parágrafos da biografia romanceada de Cora Coralina.

a) O que a palavra **agora**, usada no primeiro parágrafo, indica na narrativa? Que tempo verbal usado no parágrafo reforça esse efeito?

b) No segundo parágrafo, há uma mudança de tempo verbal. Que tempo é usado? Por quê?

c) O que significa a expressão "do tempo da mãe"? O que seu uso reforça no segundo parágrafo?

2 Analise este trecho.

Um mundo novo chega através das figuras, **no primeiro momento**, e **depois** através das letras, onde descobre o quanto há de novo e belo nos velhos almanaques empilhados no quartinho de despejo, onde a mãe tem amontoado relíquias, coisas mil que um dia, pensa, terão utilidade.

A partir desse momento, Aninha se transforma em uma leitora apaixonada.

a) Qual é a função das expressões destacadas no texto?

b) O que essas expressões demonstram sobre o andamento da narrativa?

c) Esse modo de narrar indica uma biografia contada numa ordem cronológica, que narra os acontecimentos na ordem lógica em que aconteceram, ou numa ordem mais livre, em que os acontecimentos se misturam no tempo? Por quê?

d) Formule uma conclusão sobre a importância dos marcadores temporais numa narrativa biográfica.

3 Observe agora a localização espacial da narrativa.

a) Nos parágrafos 2, 3 e 4, em que espaço, em que lugar se passa a narrativa?

b) Que espaços da casa de Aninha aparecem em seguida? Qual deles foi mais importante para as descobertas de Aninha?

c) Os dois espaços principais da narrativa indicam uma vida movimentada, cheia de deslocamentos, ou uma vida simples, rotineira? Por quê?

d) Que importância têm os marcadores espaciais numa narrativa biográfica? Por que são importantes para o leitor?

4 A que conclusão se pode chegar a respeito da importância dos marcadores temporais e espaciais para o leitor de uma biografia?

5 O tempo e o espaço nem sempre se referem a elementos denotativos. Leia estes trechos.

 I. "Um mundo novo chega através das figuras..."

 II. "Seu mundo não está mais na casa, na mãe, nas irmãs, na avó. Extrapola os paredões, as serras de sua cidade."

 III. "– Vive no ar, como dizem os mais velhos."

A que espaços se referem? Físicos, concretos, imaginários? Explique.

Biografia romanceada

A autora de *Cora coragem*, *Cora poesia* é uma das filhas da poeta Cora Coralina. Leia, ao lado, o que ela escreveu na abertura do livro.

1 Após ler o boxe, responda:

a) Pode-se dizer que a autora escreve sob um ponto de vista privilegiado? Por quê?

b) Por que ela escreveu o livro?

2 Compare a biografia lida no Capítulo 1 com a biografia romanceada de Cora Coralina.

a) Em que pessoa do discurso são escritas?

b) De modo geral, que efeito produzem os relatos e narrativas escritos nessa pessoa do discurso?

c) Em qual das duas biografias há expressão de opiniões, relatos de diálogos, especulações sobre os pensamentos e sentimentos da biografada?

d) Qual das duas biografias apresenta um ponto de vista subjetivo na narração, mesmo sendo escrita em 3ª pessoa? Justifique sua resposta.

e) Em qual das duas biografias a linguagem recebe tratamento figurado, explorando a conotação? Exemplifique.

f) Em qual delas se misturam elementos factuais e ficcionais? Justifique sua resposta.

Nota da autora

Esta biografia romanceada de minha mãe foi escrita sem a intenção de ser a dona da verdade.

Cada filho, cada neto, cada parente, cada amigo teve sua visão da vida fabulosa desta mulher, simples sim, mas de uma fibra incomum, que soube traduzir tão bem, nos seus escritos, o tempo e o espaço em que viveu. Portanto, podem contar a vida dela de diferentes formas, sem negar, contudo, a essência. Sendo a mais nova das filhas e temporã, muitas vezes senti ter sido privilegiada por dedicar mais de seu tempo a mim, na oportunidade de ouvir os "causos", de aproveitar sua maturidade vivencial. Daí este livro no ano em que se comemora seu centenário de nascimento.

Foi uma vida cheia de dificuldades, de dores, mas também de alegrias e sucessos. Otimismo e perseverança, os ensinamentos que ela me transmitiu. Graças a eles, cheguei a este livro.

Vicência Brêtas Tahan. *Cora coragem, Cora poesia*. São Paulo: Global, 2002. E-book.

Daniel Ferreira/CB/D.A Press

Vicência Brêtas Tahan, filha de Cora Coralina, durante a 3ª edição da Festa Literária de Pirenópolis – Flipiri, em Pirenópolis (GO), em 2011.

3 Leia este trecho de outra biografia romanceada.

Numa manhã de março, o mês das primeiras frutas e dos últimos dias de verão, Mackson deixou as ovelhas e os bezerros pastando no vale e subiu a colina para encontrar **Rolihlahla**. Tinha certeza de que ele estaria ali. Era um de seus lugares preferidos.

— Molo, bhuti! Olá, irmão! — gritou Mackson, avançando pelo lado íngreme da colina. Rolihlahla, sentado na ponta de uma grande rocha, escura e sem vegetação, observava um estranho objeto, pequeno e chato, apoiado em suas pernas.

Ao se aproximar, Mackson reconheceu uma lousa de ardósia, daquelas em que se escreve com giz.

— Kunjani? Tudo bem? — perguntou Mackson ao amigo.

Aquela manhã Rolihlahla deveria ter ido à escola depois de deixar as ovelhas no pasto, mas decidiu ficar mais um pouco na colina.

— Ndipilile, estou…

Não conseguiu terminar de falar, pois Ludidi, um menino da sua classe, apareceu do nada, também trazendo uma lousinha.

— Nelson! — o menino disse, ofegante, dirigindo-se para Rolihlahla. — A professora me pediu para lhe trazer um recado. Hoje é dia de exame!

Rolihlahla tinha começado a frequentar a escola havia pouco mais de um ano.

Naquela época, na escola ou na hora do batismo, todas as crianças recebiam um nome inglês, que era acrescentado ao africano.

— Nelson. De hoje em diante, você terá de responder sempre a este nome: Nelson — tinha declarado a professora, a Srta. Mdingane. […]

Com passos rápidos, Rolihlahla e Ludidi chegaram ao seu destino, cobertos de poeira.

A escola era uma sala redonda com o teto de zinco e não de capim seco como as cabanas de **Qunu**.

Já estavam lá as outras oito crianças da classe, curvadas nos bancos, concentradas em fazer a prova de história. Os dois **retardatários** correram para seus lugares sob o olhar impaciente da professora.

Na escola, as crianças estudavam inglês, língua **xhosa**, matemática, geografia, mas o ensino era baseado nas ideias e na cultura dos colonizadores ingleses, que haviam derrotado os descendentes dos colonos holandeses para assumir o controle de toda a África do Sul.

Não se contava a história do povo xhosa nem das nove guerras que tinha travado contra os europeus. Aquelas histórias Rolihlahla ouvia seu pai contar à noite, perto do fogo.

Viviana Mazza. *O menino Nelson Mandela*.
São Paulo: Melhoramentos, 2017. E-book.

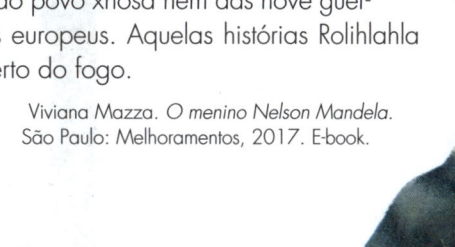

Cibele Queiroz

Glossário

Qunu: pequena vila rural na África do Sul; lugar onde nasceu Nelson Mandela.
Retardatário: que está atrasado ou que chega atrasado.
Rolihlahla: nome que, na língua xhosa, significa "aquele que puxa os ramos da árvore", ou seja, que se mete em encrencas.
Xhosa: língua falada em regiões da África do Sul; uma das línguas oficiais do país.

a) Leia o boxe ao lado e o glossário do texto e explique por que o nome dado pela família ao líder africano Nelson Mandela era considerado apropriado a seu comportamento.

b) Por que, na escola que frequentava, ele não ouvia falar das lutas de seu povo?

c) A construção da personagem do menino Nelson destaca que aspectos de sua personalidade?

d) Releia o início da história.

> Numa manhã de março, o mês das primeiras frutas e dos últimos dias de verão, Mackson deixou as ovelhas e os bezerros pastando no vale e subiu a colina para encontrar Rolihlahla.

Copie em seu caderno a resposta correta. O marco temporal do trecho está indicado:

- por datas e informações precisas.
- por uma descrição que confere à cena um sentido poético.
- por um comentário pessoal do narrador, que afasta o leitor da cena.
- pela enumeração de elementos da natureza que não têm relação com a história que será contada.

e) Os diálogos inseridos na narrativa têm que função?

f) Nos dois últimos parágrafos, os comentários permitem que o leitor conheça o ponto de vista do narrador sobre a história a ser contada. Que crítica pode ser percebida?

4 Compare a biografia romanceada de Cora Coralina com a de Nelson Mandela.

a) Os dois trechos lidos falam de uma etapa de vida dos biografados. Que interesse tem essa época de suas vidas para uma biografia?

b) Que recursos as duas biógrafas usam para construir a narrativa? Para responder, pense nas falas que aparecem nos textos e na linguagem usada.

c) Os recursos de construção da narrativa das biografias romanceadas podem ser usados em romances e em histórias de ficção, de modo geral? Leia o boxe sobre romance, na página seguinte, e justifique sua resposta.

d) Veja o sentido da palavra **romanceado** no dicionário.

Nelson Mandela, Nobel da Paz

Nelson Mandela, cujo nome de batismo era Rolihiahia Dalibhunga Mandela, nasceu em 1913. Em 1925 ingressou na escola primária, onde recebeu da professora o nome de Nelson. Cursou Direito na Universidade Fort Hare, a primeira da África do Sul a aceitar negros como alunos.

Dedicou sua vida à luta contra o racismo, que se concretizava na política do *apartheid* – legislação que segregava os negros no país. Condenado em 1964 à prisão perpétua, foi libertado em 1990, depois de grande pressão internacional. Recebeu o Prêmio Nobel da Paz em 1993, por sua luta contra o regime de segregação racial.

Foi eleito presidente em 1994 e teve importante papel na aprovação de leis em favor da população pobre e discriminada de seu país. Governou até 1999 e prosseguiu na luta pelos direitos da população negra de seu país até sua morte, em 2013.

Alessia Pierdomenico/Shutterstock.com

<www.aulete.com.br/romanceado>

▶ **Romanceado**

1. Escrito à maneira de romance (biografia romanceada).
2. Inventado como romance.

Disponível em: <www.aulete.com.br/romanceado>. Acesso em: 27 set. 2018.

• Pensando nas duas biografias romanceadas que leu, explique o sentido de "à maneira de".

5 No caderno, faça uma tabela com duas colunas: a primeira será a coluna da **Biografia**, e a segunda a da **Biografia romanceada**. Em seguida, leia as características listadas abaixo e copie na primeira coluna as que se referem ao gênero biografia, estudado no Capítulo 1, e na segunda coluna, as do gênero biografia romanceada, analisado neste capítulo.

• Prende-se aos fatos realmente vividos, às experiências de vida do biografado.

• Mostra o ponto de vista do escritor sobre o biografado por meio de comentários, pensamentos e sentimentos em relação a ele.

• Mistura elementos de ficção e realidade.

• Usa a linguagem figurada e expressões poéticas.

• Relata com imparcialidade os acontecimentos da vida do biografado.

Romance

O romance é uma narrativa ficcional literária que costuma apresentar vários núcleos de ação em torno de uma trama principal. Pode ser narrado em primeira ou em terceira pessoa por um narrador que participa ou não da história. Diálogos entre personagens e deslocamentos no tempo e no espaço são recursos que constroem efeitos de vivacidade, verdade e movimento à narrativa, em geral dividida em capítulos. A linguagem privilegia a conotação e explora as ambiguidades e os efeitos poéticos das combinações de palavras e expressões.

A história é contada de um ponto de vista subjetivo e apresenta inquietações, conflitos e ações que dão ao texto sua dimensão humana e universal.

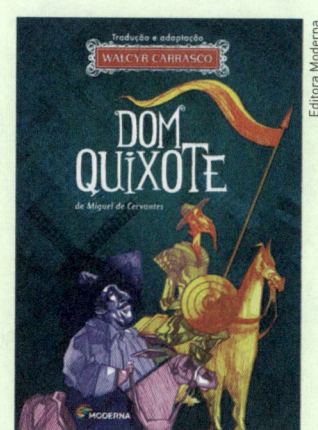

O romance no formato que conhecemos hoje surgiu no início do século XVII. Um dos precursores desse gênero é a obra *Dom Quixote*, do espanhol Miguel de Cervantes.

• Cita dados objetivos que permitem comprovação de sua veracidade.

• Emprega linguagem denotativa, objetiva.

• Assemeha-se a um romance, a uma história com personagens e um enredo localizado num tempo e num espaço.

Biografia romanceada é uma biografia escrita à maneira de um romance. Ao escrevê-la, a imaginação do autor desencadeia uma narrativa na qual os dados factuais são tomados como ponto de partida para a escrita literária, subjetiva e ficcional.

A linguagem recebe tratamento literário e o ponto de vista da narrativa é subjetivo.

Ampliar

Anita Garibaldi, estrela da tempestade, de Heloisa Prieto (Rocco).

Leia essa biografia romanceada para conhecer Anita Garibaldi, que participou da Guerra dos Farrapos (1835-1845).

Leia o poema de Cora Coralina.

Minha cidade

Goiás, minha cidade...
Eu sou aquela amorosa
de tuas ruas estreitas,
curtas,
indecisas,
entrando,
saindo
uma das outras.
Eu sou aquela menina feia da ponte da Lapa.
Eu sou Aninha.

Eu sou aquela mulher
que ficou velha,
esquecida,
nos teus larguinhos e nos teus becos tristes,
contando estórias,
fazendo adivinhação.
Cantando teu passado.
Cantando teu futuro.
Eu vivo nas tuas igrejas
e sobrados
e telhados
e paredes.

Eu sou aquele teu velho muro
verde de avencas
onde se debruça
um antigo jasmineiro,
cheiroso
na ruinha pobre e suja.

Eu sou estas casas
encostadas
cochichando umas com as outras.
Eu sou a **ramada**
dessas árvores,
sem nome e sem valia,
sem flores e sem frutos,
de que gostam
a gente cansada e os pássaros vadios.

Eu sou o caule
dessas trepadeiras sem classe,
nascidas na **frincha** das pedras:
Bravias.
Renitentes.
Indomáveis.
Cortadas.
Maltratadas.
Pisadas.
E renascendo.

Eu sou a dureza desses morros,
revestidos,
enflorados,
lascados a machado,
lanhados, **lacerados**.
Queimados pelo fogo.

Du Zuppani/Pulsar Imagens

Pastados.
Calcinados
e renascidos.
Minha vida,
meus sentidos,
minha **estética**,
todas as vibrações
de minha sensibilidade de mulher,
têm, aqui, suas raízes.

Eu sou a menina feia
da ponte da Lapa.
Eu sou Aninha.

Cora Coralina. *Poemas dos becos de Goiás e estórias mais*. São Paulo: Global, 1983.

1 Assinale as diferenças principais entre a biografia romanceada de Cora Coralina e o texto que acabou de ler quanto à:

a) forma;

b) pessoa do discurso.

2 Como o eu lírico se identifica no final da primeira estrofe e na última estrofe?

3 Copie em seu caderno a opção que completa o enunciado. Tendo em vista as respostas anteriores, pode-se dizer que o poema tem características do gênero:

a) autobiografia.

b) biografia.

c) narrativa de aventura.

d) biografia romanceada.

4 O eu lírico inicia o poema dirigindo-se a um interlocutor. Identifique-o e mostre os recursos linguísticos empregados para mostrar essa interlocução, essa conversa entre eles.

5 Como você caracteriza a relação do eu lírico com a cidade? Próxima, distante, afetiva, ressentida, ou o que mais? Justifique sua resposta.

A Casa Velha da Ponte

Na cidade de Goiás (GO), na casa onde Cora Coralina passou a infância, chamada por ela de Casa Velha da Ponte, localiza-se hoje a Casa de Cora Coralina, museu criado por amigos e parentes em homenagem a essa escritora brasileira. O *site* do museu traz informações sobre a autora e sobre a casa; é possível ainda acessar a galeria de fotos e fazer uma visita virtual ao local. Disponível em: <www.museucoracoralina.com.br/site/>. Acesso em: 6 nov. 2018.

O museu Casa de Cora Coralina, em Goiás (GO).

6 Observe estas expressões: "ruas estreitas, curtas, indecisas"; "becos tristes"; "casas encostadas cochichando umas com as outras".

a) A quem ou a que se referem?

b) Por que se pode dizer que essas expressões usam uma linguagem figurada?

c) Que figura de linguagem nelas se apresenta?

d) Que efeito esse modo de dizer atribui à relação entre o eu lírico e a cidade de Goiás?

Rua do centro histórico da cidade de Goiás (GO), em 2018.

7 Releia a quarta estrofe.

> Eu sou o caule
> dessas trepadeiras sem classe,
> nascidas na frincha das pedras:
> Bravias.
> Renitentes.
> Indomáveis.
> Cortadas.
> Maltratadas.
> Pisadas.
> E renascendo.

a) A que o eu lírico se compara?

b) Essa comparação enfatiza aspectos ligados a beleza e cuidado ou associados a maus-tratos e dificuldades? Justifique sua resposta.

c) Os aspectos apontados na questão anterior levam a que reação?

d) Como a associação feita nessa estrofe caracteriza o eu lírico?

> A metáfora é a figura de linguagem que associa dois termos. As características de um termo são emprestadas ao outro.
> Termo A: caule das trepadeiras maltratadas
> Termo B: eu lírico
> Metáfora: Eu sou o caule dessas trepadeiras maltratadas.

8 Releia a quinta estrofe para responder às questões.

a) Identifique a metáfora, explicando-a.

b) Que relação tem a metáfora da quinta estrofe com a da quarta estrofe? Que características do eu lírico elas reforçam?

9 Qual é o tema do poema, em torno do qual giram todos os assuntos tratados?

10 Compare novamente a biografia romanceada de Cora Coralina com o poema. Que imagem de Cora Coralina fica para você, após a leitura dos dois textos?

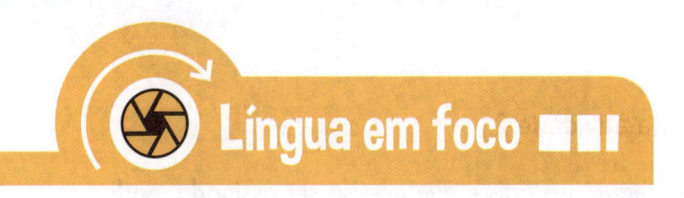
Organização de períodos, coesão e coerência

1 Releia dois parágrafos do texto sobre Cora Coralina, do Capítulo 2.

I. "Aninha tem agora dez anos. Suas irmãs Vicência, a mais velha, fez catorze, Helena tem doze, e a caçula, Ada, seis anos."

II. "Um mundo novo chega através das figuras, no primeiro momento, e depois através das letras, onde descobre o quanto há de novo e belo nos velhos almanaques empilhados no quartinho de despejo, onde a mãe tem amontoado relíquias, coisas mil que um dia, pensa, terão utilidade."

a) Identifique os períodos que formam cada parágrafo e os classifique em simples ou compostos.

b) Observe os períodos compostos e indique se são formados por coordenação ou por subordinação.

c) Em que parágrafo a organização das informações é mais simples e direta? Justifique sua resposta com base nos tipos de oração que formam os períodos.

d) O trecho I corresponde ao primeiro parágrafo do texto e o trecho II descreve como Aninha se sentiu após ter passado pelas dificuldades do primeiro ano na escola. Considerando o que observou nos itens anteriores, comente a relação entre o conteúdo e a função de cada parágrafo no texto e sua forma de organização.

> Num período, muitas relações entre orações podem ocorrer. Se o período é curto e as orações são coordenadas, tende para a simplicidade, a clareza de estilo. Se o período é longo e tem vários tipos de relações de subordinação, tende a ser mais complexo e exige maior atenção de leitura.

2 Releia o parágrafo sobre o início da experiência de Cora Coralina na escola.

Aninha teve dois anos de escola. Escola nos moldes antigos – do tempo da mãe. Cada aluno com sua lousa de escrever, sentados em bancos sem encosto, de um lado os meninos, do outro as meninas. Entre eles a mesa encardida, suja de tinta das escritas. A mestra impondo disciplina através de castigos, os mais variados, desde a palmatória para os casos mais graves, aos grãos de milho no chão, ferindo os joelhos dos rebeldes que sobre eles tinham que passar um bom tempo ajoelhados.

Simone Matias

a) Qual é a função desse parágrafo no texto?

b) Que tipo de sequência predomina no trecho: sequências narrativas ou descritivas? Justifique sua resposta com exemplos do parágrafo.

c) Que tipos de frase compõem o parágrafo?

d) Elas estão relacionadas umas às outras de forma explícita? Comente o efeito de sentido que essa estrutura produz nesse caso.

3 Observe o parágrafo que se segue à descrição lida na atividade 2.

> A carta assustadora, no fim do mês, **que deve ser entregue aos pais e que precisa ser assinada, onde tudo é relatado: comportamento, aprendizagem, assiduidade.**

a) Analise as orações em destaque. A que termo se referem?

b) Essas orações são importantes para que o leitor compreenda o trecho? Por quê?

4 Releia o parágrafo que diz respeito à relação entre os alunos e a escola.

> **Por maior que fosse o empenho do aluno, jamais era recebido um elogio, uma frase animadora.** Apenas exigências e mais exigências.

a) Observe o período em destaque. Que orações o formam e que relações há entre elas, coordenação ou subordinação?

b) Em que outra ordem as orações desse período poderiam aparecer? Reescreva o período colocando as orações nessa outra ordem possível.

c) Considerando o que já se sabe sobre o ambiente escolar, por que a oração "por maior que fosse o empenho do aluno" inicia o parágrafo? Pense no efeito de sentido que isso produz e explique sua resposta.

5 Releia o trecho que mostra como Cora Coralina se sente depois do primeiro ano na escola.

Simone Matias

> Aninha, após o primeiro ano na escola, onde sofreu muito, abestada com o palavreado adequado, direto e solene da mestra, começa a se integrar, a compreender.

a) Identifique a expressão que funciona como adjunto adverbial.

b) Observe a oração "**onde** sofreu muito". Que termo o pronome destacado retoma no trecho?

c) A oração "abestada com o palavreado adequado, direto e solene da mestra" indica que ideia? Com que outra oração se relaciona?

d) Agora, reescreva o trecho sem o adjunto adverbial identificado no item **a** e sem as orações mencionadas no item **c**.

e) Compare a versão reescrita com o trecho original. O entendimento do leitor da biografia seria comprometido? Explique sua resposta.

6 Releia o parágrafo inicial do texto do Capítulo 1.

> O dia 8 de maio de 1945 marcaria para sempre a história do Theatro Municipal do Rio de Janeiro. Nesse dia, pela primeira vez, uma artista negra subiria naquele palco. O nome dela era Ruth.

a) Identifique as orações que o formam. Usa-se algum período composto?

b) As orações são conectadas de forma explícita? Justifique.

c) Com base no que verificou nos itens anteriores, que efeito de sentido essa forma de construir o parágrafo produz?

d) Considerando a relação entre as ideias, as orações poderiam aparecer em outra ordem no parágrafo? Por quê?

7 Reveja mais um trecho do texto do Capítulo 1.

Um dia, a mãe fez um convite especial: iriam ver os bastidores da ópera. **Ruth ficou reparando em tudo e viu como a artista se transformava quando entrava no palco.**

a) Identifique as orações que formam o período.

b) Explique que relação há entre as orações identificadas acima: são coordenadas? São subordinadas?

c) Qual é a função da última oração do período?

> ↑ Num único período, as orações podem se relacionar por coordenação e por subordinação. Veja o período: ["Ruth ficou reparando em tudo] e [viu como a artista se transformava] [quando entrava no palco"].
> As duas primeiras orações são coordenadas entre si pela conjunção **e**: "Ruth ficou reparando em tudo" **e** "viu como a artista se transformava". Já a oração "quando entrava no palco" está subordinada à oração anterior, ou seja, funciona como um termo dessa oração: é um adjunto adverbial do que se diz em "viu como a artista se transformava". Assim, "viu como a artista se transformava" é, ao mesmo tempo, coordenada em relação à primeira oração do período e oração principal em relação à oração adverbial mencionada.

8 Leia o trecho da biografia de Cora Coralina, extraída de um *site* especializado em biografias.

[...]

Cora Coralina (1889-1985) foi uma poetisa e contista brasileira. Publicou seu primeiro livro quando tinha 75 anos.

Ana Lins dos Guimarães Peixoto, conhecida como Cora Coralina, nasceu na cidade de Goiás, em Goiás, no dia 20 de agosto de 1889. Cursou apenas até a terceira série do curso primário. Começou a escrever poemas e contos quando tinha 14 anos, chegando a publicá-los no jornal de poemas "A Rosa", em 1908.

[...]

Disponível em: <www.ebiografia.com/cora_coralina/>. Acesso em: 1º ago. 2018.

Cora Coralina. Fotografia de 1985.

a) Quantos períodos formam o primeiro parágrafo e que tipos de oração o formam?

b) Agora observe o segundo parágrafo.

- Que tipos de período são usados?
- Que tipo de informação é organizada nas orações subordinadas?

c) Com base no que verificou, formule uma conclusão sobre o uso de orações subordinadas e coordenadas e sua função na organização e na produção de sentidos do texto.

9 Agora é sua vez. No fim desta unidade, você será convidado a escrever uma biografia. Para começar a praticar, que tal pensar em alguma personalidade ou em alguma pessoa próxima que admire e respeite? Reflita um pouco sobre a história dela e produza aqui apenas o primeiro parágrafo de sua biografia. Não se esqueça de considerar o que segue:

- Escolha a forma como deseja organizar as primeiras informações no texto e o efeito de sentido que pretende produzir: clareza? Objetividade? Gradação de informações? Suspense? Maior complexidade entre as ideias?

- Produza, de acordo com o que pretende, períodos simples e/ou compostos.

- Em períodos compostos, pense em como relacionará as informações e as orações: por coordenação? Por subordinação? Por ambos os processos?

- Preste atenção à ordem dos termos e das orações nos períodos: isso também produz diferentes efeitos de sentido.

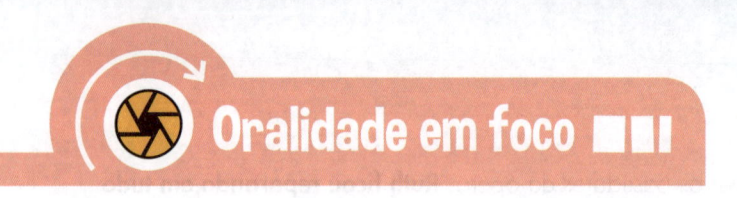

Book trailer

Possivelmente você já passou pela experiência de assistir a um *trailer* no cinema. Ele tem a função de mostrar as cenas mais importantes ou impactantes de um filme, para chamar a atenção do espectador e despertar seu desejo de assistir à projeção completa.

À semelhança dos *trailers* de cinema, o *book trailer* também tem a função de despertar o interesse e a curiosidade, porém, aqui, do leitor, chamando sua atenção para a leitura de determinado livro. Os *books trailers* são considerados, hoje, uma excelente estratégia de divulgação dos livros.

Nesta seção você se valerá da sua experiência com *trailers* e produzirá, junto com seus colegas, um *book trailer* para indicar uma biografia.

Preparação

1. Pesquise *book trailers* na internet. Isso vai ajudá-lo a compreender as características do gênero. Em geral, esses vídeos sobre livros combinam uma seleção de imagens a uma trilha sonora, acompanhadas de uma breve narração sobre a obra de que se fala. Essa narração pode aparecer em legendas escritas sobre as imagens ou pode ser feita sob a forma de locução. Esta será a forma observada aqui.

2. Forme um grupo com os colegas, com a ajuda do professor. Apresentem uns aos outros as conclusões a que chegaram a respeito do gênero *book trailer*, após a pesquisa feita.

3. Escolham em grupo a biografia a ser comentada. Que personalidades são de interesse comum aos membros do grupo? Pessoas famosas, artistas, cientistas? Você pode pesquisar a coleção *Mortos de fama*, composta de biografias de grandes personalidades, como Leonardo da Vinci, Albert Einstein, Shakespeare, Cleópatra e Joana d'Arc. Ou o grupo prefere a biografia de pessoas que causaram alguma transformação social ou realizaram feitos heroicos? Leiam a biografia romanceada de Anita Garibaldi, indicada nesta unidade. Vocês podem também escolher a biografia romanceada de Cora Coralina, da qual leram um trecho no Capítulo 2. Peçam outras sugestões ao professor ou ao bibliotecário da escola.

4. O próximo passo é a leitura do livro, para conhecê-lo bem e poder pensar em estratégias de divulgação.

5. Feita a leitura, é preciso discutir alguns aspectos do *book trailer*. A duração máxima dele deve ser de 1 minuto. Por isso, é preciso selecionar bem as imagens e as informações que vão ser veiculadas nele. Para isso, procurem responder às seguintes perguntas:
   - A que público se destina a biografia?
   - Que aspectos do livro devem ser ressaltados? A biografia tem um tom mais cômico ou comovente?
   - Que traços do biografado podem estimular no espectador do vídeo a curiosidade de ler o livro?

6. Na seleção das imagens, discutam os seguintes aspectos:
   - O grupo fará alguma filmagem ou vai escolher imagens em movimento na internet e editá-las, dando-lhes uma sequência e uma unidade de sentido?
   - Que fundo musical será adicionado?
   - E a locução, como vai ser sobreposta às imagens e à trilha?

7. Com o seu grupo, elabore o texto da locução que fará parte do *book trailer*. Destaque alguns aspectos interessantes ou curiosos dele e as razões pelas quais o público está sendo convidado a lê-lo. Em seguida, avalie, junto com os colegas, se ficou curto, interessante, apelativo e informativo. E lembre-se de que o *book trailer* não é um resumo do livro, mas um convite à leitura.

Realização

8. Este é o momento da montagem do vídeo. Vocês podem procurar tutoriais na internet sobre edição de vídeos e sobre *book trailers*.

9. Gravem o áudio com o pequeno texto a ser sobreposto ao vídeo. Tenham cuidado com a entonação, que deve ser animada e adequada a um filme de divulgação. Escolham o registro de linguagem mais adequado, de acordo com o público-alvo escolhido. Em geral, os *book trailers* usam um registro informal para se aproximar do espectador.

10. Editem o material, criando uma sequência visual à qual estarão sobrepostos um fundo musical (se o grupo achar necessário) e a locução do texto de divulgação.

11. Assistam em grupo ao material editado e verifiquem se atendeu às características do gênero e se ficou interessante e apelativo. Façam os acertos necessários.

12. Com os vídeos editados, a turma escolherá, junto com o professor, o melhor dia para a apresentação dos *book trailers*.

Avaliação

13. Após a apresentação dos *book trailers* de todos os grupos, a turma irá discutir, entre outros, os aspectos a seguir.

   - Os *book trailers* atenderam às exigências do gênero? Como? O que faltou?
   - Estavam adequados ao público-alvo escolhido? São capazes de despertar a curiosidade e o interesse para a leitura da biografia? Com que recursos?
   - A montagem e a edição do vídeo estavam coerentes com a proposta? Os grupos ficaram atentos à exposição oral dos colegas, ouvindo a apresentação com interesse?

14. Junto com o professor, façam uma análise dos vídeos apresentados e verifiquem o que pode ser aprimorado. Os *book trailers* podem ser apresentados em uma mostra às turmas do 8º ano.

Caiaimage/Getty Images

Biografia

No Capítulo 1 desta unidade, você teve a oportunidade de conhecer uma biografia de Ruth de Souza, uma consagrada atriz brasileira. Você escreverá, agora, uma biografia semelhante a essa para compor uma antologia de biografias, a ser publicada como *e-book* pela turma, com o auxílio do professor. Reveja algumas das características do gênero que serão postas em prática nesta oficina.

> A biografia relata a história de vida de uma personalidade de interesse público. É escrita em 3ª pessoa, com objetividade e distanciamento da pessoa biografada.
>
> Nela, segue-se a ordem cronológica dos acontecimentos criando uma sequência dos fatos que marcaram a vida da pessoa e têm relevância pública.
>
> O registro pode ser informal, mas a norma-padrão deve ser observada.

A. and I. Kruk/Shutterstock.com

Preparação

1. A turma deve selecionar um critério de organização da antologia de biografias a ser publicada em formato *e-book*, para que cada aluno escolha a personalidade que deseja biografar.

   Esse critério pode ser temático; por exemplo, vocês podem optar por escrever biografias de mulheres cientistas, inventores, pintoras brasileiras, artistas de circo ou personalidades que lutam pelos direitos das minorias, entre outras possibilidades.

2. Definido o tema das biografias, cada aluno deve escolher uma personalidade a ser biografada e comunicar sua escolha ao professor, para que não se repitam escolhas na turma. O professor vai definir o tamanho do texto, para que haja uniformidade na publicação.

3. O texto deve ser acompanhado de uma imagem do biografado. Junto com os colegas e o professor, definam se vocês vão utilizar fotografias ou produzir uma ilustração. Algumas obras que reúnem diversas biografias optam por diferentes ilustradores para representar as personagens biografadas, de modo que, por meio de traços distintos, sejam valorizadas as diversas experiências de vida.

4. Pesquise o biografado que escolheu. Recolha informações na internet, em livros, reportagens e notícias. A veracidade do que será narrado é fundamental para a credibilidade de seu texto.

   Selecione os dados mais importantes, anotando as datas em que ocorreram, para dar uma ordem lógica ao relato.

   Selecione também a imagem que vai acompanhar seu texto – mesmo que a turma tenha decidido por produzir as ilustrações para as biografias, é preciso selecionar uma imagem do biografado para ser usada como referência.

5. Faça um roteiro do texto, indicando os fatos que serão destacados, as pessoas importantes na vida do biografado que podem ser mencionadas e as citações de fontes que podem ser incluídas. Para organizar a escrita, você pode também criar uma linha do tempo com os fatos que escolheu destacar.

Realização

6. Escreva a biografia, levando em conta a importância de relatar, do modo mais fiel possível, as informações sobre a história da vida da pessoa.
7. Escreva em terceira pessoa, em registro informal. Preste atenção às regras de uso da norma-padrão da língua. Observe as concordâncias, os mecanismos de coesão e a coerência do relato.
8. Registre no texto marcos temporais e espaciais que deem conta do movimento da pessoa biografada no tempo e no espaço.
9. Separe a ilustração que vai acompanhar seu texto ou produza a ilustração.

Revisão

10. Ao terminar o texto, releia-o e verifique se está coerente, se tudo faz sentido e se as partes da biografia estão ligadas, coesas.
11. Reveja a ortografia das palavras, a pontuação e a organização das ideias nos parágrafos. Como a biografia tem por objetivo narrar a história de vida de uma pessoa, verifique se o foco narrativo está coerente, se os verbos estão flexionados em tempos adequados e concordam com os sujeitos a que se referem.
12. Observe os marcos temporais e espaciais e veja se ajudaram a encadear os fatos com lógica e clareza.
13. Releia seu texto quantas vezes forem necessárias e reescreva as passagens que precisarem ser ajustadas.
14. Troque de texto com um colega e verifiquem a produção um do outro. Façam sugestões de aprimoramento. Ajuste o que for necessário.
15. Solicite ao professor que leia e sugira algum ajuste ainda importante.

Publicação

16. Após o texto revisado, a turma, com a ajuda do professor, deve definir o aspecto gráfico das biografias. Para isso, vocês devem escolher a fonte do título e dos textos, o espaçamento entre as linhas e a posição da imagem que vai acompanhar o texto. Para isso, usem programas de edição de texto.
17. Definido o projeto gráfico, digite a biografia e insira a fotografia ou a ilustração produzida.
18. A turma vai, então, organizar a antologia de biografias. Vocês devem selecionar a ordem em que os textos serão publicados, produzir o sumário, além de criar também a capa e a contracapa. Vocês podem também elaborar uma apresentação para as biografias. Com a ajuda do professor, o passo seguinte é transformá-la em um *e-book* e fazer a divulgação da obra.

Você lerá agora um trecho da biografia do poeta Gonçalves Dias, que inicia quando o poeta, recém-formado em Direito pela Universidade de Coimbra, em Portugal, volta ao Brasil.

Gonçalves Dias.

Em 7 de julho de 1846, Gonçalves Dias chegou ao Rio de Janeiro.

Chegou adoentado: tosse, garganta arranhando, corpo dolorido. O mal-estar dos primeiros dias, no entanto, não impediu que ele acreditasse que ali se iniciava a realização de seu sonho: viver na capital, conseguir um bom emprego, publicar seus poemas, ficar conhecido. Trazia cartas de apresentação e tinha os conhecidos de quem fora colega em Coimbra. Tinha certeza de que ia dar certo. Com o pouco dinheiro que havia trazido, instalou-se num hotel. No coração, crescia ainda mais a já imensa paixão por Ana Amélia, que ficara em São Luís, com suas músicas, seu piano e suas mucamas.

[...]

Quando Gonçalves Dias chegou ao Rio de Janeiro, a capital do Brasil era acanhada. Maior cidade brasileira, mas, mesmo assim, acanhada. O Brasil já era um país independente, mas a independência quase não tinha alterado as feições coloniais da cidade. O Rio de Janeiro oferecia poucas chances de emprego mesmo para jovens com título universitário. De quase nada servia um diploma, se o jovem não tivesse pais ricos, família influente proprietária de terras e de escravos.

O Brasil vivia da exportação de produtos agrícolas: café, algodão, cana-de-açúcar. E importava tudo, como Gonçalves Dias bem sabia. Ele conhecia as extensas plantações de algodão de seu estado e conhecia também as mercadorias importadas que o armazém de seu pai vendia: vela, chumbo, pano, pólvora, bacalhau, azeite e vinho. Tudo vindo de Portugal e vendido a coronéis e fazendeiros que nem precisavam ir ao armazém. Mandavam escravos africanos.

Vendo os negros descalços cruzando as ruas e o comércio da Rua do Ouvidor, Gonçalves Dias lembrou-se da época em que ainda era chamado Tonico e trabalhava no balcão do armazém de seu pai ao lado de Prudêncio. Entristeceu-se ao lembrar-se do amigo. Soube que tinha morrido a golpes de baioneta – *coitado do Prudêncio!*

Gonçalves Dias cada vez mais se convertia às ideias abolicionistas. Muitos negros que, no Maranhão não morreram, como Prudêncio, no calor das lutas da **Balaiada**, foram mortos depois. Alguns a pauladas, outros enforcados, pendurados nas árvores. Gonçalves Dias sentia um arrepio de horror quando pensava nas cenas de violência que lhe relataram. Sacudiu a cabeça como para espantar as recordações. Voltou à sua situação de recém-chegado à Corte e desempregado. Mas determinado em sua ambição: – *Não. A balcões de loja não volto. Não foi para roçar a barriga num balcão que estudei em Coimbra.*

Marisa Lajolo. *O poeta do exílio*. São Paulo: FTD, 2011. p. 182-184.

> **Glossário** 📖
>
> **Balaiada:** revolta popular feita por vaqueiros, escravos e outras classes desfavorecidas que buscavam melhores condições de vida.

1 Sobre a biografia, responda.

a) Qual é o assunto principal do texto?

b) Ele é escrito em que pessoa do discurso?

c) Apresenta apenas fatos ou também impressões, sentimentos e pensamentos do biografado?

d) É uma biografia tradicional ou romanceada? Explique.

2 O texto situa o leitor em um tempo específico.

a) Quando ocorrem as ações? Retire do texto trechos que comprovem sua resposta.

b) Nessa época, Gonçalves Dias é uma criança, um adulto ou um idoso? Justifique.

3 Releia o terceiro parágrafo, sobre a chegada de Gonçalves Dias ao Rio, e responda:

a) Como era o Rio de Janeiro, capital brasileira na época em que o poeta voltou ao Brasil?

b) Em sua opinião, era uma cidade justa? Explique.

4 Retome agora o quarto parágrafo.

a) Que produtos o Brasil exportava? E o que importava?

b) O que isso mostra sobre a relação do Brasil com outros países, na época?

c) Que função tem esse tipo de informação numa biografia?

5 No penúltimo parágrafo, aparecem dois novos nomes, Tonico e Prudêncio.

a) Quem são?

b) O trecho "coitado do Prudêncio" aparece destacado por um travessão e fonte em itálico. Essa voz pertence ao narrador ou a Gonçalves Dias?

c) O que aconteceu com Prudêncio? A partir disso, o que se pode deduzir sobre a função dele na sociedade?

6 O último parágrafo trata da escravidão.

a) Sobre qual assunto relativo à escravidão o parágrafo fala?

b) Você considera esse assunto confortável ou incômodo de ler? Por quê?

c) Em sua opinião, a abordagem de um tema como esse tem que função histórica e social?

d) No trecho "Muitos negros [...] foram mortos depois. Alguns a pauladas, outros enforcados, pendurados nas árvores", o fato de serem expostas várias ações violentas produz que efeito em você, como leitor? Por quê?

e) Explique, com suas palavras, como Gonçalves Dias se sentia em relação a essa prática.

f) É possível dizer que o texto consegue fazer com que o leitor se sinta como Gonçalves Dias em relação à escravidão? Explique.

7 Veja o trecho final: "Não foi para roçar a barriga num balcão que estudei em Coimbra".

a) Explique o sentido de "roçar a barriga num balcão", de acordo com esse contexto.

b) Por que "roçar a barriga num balcão" não seria para quem estudou em Coimbra?

c) A citação da frase em primeira pessoa faz com que o leitor a atribua a quem? Que efeito isso tem na narrativa?

8 Examine esta passagem.

Trazia cartas de apresentação e tinha os conhecidos de quem fora colega em Coimbra. Tinha certeza de que ia dar certo. Com o pouco dinheiro que havia trazido, instalou-se num hotel. No coração, crescia ainda mais a já imensa paixão por Ana Amélia, que ficara em São Luís, com suas músicas, seu piano e suas mucamas.

a) Como se organiza o primeiro período? Com que tipos de oração?

b) No último período, que informações são dadas sobre a amada do poeta? Que recursos de organização do período e de coesão são usados para isso?

c) Os recursos usados exemplificam o modo de organização do texto. Ele se compõe de estruturas simples ou mais complexas? Justifique sua resposta.

d) Que relação tem esse tipo de organização com a linguagem usada no texto e as informações que oferece?

Referências

ANTUNES, Irandé. *O território das palavras*: estudo do léxico em sala de aula. São Paulo: Parábola, 2012.

_____. *Lutar com palavras*: coesão e coerência. São Paulo: Parábola, 2011.

AZEREDO, José Carlos de. *Gramática Houaiss da Língua Portuguesa*. São Paulo: Publifolha, 2008.

BAKHTIN, Mikhail. *Os gêneros do discurso*. São Paulo: Editora 34, 2016.

BECHARA, Evanildo. *Moderna gramática portuguesa*. Rio de Janeiro: Nova Fronteira, 2015.

_____. *Ensino da gramática*. Opressão? Liberdade? São Paulo: Ática, 2007.

BORTONI-RICARDO, Stella Maris. *Educação em língua materna*: a sociolinguística em sala de aula. São Paulo: Parábola, 2004.

BOSI, Alfredo. *História concisa da literatura brasileira*. São Paulo: Cultrix, 2015.

BRASIL. Ministério da Educação. Secretaria da Educação Básica. *Base Nacional Comum Curricular*. Brasília, 2018.

BRONCKART, Jean-Paul. *Atividade de linguagem, discurso e desenvolvimento humano*. Campinas: Mercado das Letras, 2006.

CHARAUDEAU, Patrick. *Discurso das mídias*. São Paulo: Contexto, 2009.

CHILVERS, Ivan. *Dicionário Oxford de arte*. São Paulo: Martins, 2007.

COELHO, Nelly Novaes. *Dicionário crítico da literatura infantil e juvenil brasileira*. São Paulo: Ibep, 2006.

COLOMER, Teresa. *Andar entre livros*: a leitura literária na escola. São Paulo: Global, 2007.

COSTA, Sérgio Roberto. *Dicionário de gêneros textuais*. São Paulo: Autêntica, 2008.

CRYSTAL, David. *A revolução da linguagem*. Rio de Janeiro: Zahar, 2006.

CUNHA, Celso; CINTRA, Lindley. *Nova gramática do português contemporâneo*. Rio de Janeiro: Lexikon, 2016.

DIONISIO, Ângela Paiva; MACHADO, Anna Rachel; BEZERRA, Maria Auxiliadora (Org.). *Gêneros textuais e ensino*. São Paulo: Parábola, 2010.

DUBOIS, Jean et al. *Dicionário de linguística*. São Paulo: Cultrix, 2014.

FARACO, Carlos Alberto. *História sociopolítica da língua portuguesa*. São Paulo: Parábola, 2016.

_____; ZILLES, Ana Maria. *Para conhecer norma linguística*. São Paulo: Contexto, 2017.

FIORIN, José Luiz. *Argumentação*. São Paulo: Contexto, 2016.

_____. *Elementos de análise do discurso*. São Paulo: Contexto, 2005.

_____. *Gêneros e tipos textuais*. In: MARI, Hugo; WALTY, Ivete; VERSIANI, Zélia (Org.). *Ensaios sobre leitura*. Belo Horizonte: Editora PUC Minas, 2005.

GOLDSTEIN, Norma. *Versos, sons, ritmos*. São Paulo: Ática, 2006.

KOCH, Ingedore Villaça; ELIAS, Vanda Maria. *Ler e escrever*: estratégias de produção textual. São Paulo: Contexto, 2011.

_____; TRAVAGLIA, Luiz Carlos. *Texto e coerência*. São Paulo: Cortez, 2011.

KURY, Adriano da Gama. *Lições de análise sintática*. São Paulo: Ática, 2004.

LAJOLO, Marisa. *Do mundo da leitura para a leitura do mundo*. São Paulo: Ática, 2000.

LIMA, Rocha. *Gramática normativa da língua portuguesa*. Rio de Janeiro: José Olympio, 2017.

MARCUSCHI, Luiz Antônio. *Da fala para a escrita*: atividades de retextualização. São Paulo: Cortez, 2010.

_____. *Produção textual, análise de gêneros e compreensão*. São Paulo: Parábola, 2008.

MATTOSO CÂMARA Jr., Joaquim. *Estrutura da língua portuguesa*. Rio de Janeiro: Vozes, 2001.

MOISÉS, Massaud. *Dicionário de termos literários*. São Paulo: Cultrix, 2013.

NEVES, Maria Helena de Moura. *A gramática do português*: revelada em textos. São Paulo: Unesp, 2018.

_____. *Gramática de usos do português*. São Paulo: Unesp, 2011.

RABAÇA, Carlos Alberto; BARBOSA, Gustavo Guimarães. *Dicionário de comunicação*. Rio de Janeiro: Lexikon, 2014.

ROJO, Roxane Helena Rodrigues; MOURA, Eduardo (Org.). *Multiletramento na escola*. São Paulo: Parábola, 2012.

SCHERRE, Maria Marta Pereira. *Doa-se lindos filhotes de poodle*: variação linguística, mídia e preconceito. São Paulo: Parábola, 2005.

SCHNEUWLY, Bernard; DOLZ, Joaquim. *Gêneros orais e escritos na escola*. Campinas: Mercado de Letras, 2004.

TARALLO, Fernando. *A pesquisa sociolinguística*. São Paulo: Ática, 2007.

ZANINI, Walter (Coord.). *História geral da arte no Brasil*. São Paulo: Instituto Walter Moreira Salles/Fundação Djalma Guimarães, 1983.